# 一米的高度看世界

## 幼儿园教育活动案例集

秦华丽 ◎ 主编

中国文联出版社

**图书在版编目（CIP）数据**

一米的高度看世界：幼儿园教育活动案例集 / 秦华
丽主编. — 北京：中国文联出版社，2023.12
ISBN 978-7-5190-5423-6

Ⅰ.①一… Ⅱ.①秦… Ⅲ.①幼儿园—教学活动—教
案（教育）Ⅳ.①G612

中国国家版本馆CIP数据核字（2024）第030878号

主　　编　秦华丽
责任编辑　刘　旭
责任校对　秀点校对
装帧设计　刘贝贝　李　娜

出版发行　中国文联出版社有限公司
社　　址　北京市朝阳区农展馆南里10号　　邮编　100125
电　　话　010-85923025（发行部）　010-85923091（总编室）
经　　销　全国新华书店等
印　　刷　北京四海锦诚印刷技术有限公司

开　　本　710毫米×1000毫米　　1/16
印　　张　22.5
字　　数　389千字
版　　次　2023年12月第1版第1次印刷
定　　价　78.00元

# 编 委 会

# 前　言

近年来，随着社会的发展和人们对学前教育认识的不断提高，幼儿教育也得到了越来越多的关注。在幼儿教育中，自主游戏活动被认为是一种重要的教育方式，可以帮助幼儿全面发展各方面能力，培养其自主性和创造性，增强其自信心和社交能力。然而，如何引导教师支持幼儿自主开展游戏活动，如何鼓励幼儿在游戏活动中主动探索、发现、获得经验，如何评价和改进自主游戏活动，这些问题一直是当今幼儿教育工作者和家长们所关注的重要话题。

本书收录了秦华丽名园长工作室成员、学员等教学骨干撰写的多篇教育心得及20余篇体现幼儿自主性的幼儿园教育活动案例。案例涵盖了幼儿园多个领域的教育活动。每个案例都包括了活动背景（活动缘起、活动目标、活动准备）、活动过程实录、活动的分析与反思等方面的详细介绍，同时还提供了相关的图片等资料，让读者可以更加直观、系统地了解每个活动的开展情况，为其他园所相关活动的开展提供了一定的借鉴与参考。

本书的编写者是工作室中多位幼儿教育工作者，他们在十多年的一线教学实践中积累了丰富的教学经验，能够为读者提供有价值的参考和借鉴。本书的编写也得到了多位幼儿教育专家和学者的支持和指导，他们对本书的内容进行了审阅和评价，保证了本书的学术性和实用性。

本书适合广大幼儿教育工作者、幼儿园管理者和家长等人群阅读。对于幼儿教育工作者来说，本书可以帮助他们更好地设计和组织自主游戏活动及探索性强的主题活动，提高幼儿的参与度和学习效果；对于幼儿园管理者来说，本书可以帮助他们更好地评估和改进教学活动的质量，提高幼儿园的教育水平；对于家长来说，本书可以帮助他们更好地了解幼儿园的教育理念和具体的实践过程，提高对幼儿教育的认识和重视。

"一米的高度看世界"就是坚持儿童视角，以儿童为中心，放手儿童，发现儿童。本书是一本有价值的幼儿教育活动实践指南，具有一定的参考和借鉴价值。相信读者阅读本书，可以通过案例更好地了解幼儿自主游戏与学习的特点，更好地实践教育教学活动，为幼儿的全面发展做出贡献。

# 目录

## 上 篇　幼儿园自主游戏与教育教学

## 下 篇　幼儿园教育活动案例与活动反思

上 篇

# 幼儿园
## 自主游戏与教育教学

　　本篇从幼儿园开展室内外自主游戏的经验出发，重点收录了秦华丽名园长工作室成员、学员等教学骨干撰写的多篇与自主游戏相关的教育教学心得，以期能为读者提供一定的参考与借鉴。

# 探究自主游戏中教师观察能力的提升路径

## ——从管理层视角出发

白 宇

　　自主游戏是指幼儿在自由的环境中，自主选择游戏内容、游戏方式和游戏伙伴，发挥自己的想象力和创造力，获得乐趣和发展的过程。自主游戏是幼儿园教育中的重要组成部分，可以促进幼儿的身心发展、社会交往和认知能力等多方面的发展。在自主游戏中，教师的角色不再是传统意义上的"指导者"，而是"观察者"和"引导者"。因此，提高教师观察能力，对于实现自主游戏的有效开展至关重要。

## 一、自主游戏中教师观察能力的含义和重要性

　　教师观察能力是指教师在教育实践中，对幼儿的行为、表现和需求进行观察、分析和理解的能力。教师观察能力包括四个方面：一是观察幼儿的行为和表现，包括幼儿选择的游戏内容、参与的方式、表现的情绪和行为等，了解幼儿的需求和兴趣；二是分析和理解幼儿的行为和表现，了解幼儿的游戏目的和意义；三是评估幼儿的游戏效果和学习成果，了解幼儿的发展和学习状况；四是反思和改进自己的观察和指导方法，为幼儿提供更好的支持和指导。

　　实践表明，教师观察能力是教师进行有效幼儿游戏引导的前提条件。在幼儿自主游戏中，教师必须了解幼儿的兴趣和需求，在充分了解幼儿的基础上，才能适当地引导幼儿选择游戏内容和方式，鼓励幼儿自由创造和发挥。同时，教师还需要观察和分析幼儿在游戏过程中的行为和情感表现，了解幼儿的游戏目的和意义，及时给予幼儿肯定和指引，促进幼儿全面发展。

## 二、自主游戏中教师观察能力的现状和问题

在幼儿园教育中，自主游戏是一种非常重要的教育形式。它可以促进幼儿的身体、智力和心理发展，同时也培养了幼儿的自主性、创新性和合作意识。然而，在实际应用中，自主游戏往往受到幼儿园教师观察和引导能力的限制。具体而言，当前自主游戏中教师观察能力主要存在以下几个方面的问题。

**1. 缺乏观察和理解幼儿的能力**

幼儿在自主游戏中会根据自己的兴趣和需求进行游戏活动，教师难以预料每个孩子会选择什么游戏。因此，教师需要有敏锐的观察力，通过观察幼儿的表情、动作、语言等多种行为方式来理解幼儿的实际需求和兴趣爱好，以便更好地指导幼儿的游戏活动。但是，现实中许多教师缺乏这种观察和理解能力，他们缺乏必要的教育培训和实践经验，无法及时了解幼儿的需求和兴趣，也不能为幼儿提供适当的游戏环境和游戏材料。有些教师可能认为让幼儿自由发挥就可以了，忽略了作为教师应有的引导和指导作用。这种现状会影响幼儿的游戏品质和学习效果，以及教师的教育服务和指导能力。

**2. 缺乏反思和改进的能力**

在自主游戏中，教师应该做好记录幼儿游戏过程的工作，收集幼儿游戏中的数据，进行分析和评估，及时发现问题并改进方法，以提高幼儿游戏活动的效果。但是，在实际工作中，许多教师缺乏反思和改进的意识，往往只是按照既定的计划或惯例进行工作，忽视了对幼儿游戏过程的记录和评估。他们可能没有意识到这种自主游戏的教学方法需要更多的反思和自我评估，也缺乏合适的反思方法和技巧。此外，幼儿园管理体系的不完善、工作压力等因素也会影响教师反思和改进的能力。

**3. 缺乏沟通和引导的能力**

在自主游戏中，教师应该与幼儿进行有效的沟通，了解其需求和想法，并给予恰当的引导和支持，以促进幼儿的自主发展。然而，许多教师缺乏与幼儿沟通的技巧和策略，往往会采取单向指导或者不当干预的方式，影响幼儿自主性和创造性的发挥。有些教师可能缺乏对幼儿个体差异的了解，不能因材施教，同时也可能不能很好地掌握评估工具和方法。这种现状可能使教师无法对幼儿游戏行为和表现做出准确的判断和理解，也无法及时发现幼儿自主游戏中

的问题和困难。

## 三、自主游戏中教师观察能力的提升路径

目前，教师对自主游戏的认识和理解不够，对幼儿的游戏行为和表现缺乏观察和分析，不能及时为幼儿提供适当的支持和指导。同时，教师缺乏专业的培训和指导，教师的观察能力得不到有效的提升。因此，需要加强幼儿园教师的培训和指导，提高他们的观察和指导能力。同时，也需要建立相应的机制和制度，为幼儿园教师提供更好的支持和指导，以促进幼儿自主游戏教育的实施和幼儿的全面发展。

### 1. 提供培训和指导

提高教师的观察能力需要幼儿园提供必要的培训和指导。培训内容应包括自主游戏的理念和原则、自主游戏的设计和实施、教师如何观察和引导幼儿等方面。培训方式可以是课程培训、研讨会、教学观摩、教学沙龙等形式，让教师学习到更多的理论知识和实践经验。培训和指导的目的是帮助教师掌握自主游戏的理念和原则，掌握相应的教学技能和方法，提高教师的观察能力。

幼儿园可以邀请专家学者、教育行业的知名人士、优秀的教师等来园进行培训和指导。这些人可以分享他们的教学经验和实践，让教师们更好地了解自主游戏观察指导的理念和方法。同时，幼儿园也可以组织教师之间的交流研讨，让教师们互相学习和借鉴，提高教师的观察能力。除这些方式之外，幼儿园可以为教师提供再线学习资源，如教学视频、教材、案例分析等，帮助教师更好地了解幼儿游戏的特点和规律；还可以为教师提供教学实践机会，如组织教学实验、教学创新比赛等，让教师在实践中不断探索和成长。总之，幼儿园需要通过多种方式来提高教师的观察能力，让教师们更好地掌握自主游戏指导的理念和方法，从而更好地促进幼儿的发展和成长。

### 2. 建立反思交流的平台

建立反思交流的平台是提高教师观察能力的一个关键措施。在幼儿园中，建立这样的平台可以促进教师之间的学术交流、心得分享和资源共享，同时也有利于提高幼儿园整体的教学水平。

幼儿园可以建立线上或线下的反思交流平台，如微信群、QQ群、教学论坛等。这些平台可以让教师们方便地进行交流，分享教学心得和反思，从而提高

教师的观察能力。同时，幼儿园可以在反思交流平台上设立专门的话题讨论或问题研究，让教师们共同探讨和解决教学中遇到的难题。这些话题和问题可以是与自主游戏教学相关的，也可以是其他教学问题。通过这种方式，教师们可以共同学习、共同成长，提高教师的观察能力。

同时，在建立反思交流平台时，幼儿园应该充分考虑到教师的需求和意见。可以通过调查问卷、座谈会等方式，了解教师们的真实需求，并根据实际情况来进行调整和改进。同时，也要给予教师足够的自主权和参与度，让他们能够积极主动地参与到反思交流活动中去。

### 3. 提供评估和反馈

教师需要及时了解自己的教学表现和效果，发现问题和改进自己的教学实践。因此，幼儿园可以对教师的观察和指导进行评估和反馈，帮助教师了解自己的观察和指导效果，发现问题和改进方法，提高观察和指导能力。

幼儿园可以定期对教师进行教学评估，评估教师的教学效果和教学质量，为教师提供改进和提高的方向和建议。同时，幼儿园可以为每个教师提供个性化的反馈，让教师及时了解自己的教学表现和效果，发现问题和改进自己的教学实践。此外，幼儿园可以建立教学档案，记录教师的教学经验和教学成果，方便教师总结经验和教训，及时调整自己的教学策略和方法。此外，幼儿园可以根据评估对教师进行鼓励和表彰，以激发教师们的积极性和主动性。例如，可以评选出一些优秀教师，或设置一些奖项，以表彰在自主游戏教学方面做出突出贡献的教师。

### 4. 创建良好的工作氛围

良好的工作氛围可以激发教师的工作热情和创造力，幼儿园应该创造良好的工作氛围，让教师能够积极投入自主游戏教育中，提高自己的观察和指导能力。幼儿园可以通过建立良好的管理机制和文化氛围来创造良好的工作环境。良好的工作氛围可以包括教师之间的合作和支持、管理层的关注和支持、幼儿园文化的建设等方面。

幼儿园可以创造良好的工作氛围，鼓励教师相互合作和支持，共同探索和实践自主游戏教育，提高教师的专业水平和教育能力。幼儿园可以关注和支持教师的工作，提供必要的资源和支持，如游戏设备、游戏材料、游戏空间等。让教师们更好地开展工作。幼儿园还可以通过建立积极向上的幼儿园文化，让教师们更有工作热情和创造力，如通过评选优秀教师、发放奖励等方式，鼓励教师创新，从而提高教师的观察能力。

综上所述，自主游戏是一种幼儿自主学习的方式，教师观察能力对于指导幼儿的学习和发展具有重要的作用。提高教师观察能力的路径包括提供培训和指导、建立反思交流的平台、评估和反馈、创造良好的工作氛围等方面。通过这些途径，可以帮助教师提高自己的观察、理解、反思、引导、沟通等能力，更好地引导幼儿进行自主游戏，促进幼儿的发展和成长。

【参考文献】

[1] 陈芳芳.自主游戏中教师观察能力的研究——以南昌市G园为例 [D].南昌：江西科技师范大学，2022.

[2] 于芳心.生态学视域下自主游戏中的教师观察研究——以市三所幼儿园为例 [D].济南：山东师范大学，2021.

[3] 赖少敏.幼儿自主游戏中教师观察解读能力的培养 [J].河南教育（教师教育），2021（4）：78.

[4] 李宝平.幼儿园自主游戏中教师观察的个案研究 [D].济南：山东师范大学，2020.

[5] 谢梦怡，张新立.幼儿园教师观察能力提升策略：基于课程游戏化背景 [J].陕西学前师范学院学报，2019，35（10）：114-119.

[6] 许洪媛.以区域游戏为载体提高教师观察能力的实践研究 [J].天津市教科院学报，2016（3）：62-63.

[7] 邓莉.幼儿园自主游戏教育的实践与探索 [J].教育教学论坛，2019（15）：51-52.

[8] 高宏钰，霍力岩.幼儿园教师观察能力的理论意蕴与提升路径：基于"观察渗透理论"的思考 [J].学前教育研究，2021（5）：75-84.

[9] 陈少熙.幼儿教师观察能力现状及提升策略 [J].教育评论，2018（11）：112-115.

[10] 方红英.幼儿园教师观察能力特点及其提升策略研究 [J].教育教学论坛，2020（15）：35-36.

# 户外自主游戏下幼儿深度学习的支持策略研究

麦秀红

随着人们对幼儿教育重视程度的提高，幼儿深度学习日益成为幼儿教育领域关注的焦点。在幼儿深度学习中，户外自主游戏被认为是一种重要的途径。户外自主游戏通过让幼儿参与各种自主游戏和活动，利用自然环境进行探索、观察、体验和思考，从而促进幼儿的知识积累、技能提升和素质发展。然而，随着城市化进程的加快，幼儿们接触自然环境的机会越来越少，幼儿深度学习面临着巨大的压力。同时，家长们忙于工作也限制了他们与幼儿一起参与户外自主游戏的机会，进一步削弱了户外自主游戏的作用。因此，研究幼儿在户外自主游戏中深度学习的支持策略变得非常有意义。

## 一、幼儿深度学习的特点与需求

幼儿深度学习的特点与需求十分独特，因为幼儿在学习上还处于一个非常初级的阶段，需要特别关注他们的成长状态和发展需求。首先，幼儿深度学习的特点是非理性的。在幼儿的成长过程中，他们往往更多地依赖感性体验而非理性思考。因此，在幼儿深度学习过程中，应该注重对幼儿的感性体验进行引导和培养，以帮助他们从中自然而然地获取更多的知识。其次，幼儿深度学习需要以兴趣为核心。幼儿正处于自我认知的初级阶段，他们还未能掌握自我学习的技能。因此，如果要促进幼儿深度学习，就必须抓住他们的兴趣点，通过有趣的游戏来提高他们对知识的吸收和理解。最后，幼儿深度学习需要注重知识与实践的结合。幼儿正处于身体发育的关键时期，他们需要通过身体活动来探索世界和获取知识。因此，幼儿深度学习应该贴近实际生活，注重实践操作，让幼儿通过亲身体验来学习和理解知识。总之，为了更好地促进幼儿的全面发展，教育者需要充分重视幼儿深度学习的特点和需求。

## 二、户外自主游戏对幼儿深度学习的支持作用

户外自主游戏是一种在自然环境中进行的、让幼儿自由探索和发现的活动。对于幼儿的发展和学习，户外自主游戏具有重要的支持作用。下面将具体分析户外自主游戏对幼儿深度学习的支持作用。

**1. 户外自主游戏有助于促进幼儿身体和智力的发展**

户外活动能带给幼儿更多的机会让其参与运动，从而提高他们的身体素质。在户外环境中，幼儿可以进行各种探索和观察，如观察昆虫、观察花草树木等，这些活动有助于增强幼儿的感知能力和记忆力，培养其求知欲和好奇心，促进幼儿的智力潜能充分发展。

**2. 户外自主游戏可以提高幼儿的社会交往能力**

在户外环境中，幼儿可以与其他同龄幼儿互相交往和合作。通过与他人的合作，共同解决问题，幼儿可以学会与他人合作、分享资源、交流思想，并且锻炼自己解决冲突和协商的能力。户外自主游戏还可以帮助幼儿更好地了解自己、了解他人，以及学会倾听和接受不同意见，培养幼儿的人际交往技能和情感认知能力。

**3. 户外自主游戏能够通过实践活动提升幼儿的实践能力**

在户外环境中，幼儿可以自由选择活动内容和方式，进行自主探究和尝试。这种探究和尝试改变了幼儿被动接受的学习方式，更利于幼儿主动地积累经验，提高实践能力。通过实践活动，幼儿可以将理论知识与实际应用相结合，加深对知识的理解，培养解决问题的能力。

**4. 户外自主游戏可以促进幼儿的自我管理能力**

户外自主游戏要求幼儿合理地规划活动、自我控制、自我评价和调整行为。在自主游戏的过程中，幼儿不仅要进行自我管理，还要学会控制自己的情绪和行为，培养自我约束能力和自信心。这种自我管理的训练有助于幼儿建立积极的心态和良好的学习态度，提高其自主学习的能力。

可见，户外自主游戏对幼儿深度学习具有重要的支持作用。户外环境可以提供多样化的学习和体验机会，帮助幼儿全面地发展身体、智力、社交、实

践、自我管理等方面的能力。

## 三、户外自主游戏下幼儿深度学习的支持策略

户外自主游戏是幼儿园常用的一种教育方式，可以促进幼儿身心素质的全面发展，提高幼儿的学习兴趣和积极性。为了更好地支持幼儿在户外自主游戏中进行深度学习，幼儿教育者需要采取一系列的支持策略。

**支持策略一：游戏设计与规则制定**

游戏设计与规则制定是确保幼儿在户外自主游戏中获得深度学习的重要基础，它涉及游戏的难度和趣味性，直接影响幼儿的游戏参与度和认知水平。在游戏设计方面，首先要考虑幼儿的年龄和发展水平，选择适合幼儿的玩具和游戏场地。同时，也要注重游戏的趣味性和挑战性，让幼儿在游戏中能够体验到成功的喜悦。例如，在踏板车比赛中，可以添加障碍物环节，增加游戏的趣味性和挑战性，让幼儿体验到历经困难而获得成功的快感。除了游戏设计，规则制定也是支持幼儿深度学习的重要策略。规则可以提供游戏的框架和约束，引导幼儿形成积极的游戏习惯和道德观念。规则的制定应该尊重幼儿的意愿和参与程度，让幼儿在游戏规则中感受到自己的作用和价值。例如，在踏板车比赛中，规定比赛要素，如滑行路线、数量、持续时间等，可以让比赛更具竞争性与挑战性，提高幼儿的游戏参与度。

总的来说，在游戏设计与规则制定方面，教育者应该注重幼儿的个体差异，让游戏更具有个性化、自由化。同时，也要考虑游戏的目标导向性，提高幼儿的学习效果。通过精心设计游戏的规则和环节，可以让幼儿在游戏中学习到品德、知识、技能和情感上的知识，达到真正意义上全面发展的效果。

**支持策略二：教育者引导与干预**

教育者应该充分意识到自己在幼儿成长过程中的重要作用，积极地参与到幼儿的游戏中，进行引导与干预，以此帮助幼儿更好地发展。首先，教育者的引导可以是给予幼儿游戏目的和规则的指导，使幼儿在游戏时能够明确目标、明白规则，从而更加有效地学习和成长。同时，教育者还可以在游戏进行过程中，通过帮助幼儿解决问题、提供建议和指导等方式，给予幼儿心理上的支持。这样，幼儿在游戏中不仅能够发挥自己的想象力和创意，同时也能够建立起良好的情感关系。其次，教育者干预的方式也非常关键。即使在游戏中幼

儿遇到了困难或错误，教育者也不能直接进行干预，而应以引导为主，帮助幼儿解决问题。例如，幼儿在协作游戏中出现了分歧和矛盾，在这种情况下，教育者应该及时发现，帮助幼儿沟通交流，寻找和解决问题的方法，而不是直接干预或取代幼儿的决策。同时，教育者还应该注重游戏的曲折性，鼓励幼儿在游戏中寻找不同的解决方案，让其在实践中探究、积累经验。最后，教育者引导和干预的目标应该是帮助幼儿建立起自我学习的意识和能力，通过体验和实践，积累经验，不断发展自己的学习能力。通过这种方式，幼儿可以在游戏中体验到实践能力的提升和学习的成就，建立起对生活的信心和独立思考的能力。

教育者的引导和干预是幼儿户外自主游戏中不可或缺的一个重要步骤。教育者要深入理解幼儿的特点和需求，准确把握其学习和成长的阶段，灵活运用引导和干预的策略，帮助幼儿在游戏中深度学习，建立起自我学习的能力和意识，成为具有创造性的人。

**支持策略三：家长参与与配合**

家长在幼儿户外自主游戏中的积极参与和配合对于幼儿的深度学习起着重要的作用。因此，将家长纳入幼儿户外自主游戏的学习和支持中，成为幼儿深度学习的重要支持策略之一。

首先，家长的参与可以增强幼儿的兴趣和积极性。在户外游戏中，家长的陪伴可以让孩子感到被关注和被支持。同时，家长也能在游戏中为幼儿提供合适的引导和帮助，让幼儿更加有信心和勇气去尝试新事物，从而激发孩子的学习兴趣和积极性。其次，家长的参与可以提供更全面的教育支持。在户外游戏中，家长可以通过解释和指导，让幼儿更好地理解游戏规则和要求，同时也能让幼儿了解自然环境的规律和知识，如植物的分类、食物链等，从而加深幼儿的学习体验和收获。最后，家长的参与可以加强游戏后的反思和总结。在游戏结束后，家长可以与幼儿一起回顾游戏的全过程，并帮助幼儿总结游戏过程中的学习经验和教训。这样不仅能帮助孩子更好地理解和掌握自己的优点和不足，同时也能促进幼儿的自我反思和情感发展，为下一次游戏的学习提供更好的支持。

总之，家长的参与和配合对幼儿户外自主游戏的深度学习起到了至关重要的作用。家长不仅能增强幼儿的兴趣和积极性，还能提供全面的教育支持和加强游戏后的反思和总结，从而为幼儿的深度学习提供更好的保障和支持。

综上所述，户外自主游戏对幼儿深度学习具有很大的支持作用，适当的支持策略可以促进幼儿的身心发展，同时也能让他们更加享受游戏的乐趣。教育者需要充分重视户外自主游戏在幼儿教育中的作用，认真制定策略，并进行有效实施，让这种活动成为幼儿教育中不可或缺的一部分。

【参考文献】

[1] 林玉.户外自主游戏中教师支持幼儿计划的行动研究 [D].沈阳：沈阳师范大学，2022.

[2] 刘艳金.幼儿户外自主游戏中教师支持的调查研究：现状、问题及对策 [J].榆林学院学报，2022，32（6）：110-115.

[3] 秦旭芳，张洁，林玉.由"知"到"行"：教师支持幼儿提升计划能力的行动研究：以户外自主游戏为背景 [J].宁波教育学院学报，2022，24（4）：1-7.

[4] 陈文英.在户外自主游戏中促进幼儿深度学习的实践研究 [J].中国现代教育装备，2021（12）：66-69.

[5] 褚春蕾.自主游戏中教师支持行为促进幼儿深度学习的个案研究 [D].张家口：河北北方学院，2022.

# 自主游戏中教师指导的"留白"艺术

赖维妙

自主游戏是幼儿在无指令的情况下自由地选择和探索玩具、人际关系、环境等自然材料，以自己感兴趣的方式开展活动的游戏形式。近年来，有越来越多的教师意识到自主游戏对幼儿发展的重要性，并开始尝试在自主游戏中起到指导作用。而"留白"艺术则是在自主游戏中非常重要的一种指导方法，它通过"留白"的方式，为幼儿提供更加自由的探索空间，促进幼儿自主性和独立性的培养。本文将从"留白"艺术的效果、实施原则和方法等方面进行探讨，旨在帮助教师更好地指导幼儿自主游戏。

## 一、"留白"艺术的效果

"留白"艺术是一种特殊的艺术形式，倡导在白纸上或者其他纯净的背景上，通过留空的方式描绘出形状、图案或者表达出情感和意境。教师指导的"留白"艺术，其核心是为幼儿提供一种自由的、富有创造性的学习和游戏环境，让他们有机会进行自我探索、自我表达。

### 1. 促进幼儿的自主性和独立性

在这种环境中，幼儿被鼓励进行自由探索和创造，没有成人过多的指导和干涉。这种自由探索的过程可以帮助幼儿发展独立思考的能力，形成自己的观点和判断。同时，当他们自己完成一项任务或创造出一件作品时，会产生极大的成就感，这不仅可以培养他们的自信心，还能培养他们的责任感。他们会意识到自己的行动和决定可以产生重要的影响，从而愿意更独立和自主地完成任务。

### 2. 增强幼儿的创造性和想象力

"留白"艺术可以鼓励幼儿自由地发挥自己的想象力和创造力，从而增强其创造性和想象力的发展。在"留白"艺术的环境中，幼儿们可以自由地发挥他们的想象力，创造出他们心中的世界。他们可以通过绘画、雕塑、剧本创作等各种方式表达自己的想法和感情，这无疑能够大大提高他们的创造性。而这种创造性不仅限于艺术创作，也可以应用到日常生活和未来的工作中。例如，他们可以通过创造性思考来解决问题，或者用创新的方式来完成任务。这样，他们就能更好地适应未来的社会和工作环境。

### 3. 强化幼儿的自信心和自尊心

在自主游戏中，幼儿可以主动参与和探索，不仅能够丰富他们的生活体验、提高他们的社交技巧，而且还能让其从中获得乐趣和成就感。这种成就感能够强化他们的自尊心和自信心，使他们更加乐观地看待生活和自我。幼儿可以实现自我表达，也可以接受到他人的鼓励和赞扬。这些正面的反馈可以增强他们的自尊心和自信心，让他们意识到自己的价值和能力。而当他们看到自己的创作被他人欣赏和认可时，他们的自信心和自尊心会得到进一步的提升。

### 4. 促进幼儿的认知和语言发展

在自主游戏中，幼儿可以通过听、说、观察等多种形式进行学习和交流。他们可以通过观察环境和物体，提出问题，尝试解答，从而提高他们的观察力和思考能力。同时，他们也可以通过与他人交流，表达他们的想法和感情，从而提高他们的语言能力。"留白"艺术提供了一个充满可能性的探索空间，让幼儿可以自由地进行各种实践活动，这无疑会促进他们的认知和语言发展。这不仅可以帮助他们更好地掌握知识和技能，还可以提高他们的综合素质。

可见，"留白"艺术对于幼儿的成长和发展有着深远的影响。通过"留白"艺术，教师可以为幼儿提供一个自由、开放、充满创造性的学习环境，让他们有机会自我探索、自我发展。这不仅可以帮助他们建立自信心，提高他们的独立性和自主性，还可以增强他们的创造性和想象力，以及促进他们的认知和语言发展。因此，教师应该更加重视"留白"艺术在教育中的应用，让更多的幼儿从中受益。

## 二、"留白"艺术的基本原则

"留白"艺术是一种在自主游戏中的指导方法，它主张少给指令和要求，尊重幼儿的决策，适当给予提示和启示，提供适当的资源和环境等。

### 1. 少给指令和要求

"留白"艺术主张少给指令和要求。在自主游戏中，幼儿应该有更多的自由空间来探索和发挥想象力。在自主游戏中，幼儿应该有更多的自由空间来发挥想象力和创造力。过多的指令和要求会限制幼儿的思维和行动，使他们无法充分展示自己的能力和潜力。当教师少给指令和要求时，可以给幼儿更多的自主选择的机会。幼儿可以根据自己的兴趣和需求决定游戏的内容和方式。这样的自主选择能够培养幼儿的决策能力和创造力，并增强他们的自信心和自主性。

### 2. 尊重幼儿决策

在自主游戏中，幼儿经常面临各种问题和决策的情况。这是他们发展和成长的机会，同时也是他们锻炼自主性和决策能力的机会。教师可以通过提出问题、引导思考和鼓励尝试等方式，帮助幼儿更好地做出决策。尊重幼儿的决策还可以培养幼儿的自主性和自信心。当幼儿在游戏中有权做出决策时，他们会更加愿意尝试新的想法和行动。他们会有更多的机会扮演决策者的角色，从而培养其自主解决问题的能力。这种自主性的发展对于幼儿的全面发展至关重要，并为其未来的学习和生活奠定坚实的基础。

### 3. 适当给予提示和启示

即使在自主游戏中，教师仍然可以给予一些提示和启示，帮助幼儿更好地完成游戏任务。这些提示和启示应该是适当的，不能过多地干扰幼儿的游戏过程。通过适度的提示和启示，教师可以引导幼儿更好地探索和发现，同时提高他们的认知能力。例如，在幼儿进行某个游戏任务时，教育者可以给予一些关于使用工具或材料的建议。可以提醒幼儿注意某个细节或给出一个简单的提示，以激发幼儿的思考和解决问题的能力。但是，教师需要注意不要过度干预幼儿的游戏过程，以免剥夺他们的自主性和创造性。

### 4. 提供适当的资源和环境

教师应该提供适当的资源和环境。在自主游戏中，幼儿需要合适的玩具、工具和材料来支持他们的探索和创造。教育者应该为幼儿提供这些资源,让他们能够更加自由地进行创造和发展。同时,教育者还应该创造一个安全、舒适、富有挑战性的游戏环境,鼓励幼儿充分利用资源和环境,发挥自己的想象力和创造力。适当的资源和环境可以提供有利于幼儿自主游戏和学习的条件。例如,为幼儿提供丰富多样的材料和玩具,让他们有更多的选择和发挥空间。教育者还可以设计不同的场景和情境,激发幼儿的兴趣和主动性。

通过遵循上述原则,教育者可以有效实现"留白"艺术,可以帮助幼儿更好地发挥自己的想象力和创造力,提高他们的认知能力和自主性,从而促进幼儿的全面发展。

## 三、如何实现"留白"艺术

"留白"艺术是一种注重空间和时间的艺术形式,它强调的不仅仅是画面上的内容,更是画面之外的空间和时间的表达。"留白"艺术不仅仅是一种艺术表现方式,更是一种教育理念和教育方式。在幼儿教育中,"留白"艺术可以帮助幼儿发展创造力、想象力和表达能力,让他们在自由游戏中得到更多的发展和成长。"留白"艺术的实践需要从以下几个方面进行思考和实践。

### 1. 观察幼儿的行为和表现

观察幼儿的行为和表现是教师在幼儿早期教育中非常重要的一项工作。通过仔细观察,我们可以获取关于幼儿个性特点、成长需求及兴趣爱好的信息,从而更好地指导他们的学习和发展。首先,观察幼儿的兴趣爱好是非常重要的。每个幼儿都有自己的喜好和能力,在游戏和学习中展现出来。观察幼儿玩耍时的选择和活动,可以帮助教师了解他们对各种事物的兴趣,从而为他们提供更丰富的学习资源和经验。例如,有些幼儿喜欢动手制作,那么教师可以提供一些手工艺品供他们制作,鼓励他们发挥自己的创造力和想象力。其次,观察幼儿的优点和缺点有助于教师了解他们的发展潜力和需要改进的方面。在观察过程中,教师可以发现幼儿在不同方面的才能和特长。对于优势领域,教师应该给予积极的鼓励和肯定,使幼儿保持自信和积极的心态。而对于缺点,教师需要留意并找到适当的方法来帮助幼儿克服困难。例如,如果一个幼儿在沟通上有困难,教师可以通过提供更多的交流机会和启发性问题来帮助他们提高表达能力。最后,我们还需要关注幼儿在自主游戏中的思考和决策过程。自主游戏是幼儿学习和成长的重要渠道，通过观察可以了解到幼儿在游戏中是否能够独立思考和解决问题。教师可以提供一些挑战性的游戏和活动，鼓励幼儿采取主动并尝试不同的解决方案。

**2. 建立信任关系**

建立信任关系是和幼儿交往的重要一步，通过这种关系的建立，教师可以更好地了解幼儿的内心世界，进而更好地实践"留白"艺术。在和幼儿交往中，有几点是需要注意的。首先，尊重幼儿的意见和想法是建立信任关系的关键。与幼儿交流时，教师需要倾听他们的发言，给予足够的关注和重视。即使幼儿的意见与教师的想法不同，也应该尊重他们的选择和决策。这样一来，幼儿会感到被接纳和尊重，从而更加愿意与教师分享自己的想法和感受。其次，要尊重幼儿的独立性，给予他们足够的自主空间。幼儿正在成长的过程中，他们需要有自己的思考和决策能力。教师应该给予他们足够的自由，让他们有机会独立地表达自己的意见和想法。当幼儿感到他们的选择得到了认可和尊重时，他们会更加自信和积极地参与到游戏活动中。最后，通过支持和关心，教师可以建立起与幼儿的良好关系。幼儿在成长过程中，会遇到各种各样的困难和挑战。教师应该给予他们支持和鼓励，让他们感受到自己被关心和爱护。当幼儿感受到教师的关心和爱护时，他们会更加愿意与教师分享自己的想法和内心世界。教师可以通过问候、询问他们的近况等方式来表达教师的关心，同时也要耐心地聆听他们的需求和困扰。

**3. 提供适当的支持和引导**

在提供适当的支持和引导方面，教师可以借助开放性问题来引导幼儿思考和解决问题。相对于直接给出答案，教师可以用问题来引发幼儿的思考，激发他们的兴趣和好奇心。例如，当幼儿在解决一个难题时，教师可以问："你认为可能有哪些不同的方法可以解决这个问题？""你有没有考虑过通过其他角度来思考它？"这些问题可以帮助幼儿自己思考，并鼓励他们在解决问题时采取不同的方法和思维方式。同时，给予适当的提示和启示也是引导幼儿的重要方式之一。当幼儿遇到困难时，教师可以通过提供一些相关的信息或提示来帮助他们更好地理解和解决问题。例如，如果幼儿在解决一个数学问题时卡住了，教师可以提醒他们使用图形来辅助计算，或者给出一个类似的例子来帮助他们找到解决的思路。这样的提示既可以帮助幼儿克服困难，又可以培养他们的解决问题的能力。在提供适当的支持和引导时，教师还要确保幼儿能够发挥自己的创造力和想象力。幼儿在解决问题时可能会有很多奇思妙想，教师应该尊重并鼓励他们的个性和独立思考能力。当他们提出一些独特或与教师预期的答案不同的解决方案时，教师应该给予肯定和鼓励，帮助他们体验到自己的成长和进步。这样的支持和引导可以促进幼儿的自信心和发展动力，使他们在自我成长和发展中获得更多的机会和成功。

**4. 创造有趣、有挑战性的环境**

为了创造有趣、有挑战性的环境，教师需要提供富有挑战性的游戏任务，激发幼儿的学习兴趣和动力。这可以通过设计一系列有趣的活动和游戏来实现。例如，教师可以组织团队活动，让幼儿分工合作解决问题，培养他们的合作能力和解决问题的能力。还可以设计追逐游戏，让幼儿在追逐中锻炼身体，提高他们的运动技能和反应能力。同时，教师还需要营造积极的氛围，让幼儿感受到游戏的乐趣和成就感。教师可以给予幼儿积极的鼓励和肯定，在他们取得进步或完成任务时给予奖励。这样可以激发幼儿的动力和自信心，让他们更愿意参与到游戏中来。此外，为了提高游戏的有趣性和挑战性，教师可以根据幼儿的年龄和能力水平设计不同程度的难度。例如，对于年幼的幼儿，教师可以设计一些简单的游戏任务，让他们可以轻松参与和完成。而对于年龄较大的幼儿，教师可以增加一些复杂的要求和规则，让他们面临更大的挑战，以促进他们的成长和发展。

总之，实现"留白"艺术需要从观察幼儿的行为和表现、建立信任关系、提供适当的支持和引导，以及创造有趣、有挑战性的环境四个方面进行思考和实践。在这个过程中，教师需要尊重幼儿的独立性和创造力，给予他们足够的自主空间和支持，让他们在自由游戏中得到更多的发展和成长。

"留白"艺术是一种富有启示的教学方法。通过少给指令、尊重孩子的决策、适当给予提示和启示，以及提供适当的资源和环境，教师可以更好地引导幼儿们自主学习。在自主游戏中，"留白"艺术可以激发幼儿们的兴趣和想象力，帮助他们建立自信和自尊，为他们的全面发展打下坚实的基础。然而，如何更好地实现"留白"艺术，以及其在幼儿教育中的其他应用，仍需要进一步地研究和探索。

【参考文献】

［1］陈莹.幼儿教师自主游戏组织指导的主要问题与对策［J］.太原城市职业技术学院学报，2023（2）：117-119.

［2］张婉莹.幼儿园自主游戏中教师的指导——基于"游戏本位学习"理念［J］.陕西学前师范学院学报，2021，37（12）：44-48.

［3］夏玲芳.巧用留白艺术，优化小学语文课堂［J］.华夏教师，2021（35）：49-50.

［4］苗安琦.幼儿园户外自主游戏中的教师指导研究［D］.保定：河北大学，2020.

［5］许文佳.幼儿园室内区域活动中教师指导现状［D］.福州：福建师范大学，2020.

［6］刘卉.幼儿园大班区域环境创设的"留白"艺术［J］.教育观察，2019，8（22）：33-34.

［7］黄小慧.论幼儿自主游戏中的教师指导策略［J］.教育观察，2018，7（2）：143-144.

［8］卢迎新.幼儿园自主游戏中教师有效介入研究［D］.济南：山东师范大学，2016.

［9］王丽."留白"理念在现代教学设计中的应用［J］.教育评论，2013（5）：42-44.

［10］郭莉.在教师隐性指导活动中促进幼儿的发展［J］.成都大学学报（教育科学版），2007（2）：75-76.

# 打造有趣的幼儿园区域环境：从游戏性出发

谢　婷

幼儿园作为儿童成长的重要场所，其区域环境的打造至关重要。游戏性的区域环境不仅能够促进幼儿的认知、社交、情感和运动技能的发展，而且还能激发幼儿的探索和创新精神，为幼儿的全面发展奠定坚实的基础。如何打造一个充满游戏性的区域环境，为幼儿提供一个既有趣又富有发展性的空间，是每个教育工作者所需要思考和解决的问题。

## 一、游戏性与幼儿发展

游戏性的区域环境对于幼儿的成长和发展具有深远影响。游戏是幼儿接触和理解世界的主要方式，它既能满足幼儿的好奇心和探索欲，又能帮助他们发展各种必要的生活技能。

### 1. 游戏性的区域环境能够促进幼儿的认知发展

通过游戏，幼儿可以接触到各种物体和情境，理解它们之间的关系，从而提高他们的观察力、记忆力和思维能力。例如，通过堆积木游戏，幼儿可以理解稳定性和平衡的概念；通过拼图游戏，他们可以理解形状和空间的关系。

### 2. 游戏性的区域环境也有助于幼儿的社交发展

在游戏过程中，幼儿需要与同伴进行互动和合作，这不仅能够帮助他们建立良好的人际关系，也能教会他们如何处理冲突和分歧。例如，通过角色扮演游戏，幼儿可以学习到如何理解他人的情绪和需求，如何与他人进行有效的沟通。

**3. 游戏性的区域环境还能促进幼儿的情感发展**

在游戏中，幼儿可以体验到成功的喜悦和失败的挫折，这有助于他们理解和控制自己的情绪。例如，通过比赛游戏，幼儿可以学习到如何处理赢和输，如何面对挑战和困难。

**4. 游戏性的区域环境能够促进幼儿运动技能的发展**

在游戏中，幼儿需要运用各种身体协调和精细动作，这有助于他们的身体发育和手眼协调能力的提高。例如，通过攀爬游戏，幼儿可以提高他们的平衡感和身体协调能力；通过绘画游戏，幼儿可以提高他们的手部进行精细动作的能力。

总的来说，通过提供具有丰富游戏性的区域环境，我们可以有效地促进幼儿的全面发展。因此，幼儿园在设计区域环境时，应充分考虑其游戏性，以满足幼儿的各种发展需求。

## 二、游戏性的要素和属性

为了打造有趣的幼儿园区域环境，我们需要了解游戏的基本要素和属性。游戏的基本要素包括规则、目标、挑战和反馈；而游戏性的属性在幼儿园区域环境中的应用涉及创意性、互动性、挑战性和自主性等方面。理解这些要素和属性的含义和应用，能帮助幼儿园创造出更有吸引力和丰富多样的游戏性环境。

**1. 规则是游戏的基础**

规则为游戏设定了框架和边界，使游戏有了秩序和结构。在幼儿园环境中，规则可以是简单的，如"不能跑动"或"要轮流玩"，也可以是复杂的，如"需要按照特定的顺序放置积木"。规则不仅能够保证游戏的公平性，也能帮助幼儿理解社会规范和行为准则。在实际的教育实践中，我们应该充分利用规则，让幼儿在游戏中学习和遵守规则，从而培养他们的社会责任感和道德素质。

**2. 目标是驱动游戏进行的力量**

目标能够激发幼儿的积极性和主动性，使他们愿意投入时间和精力去完成游戏。在幼儿园环境中，目标可以是具体的，如"把球投进篮子"，也可以是抽象的，如"和朋友们一起建造一个城堡"。目标不仅能够提供游戏的方向和意义，也能帮助幼儿建立成就感和自我效能感。在实际的教育实践中，我们应该设定合适的目标，让幼儿在追求目标的过程中，体验到挑战和成功，从而提高他们的自信心和动力。

**3. 挑战是使游戏变得有趣和刺激的元素**

挑战使游戏充满了不确定性和紧张感，激发了幼儿的好奇心和探索欲。在幼儿园环境中，挑战可以是物理的，如"跳过一道障碍"，也可以是心理的，如"猜测故事的结局"。挑战不仅能够提高游戏的趣味性和吸引力，也能帮助幼儿建立解决问题能力和抗挫能力。在实际的教育实践中，我们应该提供适当的挑战，让幼儿在面对和克服挑战的过程中，提高他们的解决问题能力和抗压能力。

**4. 反馈是游戏的重要组成部分**

反馈可以为幼儿提供关于他们行为的信息，使他们能够调整自己的策略和方法。在幼儿园环境中，反馈可以是直接的，如"你做得很好"，也可以是间接的，如"你的塔倒塌了，可能需要更稳定的基础"。反馈不仅能够帮助幼儿了解自己的优点和不足，也能帮助他们形成自我评价和自我调整的能力。在实际的教育实践中，教师应该提供及时和准确的反馈，让幼儿在接受反馈的过程中，了解自己的优点和不足，从而提高他们的自我认知能力和自我调整能力。

在应用这些游戏要素的同时，幼儿园还需要关注游戏性的属性，如创意性、互动性、挑战性和自主性。创意性是指游戏能够激发幼儿的想象力和创新思维；互动性是指游戏能够促进幼儿之间的交流和合作；挑战性是指游戏能够提供适度的困难和难题，使幼儿保持兴趣和动力；自主性是指游戏能够让幼儿根据自己的兴趣和能力进行选择和决策。

总的来说，通过理解和应用游戏的基本要素和属性，幼儿园可以创造出更有吸引力和丰富多样的游戏性环境，让幼儿在自由和愉悦的氛围中学习和成长。

## 三、打造有趣的幼儿园区域环境的策略

创建一个有趣的幼儿园环境是一项重要的任务，因为这将直接影响到幼儿的学习和发展。以下是一些具体的策略和方法，可以帮助幼儿园打造富有吸引力且充满游戏性的环境。

**1. 增强多样性与创新性**

增强多样性与创新性是打造有趣幼儿园环境的关键策略之一。幼儿园是幼儿们的小世界，他们在这里度过大部分的时间，因此，环境的设计应当充满各种可能性，以满足他们多元化的需求和兴趣。首先，幼儿园需要提供各种各样的游戏区域设计。这些设计不仅要包括传统的角色扮演区、积木区、绘画区和玩具区，还可以尝试引入一些新的元素，比如科学探索区、音乐舞蹈区、阅读书籍区等。这样的设计可以让幼儿们在不同的游戏区域中，发现和探索自己的兴趣所在，同时也能够提供更丰富的体验，刺激他们的好奇心。其次，为了激发幼儿的创造力和想象力，幼儿园还需要提供各种开放性的材料，比如各种颜色的纸张、彩笔、泥土、积木等。这些材料没有固定的使用方式，幼儿们可以根据自己的想法自由发挥，创造出属于自己的作品。同时，区域的布局也应当灵活多变，可以根据幼儿们的需求和活动的性质进行调整，给他们提供更多的可能性。最后，为了保持环境的新鲜感和吸引力，幼儿园还需要定期更换游戏材料和设备。这不仅可以避免幼儿们对某一种材料或设备产生厌倦，还可以通过引入新的元素，刺激他们的好奇心，激发他们的探索欲望。

**2. 增强互动性与合作性**

幼儿园是幼儿们开始接触社交的重要场所，因此增强互动性和合作性是非常重要的。为了实现这个目标，幼儿园可以设置角色扮演区域和合作游戏区域，以促进幼儿之间的互动和社交。在角色扮演区域，幼儿可以扮演不同的角色，如医生、警察、消防员，等等。这样的游戏可以让幼儿在游戏中学习和练习社交技巧，例如，如何与别人交流、如何与别人合作等。在这个过程中，幼儿可以学习到如何尊重别人、如何与别人分享，等等。在合作游戏区域，幼儿可以组织小组活动和团队游戏。这样的活动可以鼓励幼儿共享和合作，培养他们的合作意识和团队精神。例如，可以组织幼儿一起做拼图、玩捉迷藏等。这样的活动可以让幼儿在游戏中学习到如何与别人合作、如何与别人协调等。

**3. 增强挑战性与发展性**

幼儿园可以设计适合幼儿发展阶段的任务和挑战，鼓励他们探索和发展新技能。幼儿园应该提供各种不同难度级别的游戏，让幼儿在游戏中面临挑战并通过解决问题来提升自己的能力。例如，在拼图游戏中，可以提供不同数量和形状的拼图，让幼儿逐步提高自己的拼图能力。在搭建积木游戏中，可以提供不同难度的建筑模型，让幼儿通过不断尝试和调整来完成挑战。这样的游戏可以让幼儿在游戏中学习到如何解决问题、如何思考和如何提高自己的能力。在设计游戏时，还可以根据幼儿的年龄和能力，设置适当的活动目标和规则，以保持游戏的挑战性和趣味性。例如，在玩具车赛道游戏中，可以设置不同的赛道和障碍物，让幼儿在游戏中体验到不同的挑战和乐趣。在角色扮演游戏中，可以让幼儿扮演不同的角色，如医生、警察、消防员等，让幼儿在游戏中学习到如何协作、如何解决问题，等等。此外，幼儿园还可以提供各种发展性活动，如绘画、音乐、舞蹈等。这些活动可以帮助幼儿发展自己的创造力和想象力，提高自己的综合素质。在绘画活动中，可以让幼儿自由发挥自己的想象力，画出自己心中的世界。在音乐和舞蹈活动中，可以让幼儿通过音乐和舞蹈来表达自己的情感和想法。

**4. 增强安全性与持续性**

在幼儿园教育中，增强安全性与持续性是非常重要的。幼儿园需要确保幼儿园区域环境的安全性，并采取相应的防护措施。首先，幼儿园需要确保幼儿园区域环境的安全性。为了保障幼儿的安全，在幼儿园内需要设置安全的游戏设备，比如滑梯、秋千、蹦床等，这些设备需要经过专业的安全检测和认证，确保其安全性和可靠性。同时，幼儿园还需要提供安全的游戏材料，比如玩具、积木、拼图，等等，这些材料需要符合安全标准，材质安全、无毒无害，以避免对幼儿的身体和健康造成伤害。此外，幼儿园还需要进行定期的安全检查，确保游戏设备和材料的安全性和可靠性。其次，幼儿园还需要提供易清洁和耐用的材料和设备，确保游戏环境的持续可用性。在幼儿园内，幼儿经常会接触到各种材料和设备，这些材料和设备需要经常清洁和消毒，以避免传染病的传播。因此，幼儿园需要提供易清洁和耐用的材料和设备，比如易清洁的地板、桌椅、玩具等，这些材料和设备不仅可以方便清洁，而且可以减少材料和设备的更换频率，确保游戏环境的持续可用性。

**5. 增强个性化与自主性**

幼儿园需要给幼儿提供自由选择和自主决策的机会，让他们能够自由地表达自己的兴趣和喜好，发展自己的个性和能力。幼儿园应该为幼儿提供不同的选项和活动，让他们根据自己的兴趣和喜好来选择参与。例如，在游戏时间中，可以提供不同的游戏选项，如拼图、积木、玩具车，等等，让幼儿自由选择自己喜欢的游戏。在绘画活动中，可以提供不同的画笔、颜料和纸张，让幼儿自由选择自己喜欢的画材。这样的自由选择可以让幼儿在游戏和活动中感受到自己的决策权和自主性，从而更加自信和积极地参与到活动中来。此外，幼儿园还应该尊重和支持幼儿的个性表达。在游戏时间中，可以让幼儿自由选择游戏材料和方式，允许他们按照自己的想法和节奏进行游戏。在绘画活动中，可以鼓励幼儿自由发挥自己的想象力和创造力，画出自己心中的世界。这样的个性表达可以让幼儿感受到自己的独特性和价值，从而更加自信和自主地表达自己。

总的来说，通过实施以上策略，幼儿园可以打造出一个有趣、丰富、安全、有挑战性且满足幼儿个性需求的游戏性环境。这样的环境不仅能够吸引幼儿参与，也能有效地促进他们的认知、社交、情感和运动技能的发展。

综上所述，游戏性的区域环境能够激发幼儿的好奇心、想象力和合作精神。因此，幼儿园应注重游戏的重要性，并积极实施策略和方法，以提供丰富多样且有趣的区域环境，促进幼儿的全面发展。而打造有趣的区域环境是一个长期的过程，需要不断地进行创新和改进。

【参考文献】

[1] 王钰岚.儿童文化视野下幼儿参与区域游戏环境创设研究［D］.南昌：江西科技师范大学，2022.

[2] 张慧君.幼儿园课程游戏化的区域推进现状及对策研究［D］.南京：南京师范大学，2020.

[3] 张明丹.幼儿园游戏区域环境评价指标体系研究［D］.福州：福建师范大学，2020.

[4] 丁海东.幼儿园区域环境的游戏性缺失与回归［J］.学前教育研究，2019（12）：77-80.

[5] 秦萍.以课程游戏化的理念打造班级区域环境［J］.华夏教师，2019（24）：62.

[6] 郑非非.基于多元智能理论的幼儿园区域环境创设与活动指导研究［D］.济南：山东师范大学，2016.

# 自主游戏中幼儿社会性认知发展的策略研究

袁 方

社会性认知的发展对幼儿的成长和发展至关重要。社会性认知涵盖了幼儿对于自我和他人之间关系的感知、认识和理解。社会性认知的发展与幼儿的情感、认知和语言能力等紧密相关，对幼儿的社会适应能力、情感社交和合作能力等方面起着重要的促进作用。幼儿期是社会性认知发展的关键时期，也是幼儿自主游戏的重要时期。为了促进幼儿社会性认知的发展，有越来越多的研究关注自主游戏在幼儿社会性认知发展中的策略应用。自主游戏是指幼儿在游戏过程中根据自己的兴趣和意愿，自主选择游戏内容并掌握游戏规则，自主决定游戏的发展和结局。自主游戏既能满足幼儿的探索和表达需求，又能提供社交互动和合作的机会。

## 一、幼儿社会性认知发展的理论基础

了解幼儿社会性认知发展的理论基础，可以帮助教师更好地理解幼儿的认知和行为，从而更好地指导幼儿的教育实践。

### 1. 社会性认知发展的概念

社会性认知发展是指个体在社会交往中，通过自身的认知和行为逐渐发展出对社会规范、社会角色和社会关系的认知和理解。社会性认知发展对个体的成长和发展至关重要，它不仅影响个体的社会交往能力和情感健康，还对个体的认知、语言和情感发展产生深远的影响。

### 2. 社会性认知发展的阶段

根据皮亚杰的认知发展理论，幼儿期社会性认知发展经历了自我中心阶段、同伴关系阶段和逻辑思维阶段。在自我中心阶段，幼儿主要关注自己的感觉和需要，缺乏对他人的关注和理解。在同伴关系阶段，幼儿开始关注他人，并逐渐学会通过语言和行为表达自己的意愿和需求。在逻辑思维阶段，幼儿开始理解抽象的概念和规则，并能够通过逻辑推理和思维操作解决问题。

在幼儿社会性认知发展的不同阶段，幼儿的自我意识、他人意识和角色认知都会发生重要的变化。在自我意识的发展中，幼儿从最初的自我中心到逐渐认识到自己和他人的区别和联系，形成自我概念和自尊心。在他人意识的发展中，幼儿从最初的关注自己到逐渐关注他人，学会了分享、合作和互助。在角色认知的发展中，幼儿从最初的单一角色到逐渐理解和扮演多种角色，学会了表达自己的意愿和需求，并逐渐形成了自己的价值观和道德观念。

**3. 社会性认知发展的影响因素**

幼儿社会性认知发展受到多种因素的影响，包括家庭环境、学校教育、同伴关系和文化差异等。

在家庭环境中，父母的教育方式、家庭氛围和家庭文化对幼儿社会性认知发展具有重要的影响。父母的教育方式越是支持幼儿的社会性认知发展，幼儿的社会性认知发展就越好；家庭氛围越是温馨和谐，家庭文化越是注重社会性认知发展，幼儿的社会性认知发展就越好。

在学校教育中，教师的教育方法、教学环境和教学内容对幼儿社会性认知发展具有重要的影响。优质的教育方法和环境有利于幼儿的社会性认知发展，而低质量的教育方法和环境则会阻碍幼儿的社会性认知发展。教学内容也对幼儿的社会性认知发展产生影响，教育内容越是注重社会性认知发展，幼儿的社会性认知发展就越好。

在同伴关系中，幼儿的同伴交往和同伴合作对幼儿社会性认知发展具有重要的影响。同伴关系越是良好，幼儿的社会性认知发展就越好。同伴关系越是紧张和冲突，幼儿的社会性认知发展就越受阻碍。

在文化差异中，不同文化背景下的社会规范、社会角色和社会关系对幼儿社会性认知发展产生不同的影响。不同文化背景下的社会规范和社会角色会影响幼儿的自我意识和他人意识的发展，不同文化背景下的社会关系会影响幼儿的角色认知的发展。

## 二、自主游戏对幼儿社会性认知发展的影响

自主游戏是幼儿园教育中的一个重要组成部分，它对幼儿的社会性认知发展具有重要的影响。自主游戏是指幼儿在自由的环境中自主选择游戏内容和游戏伙伴，并通过游戏活动来探索和发展自己的认知和情感能力。

**1. 自主游戏对幼儿情感认知的影响**

情感认知是指幼儿对自己和他人情感状态的识别、表达和管理能力。自主游戏可以帮助幼儿识别和表达情感，同时也可以培养幼儿的情感智力。在自主游戏中，幼儿可以通过角色扮演和情境模拟来体验不同的情感状态，学会表达自己的情感，并理解他人的情感。同时，自主游戏也可以让幼儿学会管理自己的情感，如控制情绪、调节情感和解决情感问题。这些能力对幼儿的社会性认知发展具有重要的意义，可以帮助幼儿建立积极的情感态度和健康的社交关系。

**2. 自主游戏对幼儿角色认知的影响**

角色认知是指幼儿对不同角色的认知和理解能力。自主游戏可以促进幼儿理解不同角色和角色之间的互动关系，以及培养幼儿的共情能力。在自主游戏中，幼儿可以扮演不同的角色，如家长、老师、医生等，通过角色扮演来理解不同角色的职责和行为规范，同时也可以学会关注他人的需求和情感状态，培养共情能力。自主游戏还可以让幼儿学会协调不同角色之间的互动关系，如合作、竞争、冲突等，从而培养幼儿的社交技能和社交智能。

**3. 自主游戏对幼儿合作认知的影响**

合作认知是指幼儿在社交互动中学会合作、沟通和冲突解决的能力。自主游戏可以培养幼儿的合作认知。在自主游戏中，幼儿可以选择自己的游戏伙伴，通过合作来完成游戏任务，从而学会合作和沟通的技巧。同时，自主游戏也可以让幼儿面对冲突和挑战，学会通过合作和沟通来解决问题，从而培养幼儿的冲突解决能力和社交智能。

## 三、自主游戏中幼儿社会性认知发展的策略

幼儿的社会性认知发展与认知、语言、情感等多个方面密切相关，需要通过社会互动和情境体验等方式进行促进和支持。在幼儿园教育实践中，应根据幼儿的认知水平和发展需求，科学地设计和实施教育活动，以促进幼儿的社会

性认知发展。自主游戏作为幼儿学习的重要形式，对幼儿社会性认知发展具有重要的影响。因此，幼儿园教育应该注重自主游戏的开展，为幼儿的社会性认知发展提供更多的机会和支持。

**1. 自主游戏的设计原则**

自主游戏是一种非常有效的教育方式，能够促进幼儿的发展和学习。设计自主游戏需要遵循一些原则，以确保游戏的有效性和可持续性。以下是一些设计自主游戏的原则。

（1）提供适当的游戏材料。游戏材料应该能够激发幼儿的兴趣和好奇心，同时也应该符合幼儿的年龄和能力水平。例如，对于年龄较小的幼儿，可以提供一些简单的玩具和拼图，而对于年龄较大的幼儿，则可以提供一些更具挑战性的游戏材料，如乐高积木和拼图等。此外，游戏材料也应该具有多样性，以满足不同幼儿的兴趣和需求。

（2）创造丰富的环境。环境应该创造出一个安全、舒适和有趣的游戏环境，让幼儿感到自由和放松。教师可以通过布置游戏区域、装饰和播放音乐等方式来创造一个愉悦的游戏环境。例如，在游戏区域中可以放置一些柔软的垫子和靠垫，让幼儿感到舒适和安全，同时也可以为幼儿提供足够的空间进行游戏和探索。

（3）鼓励幼儿主动参与。游戏应该鼓励幼儿主动参与，而不是被动接受。教师可以提供启发性问题或引导幼儿思考，但不应该强制幼儿参与游戏。例如，在游戏开始前，教师可以向幼儿提出一些问题，如"你认为这个游戏有什么有趣的地方？"或"你想探索什么？"等，以激发幼儿的兴趣和好奇心。

**2. 自主游戏的实施策略**

自主游戏的实施需要一些策略，以引导幼儿在游戏中展示社会性认知行为。以下是一些自主游戏的实施策略。

（1）角色扮演。在角色扮演的过程中，幼儿可以扮演不同的角色，如家长、孩子、老师、医生等，从而学习社交技能和社交智能。在角色扮演的过程中，教师可以提供一些角色扮演场景，如家庭、学校、医院等，让幼儿在不同的场景中扮演不同的角色。例如，在家庭场景中，幼儿可以扮演父母或孩子的角色，学习如何与家人交流和合作。在角色扮演的过程中，教师可以通过提问和引导来帮助幼儿理解角色之间的互动关系。例如，教师可以问幼儿："你扮演的是什么角色？你需要和其他角色进行什么样的互动？"通过这样的引导，幼儿可以更好地理解不同角色之间的互动关系，从而学习社交技能和社交智能。

（2）合作游戏。合作游戏是一种能够促进幼儿社交能力和合作精神的自主游戏策略。在合作游戏中，幼儿需要通过合作来完成任务，从而培养幼儿的合作意识和沟通技巧。在合作游戏的实施过程中，教师需要提供一些合作游戏，如拼图、搭积木等。在游戏开始前，教师可以向幼儿介绍游戏规则和任务要求，并引导幼儿讨论如何合作完成任务。在游戏过程中，教师可以观察幼儿的表现，并及时给予鼓励和指导。例如，当幼儿出现沟通不畅或合作不顺利的情况时，教师可以引导幼儿讨论解决方案，并帮助幼儿改善合作方式。通过合作游戏的实施，幼儿可以学习如何与他人合作和沟通，从而培养幼儿的合作意识和社交技能。

（3）角色模型的引入。教师可以引入一些角色模型，如动画角色、故事人物等，让幼儿通过模仿和学习来理解社交行为和社交规范。这种策略可以帮助幼儿学会关注他人的需求和情感状态，从而培养共情能力。在角色模型的引入过程中，教师可以选择一些具有代表性的角色模型，如《小熊维尼》《米奇妙妙屋》等，让幼儿通过观看和学习来理解社交行为和社交规范。在观看过程中，教师可以引导幼儿观察角色模型的行为和情感状态，并让幼儿进行模仿和学习。例如，当角色模型出现善良、友好的行为时，教师可以引导幼儿表达自己的感受，并让幼儿模仿这种行为。通过角色模型的引入，幼儿可以学习如何关注他人的需求和情感状态，从而培养共情能力和社交智能。

### 3. 自主游戏的评价方法

评价自主游戏在幼儿社会性认知发展中的效果需要一些方法，以下是一些常用的评价方法：

（1）观察记录。观察记录是一种常用的评价方法。教师可以观察幼儿在游戏中展示的社会性认知行为，如合作、沟通、冲突解决等，从而评价自主游戏对幼儿社会性认知发展的影响。观察记录可以通过直接观察或录像回放等方式进行，可以帮助教师深入了解幼儿的社会性认知发展情况，从而为幼儿的个性化发展提供有效的参考。

（2）问卷调查。问卷调查也是一种常用的评价方法。教师可以使用问卷调查来了解幼儿对自主游戏的态度和反应，从而评价自主游戏的有效性和可持续性。问卷调查可以通过面对面或在线方式进行，可以帮助教师了解幼儿对自主游戏的认知、态度、兴趣等方面的情况，从而有针对性地进行自主游戏的设计和实施。

（3）定性分析。定性分析也是一种有效的评价方法。教师可以对幼儿在游戏中展示的社会性认知行为进行定性分析，从而深入了解幼儿的认知和情感能力的发展情况。定性分析可以通过对幼儿的言语、行为、表情等方面进行分析，可以帮助教师了解幼儿的认知和情感发展情况，从而为幼儿的个性化发展提供有效的参考。

综上所述，自主游戏是幼儿社会性认知发展的重要途径，通过自主游戏可以促进幼儿情感认知、角色认知和合作认知的发展。自主游戏的设计原则、实施策略和评价方法应该符合幼儿认知发展规律、符合幼儿游戏兴趣、符合幼儿游戏需要和符合幼儿游戏规则。幼儿园教育应该重视自主游戏在幼儿社会性认知发展中的作用，为幼儿提供适宜的游戏环境和游戏机会，促进幼儿的全面发展。

【参考文献】

［1］段晶凤.自主游戏中大班幼儿同伴冲突行为的指导策略研究［D］.南昌：江苏大学，2022.

［2］单平姣，彭冬萍.自主游戏促进幼儿社会性发展的价值、困境与策略［J］.郑州师范教育，2021，10（5）：44-48.

［3］黎文艳，张莉.家庭教育方式对幼儿社会性发展的影响研究［J］.教育观察，2020，9（48）：63-65.

［4］王玉杰.合作性骑行游戏对幼儿社会性发展的影响［D］.济南：济南大学，2020.

［5］陈莹莹.合理组织区域游戏促进幼儿社会性发展［J］.亚太教育，2019（12）：150.

［6］赖瑛.在户外游戏活动中促进幼儿社会性发展［J］.文学教育（下），2017（2）：179.

［7］龚顺梅.幼儿社会性发展与教育研究［D］.苏州：苏州大学，2008.

［8］何晔昕.户外自主游戏中的幼儿同伴互动研究［D］.重庆：重庆师范大学，2020.

# 试论幼儿园自主游戏中教师的有效介入

许萍英

《3—6岁儿童学习与发展指南》指出：幼儿园应当以游戏为基本活动。自主游戏是幼儿最喜欢的活动形式之一，是一日活动中不可缺少的内容，既能充分发挥幼儿的主动性、创造性，也能促进幼儿的社会性发展。教师作为幼儿自主游戏的支持者、协助者、引导者，对游戏的介入可能产生积极影响，也可能产生消极影响。这就需要幼儿教师深入了解自主游戏的内涵和价值，敏锐捕捉幼儿的兴趣和需求，才能找准时机和定位适时介入，促进自主游戏的顺畅发展。

## 一、自主游戏的内涵和价值

### 1. 什么是自主游戏

从游戏的理论研究层面来说，众多学者都从不同的角度阐释了游戏的定义，由此产生了很多游戏研究派别和游戏理论，给了游戏很多定义。

结合众多学者关于游戏的研究，作者对自主游戏的内涵做了简单的概述：自主游戏是幼儿以快乐和满足为目的，在特定的游戏情境中根据自己的兴趣和需要，自由选择游戏材料和伙伴、自主制定游戏规则、自发交流、自我调控游戏进程的主动探索过程。需要明确的是，自主游戏不是游戏的一类，它是游戏的一种方式或性质。

### 2. 自主游戏的重要价值

福禄贝尔最早明确了游戏在幼儿成长中的重要价值：游戏是儿童内在生命力的表现，当儿童沉醉于游戏时，是他们生活最美好的表现。儿童能否成为一个合格的成人，取决于他童年时是否充分地自主游戏过、自主学习过、自主生活过。

陈鹤琴先生曾说：游戏是幼儿的第二生命。他明确指出：游戏可以给小孩子快乐、经验、学识、思想和健康。

在幼儿阶段，能够最有效实现自我发展和综合能力提升的途径就是自主游戏。自主游戏能够最大限度地发挥幼儿的自主性、创造性，培养幼儿主动思考、热爱探究的良好品质，这是幼儿受用一生的财富。

## 二、目前教师在介入幼儿自主游戏时存在的问题

一些教师由于对自主游戏的内涵了解不透彻，对自主游戏的价值认识不深，导致游戏观察水平不高，在幼儿自主游戏过程中就会出现一些不适宜的介入行为。下面，笔者通过文献法和观察法整理出自主游戏中教师介入存在的几个问题：

**1. 介入的积极性不高**

在幼儿的自主活动中，很多教师倾向于稳定的局面，即幼儿自己玩就好，不出事就好，不愿意积极介入其中；一些教师则是对幼儿的游戏不了解，所以不敢介入其中，只能任务式地开展游戏活动。

**2. 介入的时机不合适**

很多教师在观察幼儿自主游戏的过程中，把握不好介入的时机，有时过早、有时过晚，基本上属于比较随意的介入，对游戏效果也没有起到很好的推进作用。

**3. 介入的方式不当**

教师介入幼儿自主游戏时，如果方式不当，会影响到幼儿的游戏兴趣，严重时甚至会终止幼儿的游戏进程。

观察案例：

区域自主游戏活动一开始，球球、可可和轩轩来到了建构区，他们来来回回地拿取积木或者各种辅助材料在搭建。"老师，你知道我们要搭什么吗？"球球问教师。"搭高速路吗？""对，我们要搭一条很长的高速公路。""那你们想好怎么搭了吗？"教师提问。球球和轩轩停了两秒，球球回答："想好了啊！""哦，那你们搭吧！"教师回答后就坐在了边上写记录。搭了约十分钟，球球对轩轩说："轩轩，你这个路口不能这样堵着，车子上不来！"轩轩

则说："车子可以飞起来啊！"球球则说："车子飞不了啊！"说着就把轩轩放在出口的一块小积木拿走，轩轩看到后就想把积木抢回来。教师看到后马上走到球球旁边说："球球，你看轩轩都不高兴了，你还是把积木给她放回去吧！"球球听到教师这么说，犹豫了3秒，还是把积木放回去了。又过了两分钟，球球的声音又提高了："可可，你这个树太多了！"可可说："因为种了很多，挡太阳啊！"教师也说："是呀，树多点也没关系啊！"球球听了，没有出声，也没有再拿材料，就说："我不想搭了，我要去喝水。"

此案例中，教师有观察孩子的游戏，有师幼互动，也有在可能出现争执的时候及时介入。但是教师后面的两次介入让球球逐渐丧失了兴趣，究其原因，是教师介入的方式不够恰当，都是以语言形式，直接从教师的主导角色来介入的，没有了解清楚每个孩子行为的背后原因，也没有采用更适宜的角色参与式介入，让本来非常有搭建想法的球球感到了挫败："老师总是帮着其他小朋友，让我顺从。"这就是介入方式不当造成的幼儿的游戏兴致降低，进而影响游戏的继续发展。

**4. 教师介入的效果较差**

大部分幼儿教师并不能够真正解读幼儿的自主游戏，比如缺乏对幼儿游戏的客观观察和分析、不确定游戏材料和主题对幼儿有哪些影响等，导致介入后游戏发展趋于教师的安排和管控，没能保证孩子的自主性，游戏效果就相对较差。

## 三、自主游戏中教师如何有效介入

**1. 提高对自主游戏介入的认识**

（1）教师要认识到介入幼儿自主游戏的必要性。幼儿的自控力、理解力、表达能力、协商能力等难免存在不足，游戏中会遇到问题、产生冲突，自己又无法解决，只有教师的有效介入才能协助孩子解决问题，顺利开展自主游戏活动。

（2）教师介入自主游戏时要保持积极的态度，给孩子一个积极、自由、平等、开放、自主的游戏环境，才能持续地激发孩子自主探索的兴趣，促进幼儿在游戏中的深度学习。

**2. 做到细致观察、默默支持**

教师要清楚和认可自主游戏对幼儿发展的重要价值。只有真正理解和认可了自主游戏的重要价值，才能熟练运用合适的观察方法，细致观察到幼儿的游戏本质，进而采取合适的介入。

**3. 教师要学会找准介入的时机**

除了会观察，教师还要会思考，才可能发现幼儿游戏的兴趣和需要，了解幼儿游戏的状况和存在的问题，从而判定参与、介入幼儿游戏的恰当时机，做出有效的指导。下面，笔者列举一些教师介入的时机，可供参考：

（1）安全是游戏活动的前提。出现安全隐患时教师需及时介入，如在"搭建城堡"游戏中，某幼儿故意乱扔积木块。

（2）自主游戏的情景应该是较愉悦平和的，当幼儿与同伴出现较严重冲突时，如争抢游戏材料僵持不下，教师有必要介入调和。

（3）当幼儿较长时间无法投入游戏时，如不停地换区域或材料、独自游荡，教师可适当介入引导幼儿开展持续性游戏。

（4）当幼儿难以将游戏进行下去或出现沮丧情绪时，教师可适当介入，帮助幼儿发现新的兴趣点。

（5）幼儿向教师发出明显求助信号时，教师应给予及时的回应。

**4. 选择合适的介入方式**

合适的介入方式可以推进幼儿自主游戏的深入发展，达到深度学习的效果。结合文献资料，笔者概括了一些比较适宜的介入方式：

（1）平行式的介入法，一般是以材料的形式，进行暗示指导。在幼儿对新的材料或游戏内容始终不感兴趣或不会玩时，教师可以坐在幼儿的旁边，操作和幼儿相同的材料以引起幼儿模仿，激发幼儿的游戏兴趣。

（2）交叉式的介入法，多数是角色扮演的形式。幼儿游戏中需要教师参与时，或者教师观察到幼儿游戏水平持续较低时，教师可以以游戏中的某一角色参与，不会降低幼儿的游戏兴趣，还能起到指导、推进幼儿游戏的作用。

（3）垂直式的介入法，多数是语言的形式，且不宜过多。当幼儿的自主游戏中出现严重违反规则及攻击性行为时，教师需及时以教师身份直接介入游戏，以避免游戏的中止或出现安全事故。

**5. 关注游戏的过程性评价**

游戏的过程性讲评是对幼儿游戏良好表现的肯定和已有经验的提升，也是下一步游戏计划的重要依据。教师可以通过"场景描述""图片视频""绘画"等方法来帮助幼儿发现问题、解决问题，同时鼓励幼儿分享游戏经验，讲评时可以多问幼儿几个"为什么""怎么办"，让幼儿成为游戏评价的主人，更好地激发幼儿的主动性，以便开展持续的深入式游戏活动，提升自主游戏的效果。

## 四、结语

综上所述，教师的有效介入对于保证幼儿园自主游戏的质量非常必要且有效。为此，教师应当重视自主游戏的价值，提升自主游戏的观察分析能力，选择合适的介入时机、恰当的介入方式，并关注游戏的过程性评价，以积极的态度有效介入幼儿的自主游戏，真正保障幼儿自主游戏的顺畅开展，提升幼儿自主游戏的水平，从而激发其主动学习的内在动机，发展良好的学习品质。

【参考文献】

［1］董旭花，韩冰川，阎莉等.自主游戏：成就幼儿快乐而有意义的童年［M］.北京：中国轻工业出版社，2021.

［2］储朝晖.论幼儿自主游戏：幼儿自主游戏的概念、特征与价值［J］.年轻人学校天地，2022（6）：4-7.

［3］卢迎新.幼儿园自主游戏中教师有效介入研究［D］.济南：山东师范大学，2016.

［4］孙倩.幼儿园新手教师角色游戏中的教师介入行为研究［D］.沈阳：辽宁师范大学，2022.

［5］牛晓静.大班幼儿户外自主游戏中教师介入行为的现状及对策研究［D］.镇江：江苏大学，2020.

［6］袁圆，王登，孙婷.影响教师介入幼儿游戏的因素［J］.科教导刊（中旬刊），2019（8）：77-78.

［7］殷铭佳.教师介入和指导幼儿游戏的策略研究［J］.科学大众（科学教育），2016（11）：94，171.

［8］陈琦.幼儿自主游戏中教师介入的时机及策略［J］.教育科研论坛，2007（2）：39-40.

# 区域游戏分享环节的问题分析及优化策略

南尚龙

游戏分享环节是游戏结束后教师与幼儿一起交流、沟通、分享游戏经验的活动，之前也被称为游戏评价或游戏讲评，后来学者们为了凸显幼儿的主体地位才将其更改为游戏分享。作为游戏的重要组成部分，游戏分享有助于促进幼儿德智体美的全面发展，也有助于加深幼儿对游戏的兴趣，同时也能为教师提供充分了解幼儿的机会，提升教师的游戏指导能力。然而，实际中的游戏分享环节往往存在许多问题，难以达到应有的效果。

## 一、游戏分享环节存在的问题

游戏分享环节在幼儿园中的重要性不言而喻。然而，在一线的教学过程中，游戏的分享环节却存在一些不容忽视的问题。这些问题主要包括以下四个方面。

### 1. 活动时间较短，分享机会不均

虽然游戏分享环节是一日生活的基本流程之一，但是在现实中由于幼儿园有着不同的特色教育活动，游戏分享环节的价值并未得到广泛的认可和重视，游戏分享的时间常常在一日活动中被挤压。不仅如此，班级人数、教师的教学水平及幼儿的个体心理差异也会影响分享环节的效果，很难确保每个幼儿都能有足够的时间和机会分享自己的游戏体验，无法帮助所有幼儿提升能力和自信心。因此，如何在有限的时间内保障幼儿分享的机会，让所有幼儿都能得到与同伴分享游戏的经验与乐趣，成为教师们关注的重点问题。

**2. 分享方式单一，大多讲述为主**

在很多幼儿园的游戏分享环节中，幼儿大多会采用现场讲述的方式进行分享。然而，这种方式往往难以调动其他幼儿的兴趣，同时也无法确保分享效果。同时，有些幼儿在阅历较浅或表达能力较弱的情况下，用不连贯的语言讲述不仅可能无法传达其完整的经验和想法，还可能会让倾听的幼儿无法专注。此外，分享者只能通过语言的描述来让其他幼儿感受到游戏的乐趣，但这往往是不够直观和生动的。因此，只通过讲述很难让其他幼儿真正地体验到分享者的游戏经验，也难以激发他们对于游戏的兴趣和参与度。

**3. 分享内容有限，幼儿兴趣不足**

当前幼儿园游戏分享环节的内容主要集中在活动规则遵守和相关知识的掌握程度上，而对于幼儿情感体验、学习品质等方面的关注却很不足。具体来说，在很多幼儿园的分享环节中，教师更多会关注幼儿在活动中是否遵守规则；是否在活动结束后做好收拾材料的工作；以及是否完成自己的作品；等等。这种关注主要集中在幼儿的行为表现上，而忽视了他们在游戏过程中的情感体验和学习发展。比如：为什么幼儿收拾材料会慢？为什么会和朋友发生冲突？这些在区域活动中出现的情况都会有更深层次的情感因素，这些情感因素会让很多幼儿产生共鸣，但很多教师往往会在分享环节忽略这些。

此外，教师的目标意识过强，预设了过多关于认知、社交和概念等方面的交流内容，导致幼儿缺乏对于分享内容的兴趣。他们可能觉得分享的内容与自己的游戏体验并不相符，从而产生了游离的感觉。这样的现象，无疑是对幼儿个体兴趣和需求的忽视，也可能会影响他们对游戏的热情和积极性。

**4. 教师高度主导，互动形式单一**

在幼儿园的游戏分享环节中，教师占据主导地位，把控整个分享过程。教师会在幼儿完成游戏后，向他们提问，询问他们的游戏心得和体会，然后教师会逐一点评每个幼儿的分享。这种主导的方式经常会出现在新教师的教学过程中，为了能掌握好教学的节奏而进行高控制，结果影响了分享的效果，通常体现在以下几个方面。

（1）多为封闭性问题。教师在游戏分享环节，往往会提出一系列封闭性的问题，要求幼儿回答。这样的方式，使得幼儿只需要简单回答问题，而缺乏更深入的思考和表达。教师通常会提问一些简单的问题，而没有引导幼儿深入思考游戏的过程、目的和收获。

（2）教师为点评主体。在游戏分享环节，教师通常会逐一点评每个幼儿的分享。这样的方式，使得幼儿感到面对评判的压力，不敢真实地表达自己的想法和感受。他们可能会因为害怕得到负面评价而选择回避或者掩饰自己的真实情感和体验。

（3）高控制的角色定位。教师在游戏分享过程中，往往扮演一个监管和控制的角色。他们会逐一指导幼儿如何分享游戏，要求他们按照一定的顺序和规定进行分享。这样的方式，使得幼儿失去了分享的主动权，只能按照教师的要求进行操作，缺乏自主选择和发言的机会。这些问题导致了游戏分享环节缺乏师幼之间的多向互动。

## 二、游戏分享环节的优化策略

游戏分享环节存在的问题一定程度上影响了幼儿的游戏分享体验，也进一步阻碍了他们的成长和发展。因此，教师需要从各个方面对这些问题进行深入的研究和探讨，寻找有效的解决方法，以提高游戏分享环节的质量，促进幼儿的全面发展。

### 1. 合理规划时间，鼓励幼儿分享

教师应该认识到游戏分享环节的重要性，并在课程设置中给予足够的重视。因此，在规划课程中一日活动时，教师应充分考虑到分享环节的时间，在一日活动中保证分享环节能有足够的时长。例如，教师可以将分享环节大致的时间段与时长在本班的活动安排表中标识出来，这样更能引起重视特别是便于新教师更好地把握分享环节的时间，减少因"环节紧凑"从而导致压缩幼儿分享时间的情况出现。

同时，教师应该关注班级幼儿的能力发展水平与心理状态，在保证能力强的幼儿在分享中获得提升的基础上，也可以适当延长分享环节的时间，引导与鼓励内向、能力弱的幼儿有分享的机会，为幼儿创造一个公平且轻松的分享环境。即使部分幼儿因为时间没有获得分享的机会，老师也要及时进行记录，在下次的分享活动中鼓励其表达与分享。

总之，教师在游戏分享环节中应该合理安排时间，创造轻松氛围，关注机会分配，尽量使每个幼儿都有表达的机会。教师通过这些措施，可以使幼儿在

游戏分享环节中感受到被重视和尊重，促进他们的发展和学习。

### 2. 丰富分享方式，提高参与兴趣

为了提高幼儿园游戏分享环节的效果，让幼儿更加主动地参与其中，教师需要尝试引入多种分享手段与分享方式，来帮助幼儿获得成长。

直接的口述是分享环节的主要形式，更多地适合记忆力、口语表达能力较强的幼儿，而小中班部分幼儿回忆复述能力较弱。教师可以让幼儿利用多功能设备，结合现场录制的游戏过程视频、实录图片、操作记录单等信息来帮助幼儿更加清晰地回忆起自己的游戏经历和感受，进而引导其口述分享自己的游戏过程的亮点及经验。

与此同时，部分幼儿虽然口语表达能力弱，但是可以通过绘画游戏的场景、角色具体的玩法及简单的动作表演的方式，让教师对其进行解读后转述分享给其他幼儿。这样不同的形式不仅能引起幼儿的兴趣，也让他们更好地表达自己的想法和感受。在经过一段时间后，教师可以根据幼儿的发展水平来帮助他们提高口语表达的能力。

### 3. 拓展分享内容，关注全面发展

在游戏分享环节中，教师不仅应该关注幼儿遵守游戏规则和掌握知识，还应该关注他们的情感体验和学习品质。因为在游戏活动中，幼儿会经历各种各样的情感，如冲突、快乐、困惑、挑战等。这些情感体验对于幼儿的成长至关重要，它们可以帮助幼儿更好地理解自己和世界，也可以提高他们的情感智力和社交能力。因此，教师在游戏分享环节中，应该引导幼儿分享他们在游戏中的情感体验，鼓励他们表达对游戏的情感和思考。例如：在积木区的幼儿发生了小争执，教师便可以尝试让幼儿去讲述生气的感受、争执的原因及解决的过程，将情感体验作为一种经验分享给其他孩子，让大家也可以获得处理矛盾的经验。

除了关注情感体验，教师还应该关注幼儿的学习品质。在游戏中，幼儿可能会遇到各种挑战，如解决问题、合作完成任务、面对失败等。这些经验可以帮助幼儿培养各种重要的学习品质，如创新思维、团队合作、抗挫折等。因此，教师在游戏分享环节中，结合教师自己的观察记录，应该引导幼儿思考和分享他们在游戏中遇到的挑战和问题，鼓励他们分享自己如何解决问题和克服挑战的经验和感受。例如：有些幼儿在植物角能够通过长时间的观察与记录来

分享植物生长的新阶段，教师这时候不仅要鼓励幼儿分享新发现，还应对幼儿良好的观察能力进行表扬，进而通过示范作用来鼓励其他孩子培养学习品质。由此可知，游戏分享环节就不再仅仅是一种娱乐活动，而是一个促进幼儿全面发展的重要机会。

**4. 突出幼儿主体，增加互动环节**

在上文中有表述在部分幼儿园的分享环节中，教师经常会扮演着主导角色，把控整个分享过程。这种教师主导的方式虽然可以保证分享的秩序和效率，但却忽视了幼儿的主体地位和参与权，限制了他们的思考和表达，减弱了他们的学习兴趣和动力。因此，教师需要改变这种教师主导的方式，尝试通过"有效提问"的方式，让幼儿在"开放性问题"的引导下一步步地进行深入的思考，从而真正成为分享环节的主人。

首先，教师应该为幼儿提供更多的自主选择和表达的机会，鼓励他们分享自己的游戏心得和感受。教师可以通过提供一些开放性的问题，让幼儿自由发挥并表达自己的想法。例如，教师可以问："在科学区操作这份材料的时候你有什么发现？""你觉得这个材料怎么弄可以更好玩？""你这幅画的线条很好看，但是你为什么会选择这个颜色来装饰？可不可以跟小朋友分享一下？"这样，幼儿就可以根据自己的理解和体验，自由地表达自己的想法和感受。

其次，教师在游戏分享环节中应提供更多的互动机会。教师可以把提问的权利交给幼儿，让幼儿在教师的引导下进行点评和建议，让他们在分享的过程中互相学习。通过互动，幼儿可以更好地理解和接受他人的观点，培养他们的同理心和社交能力。

最后，教师要尽量减少高控制的行为。教师可以提供一些分享的参考点和主题，但不应过多干预幼儿的选择和表达。如果是新教师的话，可以在分享环节前去预设一些可能出现的情况，例如：幼儿表达不畅或语言过多导致时间延长等，尽可能做到有条不紊地给予他们的选择和表达的机会。教师可以成为一个鼓励者和支持者，从而为幼儿创造更加自由、富有互动与积极体验的分享环境。

在幼儿教育中，游戏分享环节是一项至关重要的活动。它是幼儿在游戏中学习和成长的重要体现，也是他们与同伴交流、互动的重要平台。然而，现实中，这一环节往往没有得到足够的重视，其潜力没有被充分挖掘。这不仅会影响幼儿的情感体验，降低他们的交流能力，还可能对他们的学习效果产生不利影响。因此，为了充分发挥其作用，教师需要采取一些优化策略，确保每个幼儿都有机会参与，丰富分享的方式，关注幼儿的全面发展。只有这样，才能真正激发幼儿在分享中的兴趣，提高他们的学习效果、提高游戏的质量。

【参考文献】

［1］李庆霞.幼儿园自主性游戏分享环节研究［D］.南京：南京师范大学，2016.

［2］肖圣颖.中班幼儿游戏后集体分享交流现状及改进的实践研究［J］.上海托幼，2023（5）：22-23.

［3］梁敏玲，温秀琴.幼儿自主游戏后支持策略的优化研究［J］.教育观察，2022，11（33）：40-44.

［4］王亚敏.儿童视角下的幼儿园区域活动评价环节探讨［J］.课程教育研究，2016（26）：35.

［5］戴隽.大班自主性游戏分享的几点思考［J］.新课程（综合版），2017（9）：72-73.

［6］杨红岩.我国近年来幼儿园游戏分享环节研究综述［J］.陕西学前师范学院学报，2018，34（1）：100-106.

［7］郝红翠.幼儿自主性游戏组织中回顾环节的必要与实现［J］.基础教育研究，2019（21）：89-91.

［8］李芳，何敏.小朋友，今天你做了什么？——从"分享"环节切入为区域活动把脉［J］.学前教育研究，2005（9）：24-26.

［9］林艳.角色游戏分享环节的支持策略［J］.幼儿教育研究，2019（3）：34-37，43.

［10］邱学青.自主性游戏讲评的研究［J］.幼儿教育，2000（4）：8-9.

# 幼儿园自主游戏活动的开展策略

李雨忻

自主游戏活动是幼儿园区域活动中的一种重要形式，它是指幼儿在自由的环境中自主选择游戏内容和方式，并在游戏中自主发挥、自我探索和自我评价的一种活动形式。自主游戏活动的基本特点是自由、自主、富有创造性和乐趣。幼儿在游戏中享受自由的空间和时间，可以根据自己的兴趣选择游戏方式和对象。他们可以自主掌握游戏规则和过程，体验游戏的乐趣。

自主游戏活动对幼儿的身心、智力等多个方面的发展都具备重要意义。一方面，自主游戏活动对幼儿的身体运动和协调能力、沟通交流能力和情感体验能力等产生积极影响。另一方面，自主游戏活动对幼儿的认知和智力发展也具有促进作用，如幼儿可以在游戏中提高对物品性质的认知、发展空间想象力和分类组合能力等。总之，自主游戏活动不仅是一种有趣的游戏方式，更是一种积极促进幼儿全面发展的重要活动形式。因此，幼儿园教师应该充分意识到自主游戏活动的重要性，积极开展相应的活动，引导幼儿在游戏中体验、探索、学习和成长，达到教育目的。同时，教师还应该不断完善自主游戏活动的开展策略，为幼儿提供更好的游戏环境、引导和支持，推动自主游戏活动的不断发展，以更好地为幼儿的发展和成长服务。

## 一、确定活动目标和内容

自主游戏活动的目标和内容是开展该活动的首要任务。为了让幼儿能够更好地参与游戏，目标和内容必须具备针对性和可操作性。在确定活动目标和内容时，可以从以下几个方面入手。

### 1. 针对幼儿需求和兴趣确定活动目标和内容

幼儿阶段的兴趣爱好比较广泛，因此教师应该充分了解幼儿的需求和兴趣，制定有针对性的目标和具体的游戏内容。例如，如果幼儿对动物感兴趣，可以设置动物园游戏或者动物森林游戏等，让幼儿在游戏中了解不同的动物种类，学习动物之间的相互关系和生态环境等知识。此外，在确定活动目标和内容时，教师还应该考虑幼儿的年龄、性别、文化背景等因素，确保目标和内容符合幼儿的认知水平和兴趣爱好。

### 2. 结合实际情况确定活动目标和内容

教师应该根据幼儿园所在的实际情况，比如季节、环境、场地等因素，确定目标和内容，使幼儿能够更好地融入游戏中，提高游戏的吸引力。例如，在夏季可以开展水上游戏或者户外运动游戏等，让幼儿在游戏中感受到自由和快乐。在冬季，则可以开展雪地游戏或者室内游戏等，让幼儿在游戏中感受到冬季的特别之处。

### 3. 结合游戏的教育功能确定活动目标和内容

游戏是幼儿学习和发展的有效手段之一，因此，在确定目标和内容时，应充分考虑游戏的教育功能，注重培养幼儿的各项技能和能力。例如，可以开展团队合作游戏或者创造性思维游戏等，让幼儿在游戏中培养合作精神和创新意识。此外，还可以开展语言游戏或者数学游戏等，让幼儿在游戏中学习语言和数学知识，提高幼儿的学习兴趣和能力。

总之，确定幼儿园自主游戏活动的目标和内容需要综合考虑多个方面的因素，让活动具备针对性和可操作性，才能更好地促进幼儿的身心发展和成长，增强幼儿的社交技能、创造力和自信心。教师应该充分了解幼儿的需求和兴趣，结合实际情况和游戏的教育功能，制定有针对性的目标和具体的游戏内容，让幼儿在游戏中快乐学习，积极发展自己的各项能力。

## 二、创造良好的游戏环境

创造良好的游戏环境是保证幼儿园自主游戏活动能够顺利开展的重要条件。孩子们在游戏中探索、发现和学习，适宜的游戏环境能够让孩子们更加愉悦地度过游戏时光，促进幼儿的身心健康发展。那么，如何创造良好的游戏环境呢？

**1. 提供适当的场地和设备**

教师需要根据幼儿的兴趣需求和游戏目的，提供适合的场地和游戏设备。比如，如果幼儿喜欢玩沙子，就应该提供一个适合玩沙子的场地，并且准备好沙子、玩具等必要的设备。如果开展户外活动，就需要提供安全有保障的场地，并检查游戏设备是否符合标准，确保每个孩子都能够平安参与游戏。

**2. 保证安全卫生条件**

在开展自主游戏活动时，应严格遵守安全卫生规定，确保幼儿的身体健康和安全。幼儿园应该定期检查游戏场地和设备，排除安全隐患，保证游戏的安全性。同时，还应该加强卫生管理，保持游戏场地和设备的清洁卫生，防止疾病的发生与传播。

**3. 营造温馨和谐的氛围**

幼儿园应该注重营造温馨和谐的氛围，让幼儿在游戏中感受到快乐和欢乐，融入游戏中去。教师应该积极引导幼儿，营造友好互助的氛围，让幼儿在游戏中学会合作和分享。同时，还应该注重细节，比如布置游戏场地的环境、选择适当的音乐等，营造出适合游戏的氛围。

总之，创造良好的游戏环境是保证自主游戏活动能够顺利开展的重要条件。幼儿园应该提供适当的场地和设备，保证安全卫生条件，营造温馨和谐的氛围，让幼儿在游戏中得到充分的体验和发展。同时，教师也应该积极引导幼儿，让他们在游戏中学会合作和分享，培养出优秀的品格和人际交往能力。

## 三、提供引导和支持

提供引导和支持是幼儿园教育中非常重要的一环，它能够有效地促进幼儿的身心健康发展，培养幼儿的自主意识和探索精神。在幼儿自主游戏活动中，教师应该充当引导者和支持者的角色，根据幼儿的情况及时给予引导和支持。同时，教师还应该引导幼儿学习和探索，尊重幼儿的自主性，鼓励幼儿自主选择游戏内容和方式。

**1. 坚持以幼儿为中心，及时发现和解决幼儿游戏行为中出现的问题**

在幼儿园自主游戏活动中，幼儿可能会遇到各种问题，如卡住了、不知道怎么做等。教师应该坚持以幼儿为中心，通过观察幼儿的游戏行为，及时发现幼儿的问题，并给予适当的引导和支持。例如，如果幼儿在玩火车游戏时遇到难题，教师可以提供一些提示或素材，如画上一张火车路线图等，帮助幼儿解决问题并深入探索游戏内容。这样的引导和支持不仅能够帮助幼儿克服困难，还能够激发幼儿的兴趣和积极性，提高幼儿的自信心和自主性。

**2. 引导幼儿学习和探索，将游戏转化为学习和探索的机会**

幼儿自主游戏活动是幼儿园教育中的重要环节，教师应该利用这个机会，引导幼儿学习和探索。教师可以通过提供适当的素材和资源，帮助幼儿获取新的知识和经验，促进幼儿的学习和探索。例如，在玩沙子的游戏中，教师可以准备不同种类的沙子并引导幼儿观察不同颜色、形状和质地的沙子，从而激发他们的好奇心和探索欲望。

**3. 尊重幼儿自主性，鼓励幼儿自主选择游戏内容和方式**

幼儿自主性是幼儿园教育的重要目标之一，教师应该尊重幼儿的自主性，鼓励幼儿在游戏中自由发挥，并在需要时给予适当的建议和指导。例如，在幼儿的艺术游戏中，教师可以给予幼儿一些基本的绘画技巧和知识，同时鼓励幼儿自由发挥，创造出自己的艺术作品。

总之，提供引导和支持是帮助幼儿顺利开展自主游戏活动的关键环节。教师应该以幼儿为中心，充分考虑幼儿的思维和特点，及时发现和解决幼儿游戏行为中出现的问题。同时，教师还应该引导幼儿学习和探索，尊重幼儿自主性，鼓励幼儿自主选择游戏内容和方式，帮助幼儿在游戏中得到充分的体验和发展。

## 四、活动后评估与总结

活动后评估与总结是幼儿园自主游戏活动的重要环节之一，它能够帮助教师评价和总结自主游戏活动的质量和效果，及时调整和完善自主游戏活动，总结经验和教训，为今后的工作提供有益的参考。

**1. 进行科学、全面、客观的评估和总结**

评估和总结应该包括幼儿参与度、游戏环境、问题和不足等方面。教师可以通过观察幼儿的游戏行为、听取幼儿的反馈和评价、收集家长的反馈和评价等方式，对自主游戏活动进行评估和总结。评估和总结的结果应该是科学、全面、客观的，能够客观反映自主游戏活动的质量和效果。

**2. 及时调整和完善自主游戏活动**

评估和总结的结果应该是指导教师调整和完善自主游戏活动的依据。教师应该根据评估和总结的结果，及时调整和完善自主游戏活动，提高其质量和效果。例如，如果评估和总结的结果显示幼儿参与度不高，教师可以调整游戏环境、游戏材料或游戏方式，以提高幼儿的参与度。如果评估和总结的结果显示幼儿对某些游戏不感兴趣，教师可以尝试引入新的游戏，以吸引幼儿的注意力。

**3. 总结自主游戏活动的经验和教训**

总结自主游戏活动的经验和教训是非常重要的，它能够帮助教师总结经验，发现问题和不足，并为今后的工作提供有益的参考。教师应该总结自主游戏活动的经验和教训，发现问题和不足，并提出改进措施。

总之，活动后评估与总结是完善幼儿园自主游戏活动的重要环节。评估和总结应该是科学、全面、客观的，能够客观反映自主游戏活动的质量和效果。教师应该根据评估和总结的结果，及时调整和完善自主游戏活动，提高其质量和效果。

本文主要从幼儿园自主游戏活动的开展策略角度出发，探讨了如何确定活动目标和内容、创造良好的游戏环境、提供引导和支持，以及活动后评估与总结的方法和具体操作。这些策略是相互联系、相互促进的，只有在全面运用的情况下，才能够真正地发挥自主游戏活动的教育价值。在幼儿园自主游戏活动的开展过程中，教师要把握好多个环节，才能让活动取得最好的效果。未来，幼儿园可以结合现代技术手段和相关教育理论，进一步完善自主游戏活动的开展策略，为幼儿提供更多体验生活、探索世界的机会和可能。

【参考文献】

[1] 杨林玥. 幼儿园自主游戏的现状及策略研究——以河南省 L 市为例 [J]. 教育观察，2023，12（6）：59-61，76.

[2] 乐宏辉. 长沙市幼儿园户外自主游戏开展现状与发展对策研究 [D]. 吉首：吉首大学，2021.

[3] 洪春瑜. 保障幼儿园游戏活动有效开展的实践研究 [J]. 教育观察，2021，10（4）：70-71，74.

[4] 杨双双. 基于课程游戏化的幼儿活动开展 [J]. 科学咨询（科技·管

理），2020（3）：254.

［5］戴慧群，孔德财，郭丽琴.幼儿园户外自主游戏活动开展的多角度分析［J］.教育现代化，2019，6（44）：237-241，249.

［6］陈东梅，牟映雪.幼儿园游戏活动开展现状与对策——以城口县幼儿园为例［J］.陕西学前师范学院学报，2017，33（11）：76-80.

［7］韩莉.幼儿园开展区域游戏活动的策略［J］.学前教育研究，2013（9）：70-72.

# 幼儿园支持幼儿自主游戏的策略初探

## ——以深圳宝安区某幼儿园中班幼儿自主游戏活动为例

钟小芳

## 一、自主游戏定义及其意义

现代学前教育之父福禄贝尔指出："自发游戏是儿童内心活动的自身表现，是儿童最纯洁、最神圣的心灵活动的产物。"幼儿自主游戏是指在幼儿园中幼儿发自内在兴趣和需要，自主积极地作用于环境，动手动脑地创造，动态展开整个活动过程的所有游戏。它是幼儿自发的游戏，源于幼儿的内部需要。它可以增强幼儿的社会认知和社会情感，提高幼儿解决问题、处理问题的能力，培养幼儿良好的行为习惯，让幼儿的创造力得到发挥，提高幼儿的合作交往能力。

## 二、影响幼儿自主游戏的客观因素

### （一）教师对自主游戏的解读决定着自主游戏教育作用的发挥

随着生活条件的日益提升，家长们对孩子的教育越发地重视；教育理念也有了质的飞跃。幼儿自主游戏在幼儿园的游戏活动中占据着重大地位。然而，教师队伍素质参差不齐，固然对自主游戏的解读也异同。随之，教师对自主游戏的解读决定着自主游戏的教育作用的发挥。而部分教师则习惯于把幼儿自主游戏的时间当作自己暂时停顿与放松的机会，而对幼儿游戏的关注不够，充当的只是旁观者甚至路人的角色。由于一味地强调"以幼儿为本"，认为自主游戏，就是幼儿在保证安全的前提下所进行的自由活动，即幼儿想怎么玩就怎么玩，教师不必加以干预。教师的任务仅仅局限在提供游戏材料和创设游戏环境上，而对幼儿在游戏中的进展情况、所遇到的困难及游戏的"生成"可能等问题却放任不管，对幼儿的自主活动并未进行细致的观察和提供专门的指导。最终使得自主游戏的价值难以得到充分的发挥。

**（二）没有可供幼儿进行自主游戏的环境和条件**

《幼儿园教育指导纲要（试行）》明确指出"环境是重要的教育资源，应通过环境的创设和利用，有效地促进幼儿的发展"。同时，游戏材料是开展游戏活动的物质基础，也是指导幼儿进行主动探索与发现的必备条件。然而现今的班级环创更多的是教师的主观产物，是教师们为孩子创设和安排的主题展示；环境中无非更多的是不具互动性，单一观赏价值的幼儿作品展示、活动展示。环境中没有孩子们参与创设的痕迹，而区域布局不利于幼儿进行自主自发游戏。例如：区域设置未考虑区域性质本身的特点，产生相互干扰现象，如语文区和角色区相邻；区域之间过于封闭，不利于幼儿自主游戏的充分发挥；游戏材料内容单一，难易程度没有体现层次性，不能满足不同个体的发展需要等；在活动中教师占主导地位，集体活动时间和自主活动时间没有很好把握；幼儿自主、自由、自发活动时间不充分。而创设环境的目的是为了吸引幼儿主动、自愿、愉快、自由地参与游戏活动。

## 三、支持幼儿自主游戏的策略初探

### （一）教师明确自身角色，树立正确的教育观

《3—6岁儿童学习与发展指南》指出：幼儿的发展是一个持续、渐进的过程，同时也表现出一定的阶段性特征。每个幼儿在沿着相似进程发展的过程中，各自的发展速度和到达某一水平的时间不完全相同。为此，教师们首先要树立科学的教育观，要充分理解和尊重幼儿发展进程中的个体差异，支持和引导他们从原有水平向更高水平发展，切忌用一把"尺子"衡量所有幼儿。

在幼儿的游戏活动中，教师要时刻明确自身角色：是幼儿游戏的观察者、支持者、合作者、引导者。在活动中，对幼儿的活动不是放任不管，而是把握恰当的教育时机，适时介入。

基于为了更大限度地满足幼儿们的个体发展需要，我们中班级组的四个班级组成了探索幼儿自发自主自由区域活动的团队，旨在探索如何在班级区域活动中，为幼儿提供更充足、合理的时间、空间，让幼儿更自由、自主地进行各

类游戏、学习活动，满足幼儿发展的需要。

在探索支持幼儿自主自由区域游戏学习模式当中，教师们应积极展开教研，在相互交流碰撞中，不断地为幼儿们营造一个有准备的学习环境。

**（二）创设支持幼儿自主游戏的学习环境**

**1. 开展幼儿自发自主自由的区域活动**

（1）有准备的环境——室内外环境的不断调整与优化

幼儿教育思想家蒙台梭利博士认为：儿童具有吸收性心智。在生命的最初几年里，儿童通过与周围环境的不断接触而无意识地汲取经验，同时在汲取经验的过程中逐渐发展了心理。成人应为幼儿提供一个有益、有准备的环境。

《幼儿园教育指导纲要（试行）》明确地把"环境是重要的教育资源，应通过环境的创设和利用，有效地促进幼儿的发展"作为幼儿园的组织与实施要求之一，为幼儿创设和提供充分的自主性游戏环境是满足幼儿游戏需要的基本要求。创设环境的目的是为了吸引幼儿主动、自愿、愉快、自由地参与游戏活动。

开学之初，级组各班级教师基于这样的理念，结合班级实况及参照《广东示范幼儿园创建手册》对班级环境进行了调整和改进。如：对班级各区域间隔进行了调整，使其更具合理性；区域材料投放更具层次性，体现了不同个体的发展需要；班级环境更具互动性、舒适性、探索性，更能激发孩子在与环境的互动中自主学习。将班级天面、立面、平面空间进行了充分合理的利用。

（2）充足的自主游戏时间——保证幼儿每天连续不少于1小时的自主游戏

《广东省幼儿园一日活动指引》指出：幼儿每天应有连续不少于1小时的自主游戏时间。为确保幼儿自发自主自由游戏活动，促进幼儿在自发、自主、自由的活动中发展想象力、创造力、交往合作能力及提升好奇探究的品质。教师摒弃以往在区域活动中"先重点指导后自选"的模式，大胆尝试实现1小时完全自主自由区域活动，实现个别化"指导"，教师的"指导"遵循"先观察，后指导""多观察，少指导"的原则。然而幼儿们自主自由不等于漫无目的，而是带着个人学习计划（教师们根据每位幼儿的发展水平制订个人学习计划），在规定时间、有计划地进行区域活动。

（3）区域活动尝试实现走班模式

为了进一步实现幼儿区域活动的自主、自由化，实现同级组同龄伙伴的相互学习，增进各班幼儿间的互动与交往，进而实现共同进步，教师开始尝试鼓励幼儿在区域活动中实现课室外三区域的走班活动模式。即在区域活动时间，班级幼儿可以自主自由到别班进行区域活动。最终慢慢地实现各班级教室全部区域均开放的走班模式。

### 2. 充分挖掘生活活动中的自主活动

除了在区域活动中实现自发、自主、自由，中班级组的教师们在幼儿一日生活活动中，也"花心思"地为幼儿创设和提供提升自主性的活动机会。如生活方面：鼓励幼儿争做自己的主人，充分发挥主体性。让幼儿自我服务的权利得到最大限度的发挥。如：鼓励幼儿自己根据需要自主添饭菜；餐后自主收拾餐具，整洁餐桌；同伴之间相互协作，一起搬床，自己整理床铺；开展"今天我值日"的活动，实现同伴间的相互学习、管理；提升自我服务能力。还有，在户外活动前可以鼓励幼儿发挥主体性进行集队、自己切水果、餐后协助整理桌面等。

### 3. 实现户外混龄自主活动

全园的教师们共同致力于幼儿园室内外环境一体化创设，结合幼儿园的自身实际，对幼儿园场地与空间进行了科学的布置，创设和投放了种类丰富、数量充足的适合小、中、大各年龄段幼儿进行自主性的区域和游戏材料。为实现幼儿户外混龄自主性活动营造了一个有准备的环境。

譬如，幼儿在和教师进行热身运动和有组织的体育活动后，就可以根据自己的兴趣和需要到相应的活动区域中自主游戏了，而教师则灵活分布于各区域中，观察幼儿们的活动，在幼儿们需要时给予适时的介入和指导。

在探索充分发挥幼儿自主性的各种活动中，作为幼儿教育工作者，我们一致发声"路漫漫其修远兮，吾将上下而求索"，努力让幼儿感受着通过自主体验，实现快乐无限！

【参考文献】

［1］段丽莎.自主游戏全天进行时：浅谈自主游戏在幼儿一日活动中的隐现与思考［J］.当代学前教育，2014（1）.

［2］卢玲.谈谈幼儿自主游戏中教师的指导［J］.泸州职业技术学院学报，2012（2）.

［3］林秀丽.如何开展幼儿自主游戏［J］.新课程（上），2017（11）：62-63.

［4］毛淑娟，靳克楠.深度学习视角下自主游戏中的教师支持现状及建议［J］.江西科技师范大学学报，2023（1）：108-116.

［5］杨林玥.幼儿园自主游戏的现状及策略研究：以河南省L市为例［J］.教育观察，2023，12（6）：59-61，76.

［6］赵玲.幼儿自主游戏中教师支持性策略的运用［J］.河南教育（教师教育），2023（1）：93.

［7］孟祥玲.幼儿园游戏活动开展的现状探析［J］.辽宁师专学报（社会科学版），2022（2）：120-121，124.

# 幼儿自主游戏中教师介入的时机及策略分析

王文静

幼儿自主游戏是幼儿园教育的重要组成部分。它是指在给予幼儿适当的环境和玩具等工具的情况下，由幼儿自主选择游戏内容和玩具，自由地玩耍，培养幼儿自主学习和发展的一种教育方式。幼儿自主游戏的意义不仅体现在幼儿的自主性，更体现在对幼儿智力、情感、社交和身体健康全面发展的促进。

在幼儿自主游戏中，教师介入的时机和策略对于游戏效果和幼儿个性、能力的发展具有很大的影响。作为一名幼儿教育工作者，教师应该敏锐地察觉到幼儿的游戏状态和需求，并及时做出恰当的反应。如果教师太过干预，或者对幼儿的行为习惯或游戏兴趣缺乏了解，就会影响幼儿自主学习、探究的能力。反之，若教师缺乏介入，不及时引导，很可能导致幼儿觉得游戏乏味或是其游戏行为过于偏离预期目标，甚至还可能存在危险，从而影响到幼儿的情感健康和身心发展。

鉴于此，教师需要详细地分析幼儿自主游戏中的介入时机和策略，并且要注意介入应该是控制在一个恰当的范围内，不能过多也不能过少。幼儿的自主意识是需要得到尊重和发扬的，而幼儿的个性发展和学习过程又需要引导和支撑，因此，教师的引导和干预应该恰到好处，使幼儿得到更好的发展和成长。

## 一、自主游戏中教师介入的时机分析

幼儿自主游戏中教师介入的时机非常重要。当幼儿们在玩耍时，教师的介入不仅会打断幼儿们的情感体验，还会对幼儿的积极性和自尊心造成一定影响。因此，教师需要在适当的时机介入游戏，给予幼儿适宜的帮助与支持。

**1. 教师应该在幼儿正式开始游戏之前介入**

虽然幼儿的自主游戏核心是自由自发，随机性较强。但教师可以通过日常观察幼儿的兴趣点与互动状态，来大致判断幼儿自主游戏会在哪些区域地点、室内（户外）的时间来开展。这样教师就可以在不干预幼儿们活动的前提下提供一些材料或延长活动时间，来帮助幼儿更好地进行自主游戏。这时候的教师介入可以激发幼儿的游戏灵感，并通过提问的方式来帮助幼儿们规划游戏内容。

**2. 在面对不同情况时，教师应在游戏进行过程中适当介入**

当幼儿们遇到问题和困难时，教师可以给予必要的帮助和指导。例如，当某个孩子在搭建积木时遇到困难，教师可以帮助幼儿解决问题并鼓励他继续尝试。这样的介入不仅不会干扰孩子们的游戏体验，还可以帮助孩子们提升解决问题的能力和自信心。

**3. 教师也需要在适当的时候退出幼儿的游戏**

当幼儿们在进行角色扮演时，教师应该让幼儿们自由扮演角色，并且不干涉幼儿们的角色设计。教师可以在外围观察幼儿们的游戏，但是不要介入他们的游戏。这种介入时机可以让幼儿们更好地发挥想象力和创意，同时也能帮助幼儿在游戏中发展自主性。

总之，为了保持幼儿的自主性和游戏体验，教师需要在幼儿自主游戏中选择适当的介入时机。教师的介入可以在游戏开始前进行，也可以在游戏进行过程中进行必要的帮助和指导，并在适当时机退出幼儿的游戏。这样的介入方法可以帮助幼儿在游戏中获得积极经验，同时也能激发他们的创造力和想象力。

## 二、教师介入的策略分析

教师在幼儿自主游戏中的介入，旨在帮助幼儿更好地玩耍和学习。然而，教师介入的时机和策略却往往难以掌握。在介入前，教师应该观察幼儿的行为和需要，先判断是否有必要介入。如果幼儿处于困惑、不安全或没有玩伴的状态，需要提供帮助和支持。如果幼儿的行为不当，则需要进行引导和教育。

在介入时，教师应该给予幼儿足够的支持和指导，同时要避免太过干预和控制。教师可以给幼儿提供相关的问题和提示，帮助幼儿更好地理解和完成任务。在教育幼儿时，教师应该使用鼓励和肯定的语言，以帮助幼儿形成积极的心态和自信心。

在结束介入后，教师需要与幼儿沟通，共同总结游戏的收获和学习。同时，教师应该帮助幼儿评估自己的表现，鼓励和指导他们做得更好。此外，教师还应该为幼儿创造一个积极的学习环境，鼓励幼儿主动探索和学习，培养他们的自主思考和合作精神。

总之，教师在幼儿自主游戏中的介入是必要的，但是介入的时机和策略需要谨慎把握。教师应该尽可能地满足幼儿的需求和兴趣，给予足够的支持和指导，帮助幼儿发展潜力和自信心。同时，教师也应该积极与幼儿沟通，与幼儿一起成长和学习。

## 三、教师介入的效果评估

教师介入幼儿自主游戏的行为不仅是为了确保幼儿的安全，也是为了促进他们的成长和发展。但是，教师介入的效果是需要评估的。评估教师介入效果可以帮助教师更好地了解自己的行为对幼儿学习和发展的影响，从而更好地调整自己的行为，使幼儿得到更好的发展。其中，评估教师介入的效果需要考虑以下三个方面。

**1. 需要评估教师介入对幼儿游戏的影响**

教师的介入行为很可能会影响幼儿的游戏体验和兴趣。在幼儿主导的自主游戏中，如果教师过度干预会很大程度影响幼儿后续游戏与学习的积极性。因此，评估教师介入的效果需要考虑是否有幼儿放弃了游戏或者不再参与游戏。如果出现了这种情况，教师就需要考虑是否是自己介入的方式不当或者介入的程度过多。如果教师的介入对幼儿游戏的兴趣和体验没有产生消极影响，那么教师的介入是成功的。

**2. 需要评估教师介入对幼儿学习的影响**

教师的介入行为很可能会对幼儿游戏中学习的效果和专注程度产生影响。比如在自主游戏过程中，教师捕捉幼儿兴趣点后能否创设更好的环境及提供充足的材料来保证幼儿后续学习活动的展开，直接影响幼儿是否可以掌握新技能或新经验。因此，评估教师介入的效果需要考虑幼儿是否能够从教师的介入中受益。如果幼儿通过介入得到了学习机会或者掌握了新技能，那么教师的介入就是成功的。

**3. 需要评估教师介入对幼儿发展的影响**

教师的介入行为很可能会对幼儿发展产生影响，比如通过提供启发性的问题帮助幼儿思考或者帮助幼儿掌握新技能。因此，评估教师介入的效果需要考虑幼儿是否在发展中受益。

综上所述，评估教师介入的效果是十分重要的。只有评估结果是积极的，才能证明教师介入是有效的，能够促进幼儿的成长和发展。如果评估结果是消极的，则需要教师调整自己的行为方式，以更好地帮助幼儿发展。评估教师介入的效果可以通过观察幼儿的行为、听取家长和其他教师的反馈等方式来实现。只有通过不断的评估，教师才能更好地进行介入行为，对幼儿的发展起到更好的作用。

## 四、结论与建议

根据上文的内容，笔者根据目前教师介入的现状提出了一些具体建议：

**1. 教师的介入应该基于幼儿的发展水平和游戏需求**

对于年龄较小、认知能力和社交能力尚未发展完善的幼儿，教师应该更加频繁地介入，以帮助他们克服障碍，引导他们进行游戏，并提供必要的指导和支持。而对于年龄较大、自主游戏能力较强的幼儿，则应该让他们有更多的自由，教师不需要过多干涉，只需时刻保持观察，及时给予鼓励和认可。

**2. 教师的介入应该遵循积极干预的原则**

当幼儿之间发生冲突、游戏无法进行或者幼儿出现危险时，教师应该迅速介入，采取必要的措施，确保幼儿的安全和游戏的正常进行。同时，教师在介入时应该注重方式、方法，避免过于强硬或者逼迫幼儿。应该以引导、提示、示范等方式，让幼儿自主探索、尝试和发展。

**3. 教师的介入应该注重沟通和反馈**

教师需要与幼儿建立良好的沟通桥梁，关注幼儿的需求和心理变化。在游戏中，教师应该及时关注幼儿的游戏实况，并准确理解幼儿的需求和心理，为幼儿提供积极的反馈和评价。同时，教师应该建立积极的联系方式，促进与幼儿家长的有效沟通，共同关心儿童的发展和成长。

综上所述，幼儿自主游戏是幼儿园教育中非常重要的一环，教师的介入和引导对幼儿的发展和成长至关重要。在幼儿自主游戏中，教师应该注重引导、遵循原则、注重沟通，不断提升自身的专业知识和技能，开拓教育思路，为幼儿的幸福成长贡献力量。

【参考文献】

［1］左婷婷.教师介入幼儿打闹游戏的时机及策略［J］.教育观察，2022，11（27）：9-12.

［2］袁圆，王登，孙婷.影响教师介入幼儿游戏的因素［J］.科教导刊（中旬刊），2019（8）：77-78.

［3］曹小莲.教师适时介入游戏的有效性策略［J］.科学咨询（教育科研），2018（7）：151.

［4］王爱芳.浅谈幼儿园区域游戏中教师的介入［J］.佳木斯职业学院学报，2016（5）：261-262.

［5］陈盈慧.谈教师介入幼儿游戏的时机及策略［J］.华夏教师，2014（6）：87.

［6］王小丽.中班幼儿角色游戏中教师介入时机的研究［J］.黑河学刊，2013（6）：123-124.

［7］陈瑜.幼儿角色游戏中教师介入的时机及策略［J］.教育科研论坛，2008（8）：64-65.

［8］陈琦.幼儿自主游戏中教师介入的时机及策略［J］.教育科研论坛，2007（2）：39-40.

下 篇

# 幼儿园
## 教育活动案例与活动反思

本篇从幼儿园的一线教学实践层面出发，收录了秦华丽名园长工作室中成员、学员所在幼儿园中能体现幼儿高度自主性的教育活动典型案例，案例涵盖了多个领域的主题，其中包括活动背景、活动过程实录、活动的分析与反思等完整内容，以期为读者开展相关活动提供思路与帮助。

# 乐在校园

## 趣多多！后花园的路

### 一、活动背景

#### （一）活动缘起

暑假时光匆匆逝去，幼儿们快乐回园。新学期开学后，幼儿们惊奇地发现，经过了一个暑假，幼儿园的后花园面貌焕然一新。他们兴高采烈地讨论着自己的"发现"，在后花园里纷纷探索起来。于是，教师从孩子们的兴趣出发，引导开展了"趣多多！后花园的路"自主游戏活动，让他们在活动中尽情探索自己感兴趣的问题，充分激发他们的参与意愿，从而让他们获得学习知识和生活经验等。

［幼儿们的小发现］

新学期，幼儿们在熟悉的校园到处游玩，当来到后花园的时候，他们惊奇地发现，多了一条漂亮的路。这条路激发了幼儿们天然的好奇心，他们开始你一言我一语地讨论起自己的发现。

图1　结伴游玩

子圆（5岁）："老师老师，那里多了一条路。"

艺涵（6岁）："对啊，好好看。"

贺嘉（5岁）："我也发现了，上面有好多石头。"

子圆（5岁）："那是不是就叫石头路……"

艺涵（6岁）："可是为什么要做这么一条路呢？"

**（二）活动目标**

**1. 认知目标**

（1）观察后花园的路，了解其材质、特征、作用。

（2）认识路的种类。

（3）认识测量工具。

**2. 技能目标**

（1）学会测量的方法。

（2）发挥想象，使用剪、拼、贴等方法，组合不同材料设计创作一条独特的路。

**3. 情感目标**

（1）发现幼儿园后花园的美，激发幼儿对幼儿园的热爱。

（2）感受在后花园的路上与同伴玩耍的乐趣。

**（三）活动准备**

**1. 物质准备**

绘画材料、各类手工材料、测量工具、相机、各种石头。

**2. 环境准备**

（1）改造好的后花园。

（2）富含石头元素的教室。

**3. 经验准备**

（1）幼儿有过记录、测量的经历。

（2）幼儿有过在后花园进行游戏的经历。

## 二、活动过程实录

### （一）火眼金睛，惊喜发现

图2  后花园的路

在后花园进行户外活动时，幼儿们便开始一边认真观察后花园的路，一边和同伴讨论其特征。

图3  讨论后花园路的特征

回到班上，他们的兴趣依旧不减。有的小朋友还把后花园的路画了出来。

这个话题一下子便把幼儿们都吸引住了。于是我们抓住契机，根据幼儿们对后花园的路的好奇心，决定和幼儿们一起来讨论"后花园的路的由来"。

### （二）脑洞大开，疯狂猜想

教师引导幼儿开动脑筋想想看为什么后花园会多了一条路。幼儿们立即开启了头脑风暴，脑洞大开，给出了以下回答。同时，教师鼓励幼儿用表征的形式记录猜想。

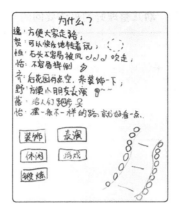

图4　幼儿们的回答

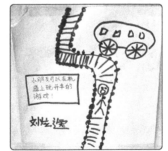

图5　幼儿表征作品

**（三）采访园长，解锁谜底**

为了追寻后花园的路的由来，大二班的"小记者"们决定去采访园长。"小记者"们在出发前可做好了充分的准备。大家先是讨论了要采访的问题，汇总后，再给每人分配好各自的问题，然后带上纸笔出发啦！

"咚咚咚"，敲响园长办公室的门，园长高兴地迎接了"小记者"们，还对"小记者"们提出的问题做了详细的解答。

**表1 幼儿整理好的采访要问的问题**

| 采访提纲 | | |
|---|---|---|
| 采访人员： | 采访对象： | 采访时间： |
| 1. 为什么要修建这么一条路呢？ | | |
| 2. 后花园的路用了什么材料呢？ | | |
| 3. 这条路用了多久时间修的？ | | |
| …… | | |

图6 采访园长

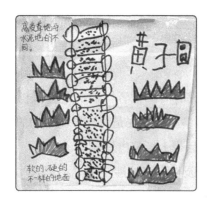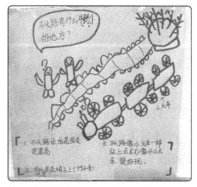

图7　幼儿采访后形成的表征收获

通过对园长的采访，幼儿们感受到了园长的良苦用心。对于园长的反问"那你们喜欢吗？"幼儿说出了内心的真实想法，他们是喜欢的。正是因为幼儿们的喜爱，园长才打造了这个富有童趣的"乐园"。

采访完园长后，幼儿们将采访到的内容画到了纸上，还跟班上的幼儿分享了采访的"收获"。其余未参与采访的幼儿们听了、看了，也清晰地了解了后花园的路的由来。《3—6岁儿童学习与发展指南》中指出："要为幼儿创造说话的机会并体验语言交往的乐趣。"为了让幼儿真实感受"记者"的奥秘，体验采访的乐趣，教师引导幼儿们从采访形式、采访内容、记录方式等进行思考，集思广益，相应分工，让每一个幼儿在采访活动中充分发挥自己的作用。

**（四）集思广益，"玩"样百出**

之后，幼儿们对后花园的路的探索热情依然不减。只要在后花园进行活动，他们便好奇地蹲下来、躺下来，兴奋地踏上去、跳上去，用他们的方式重新认识后花园的路。

老师："那后花园的路到底是怎样的呢？"

骁骁（6岁）："踩上去很硬，不会容易摔倒。"

希希（5岁半）："看起来弯弯曲曲的，像山路一样。"

皓皓（6岁）："旁边的鹅卵石有大有小，看起来很好看。"

小诺（5岁）："这些石头差不多一样高，走起来不会让脚绊倒。"

……

问题：那么，在后花园里，我们可以做些什么呢？

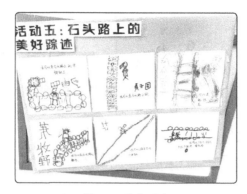

图8　石路的玩法

辰辰（6岁）："我们可以快乐地做游戏，一二三木头人！"

畅畅（5岁）："我们可以在那里开小火车，因为这条路很像火车轨道。"

弘弘（6岁）："我们可以在那里表演，放着音乐，演奏乐器，就像音乐会一样。"

小野（5岁半）："我们可以躺着休息一下。"

小斐（5岁）："坐着也可以休息哦！"

蓓蓓（5岁）："我们还可以在那里走路，拉着好朋友的手一边走，一边聊天。"

……

在大家的集思广益下，幼儿们把这条路的"玩法"（功能）挖掘得很透彻。他们通过亲身体验、直接感知、实际操作，把后花园的路"玩"出了无数花样。在分享交流中，他们还提出了很多有意思的游戏活动，吸引了大家的广泛参与。不仅如此，幼儿们还集体给后花园的路画了一幅生动的绘画作品。一花一世界，一草一天堂，一路一乐园。

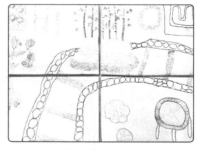

图9　幼儿集体绘画作品：《后花园的路》

（五）奇思妙想，究其根本

在一次幼儿们疯狂撒欢时，一个幼儿的问题又引起了大家的关注，"这条路有多长呢？"

图10　教师引导幼儿思考

为了测量后花园的路，幼儿们想出了很多办法。最先想到的是借助工具。

图11　幼儿模拟测量的图纸

嘉嘉（6岁）："用老师那把大尺子不就行了吗？"

琪琪（5岁半）："可是路弯弯的，怎么量呢？"

小寒（6岁）："科学区有卷尺，软软的，可以弯着去测量啊！"

鸿鸿（5岁半）："用量花生的办法不就行吗？先用一条绳子把路围起来，然后再用尺子量一量绳子有多长。"

森森（5岁）："哪有那么长的绳子？"

小弘（6岁）："户外有跳绳，而且有好多好多，我们可以用跳绳呀！"

接下来，森森积极地跑到跳跃投掷区，将挂跳绳的小车推到了后花园。

图12　幼儿借助工具

图13　幼儿开始测量

图14　集体测量图

图15　教师帮助测量

图16　幼儿用绳子比对长度，计算总长

除了这个办法，他们还想到了一个特别的办法——手拉手。

哲骁（5岁）："我们可以手拉着手，站在那条路上，看能站几个小朋友，这样不也行吗？"

幼儿们纷纷表示同意，然后开始七嘴八舌地开始安排站位。

森森（5岁）："你站这里，我站那里。"

哲骁（5岁）："他来数数，她来记录。"

图17 集体测量

图18 测量宽度

计算后，幼儿们发现原来后花园的路外围石头宽11—15cm，青石板长84—94cm，宽60cm，用了28块青石板，其中包括鹅卵石条，总共有27条。不仅如此，他们实践后得出结果，后花园的路可以让22个女孩子和23个男孩子手拉手站在两边。

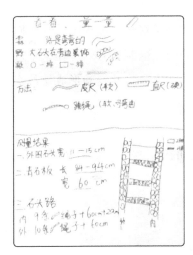

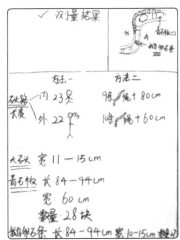

图19 幼儿的测量方法和结果

这些亲身体验与测量让幼儿更深一步地了解到后花园石头路的真面目。在探索过程中，他们不仅提到了测量的工具与方法，还提出了在测量过程中的注意事项，比如："要一个接一个，首尾相接""要从0刻度开始""要贴近路，不然会有误差"。

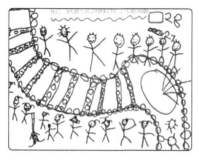

图20　幼儿记录测量过程

《3—6岁儿童学习与发展指南》在科学领域提出：幼儿科学学习的核心是激发探究兴趣，体验探究过程，发展初步的探究能力。教师要善于发现和保护幼儿的好奇心，充分利用自然和实际生活中的机会，引导幼儿通过观察、比较、操作、实验等方法，学习发现问题、分析问题和解决问题。学习测量可以加深对各种物体量的认识，有助于幼儿加深对不同量的测量工具的初步认识，培养幼儿动手操作能力及对测量活动的兴趣。幼儿不仅学会了使用各种各样的测量工具，还学会了团结合作。在亲自选测量材料的过程中，幼儿们能够顺利找到对应的工具，也不得不让人佩服他们的"脑洞大开"。在这个过程中他们不断累积经验，并能够运用到新的学习活动中，将此经验形成受益终身的学习态度和能力。

**（六）天马行空，创意无限**

后花园那条美丽的路，激发了幼儿们的创作欲。

问题：你走过哪些路呢？

图21　幼儿欣赏走过的路

卓（5岁）："我暑假走过泥土路。"

齐（5岁）："高速公路，我去广州的时候还走过广州绕城高速。"

嘉（5岁半）："我走过海边的小路，滨海小路。"

寒（5岁）："水泥路，很多路都是用水泥做的。"

瑄（5岁半）："有一些玻璃做的路，下面是透明的，可以看得到下面是怎样的。"

问题：在幼儿园中又有哪些路呢？

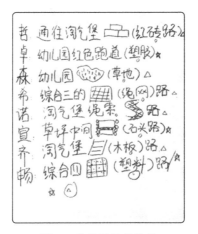

图22　幼儿讨论的结果

通过认识、总结生活中的路，幼儿们对于路的分类、功能有了更多的认识。他们纷纷举起小手，想当一名设计师，来设计自己的独一无二的路。

尽管幼儿们的想法天马行空，但这是幼儿们真实的想法。那要把这些想法变成现实可以吗？可以用什么材料？幼儿们开始环视班级里的材料。

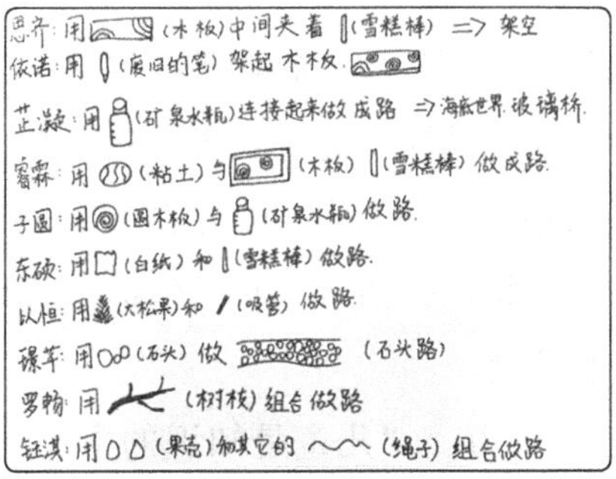

图23　幼儿的奇思妙想

善于动手的他们在区域自选时间便马上行动起来，开始设计专属他们的路。还有的幼儿则是回家和家人共同创作。

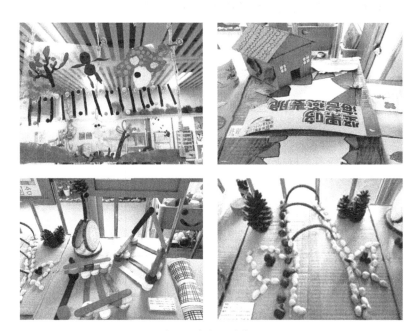

图24　幼儿设计作品

创意手工，以美术为载体，能够帮助幼儿提升审美能力与综合能力。他们与小伙伴或者家长，一起协作，用粘贴、拼接、缠绕、绘画等形式制作出一件件创意非凡的作品。在制作手工作品的过程中，幼儿与他人学会了相互配合，通过用眼观察、用心感受、用手创造，从而增进朋友间、亲子间的交流。

### 三、活动的分析与反思

路是日常生活中无处不在的事物，而就是这样贴近生活的主题，激发了幼儿的探究欲望。围绕"后花园的路"这一自主游戏活动，教师引导幼儿们运用多种感官，大胆探索自己感兴趣的问题。幼儿在丰富多彩的游戏活动中，不仅了解了后花园的路的构造、特征，而且了解了生活中常见的路的种类、用途，并获得了一些关于测量的经验。

儿童心理学家皮亚杰认为，"儿童是知识的主动建构者。儿童是相当主动的有机体，他在与人和动物的相互作用过程中主动地建构自己的内部思维结构。因而有效的教育强调让儿童在获得知识的过程中处于主动的地位"。

以幼儿生活为主的探究活动，不仅能够最大限度激发幼儿的学习兴趣和学习积极性，还能丰富幼儿生活，开拓幼儿视野，丰富幼儿自身生活经验，培养幼儿自主探究的意识，提高他们的动手能力，提高他们的知识构建和自主学习能力。在本次自主游戏活动中，幼儿不断探索，去寻找问题的答案。他们的童年需要大自然的教育和滋养，需要在生活中汲取智慧与力量。在生活中有许多教育契机，教师可以和幼儿一起去发现更多的园趣、童趣，为他们编织起更多美好的童年回忆，同时教师也在这个过程中提升自身专业素养，成为更加专业的幼儿园教师。

撰稿教师：关丽文、黄清、宁慧英（大班）
工作单位：深圳市宝安区机关第二幼儿园园本部

# "骑"乐无穷

## 一、活动背景

### (一)活动缘起

户外活动时,幼儿们惊奇地发现幼儿园新建了一个骑行区,开始发出感叹声:"哇!我们又有新的户外场地了,太好了吧!这个是什么呀?"

靖轩(5岁)说:"我知道,可以在上面骑车的,它和外面的马路有点像。"

历历(5岁)说:"对,可以骑车!我家里有一辆车。"

幼儿们开始争先恐后地说:"我家也有,我家也有,我明天就骑过来在上面玩!"

### (二)活动目标

**1. 认知目标**

(1)知道自行车的外形特征,了解自行车用途。

(2)了解不同的路面所骑车的速度不同,斜坡向下骑会快,斜坡向上骑会慢,有障碍的地方骑行会比较困难。

(3)了解轮子转动的奥秘。

**2. 技能目标**

(1)能大胆表述出认识的交通标志。

(2)能判断标志图案,理解"左转""右转""掉头""直行"等词的含义和用法。

(3)能够用图画、符号等多种形式进行记录,表达自己的想法。

(4)能与他人谈论个人经验,描述自己的骑行经历或熟悉的物体和事件。

**3. 情感目标**

(1)积极主动与同伴交往,学习分享、谦让与合作。

(2)遇到问题时,和同伴一起沟通交流,共同解决。

（3）能理解"红灯停，绿灯行"的重要性，强化安全意识和遵守规则的能力。

**（三）活动准备**

**1. 物质准备**

小黄车、对讲机、小交警服装、红绿灯道具、指挥棒、交通标志牌。

**2. 环境准备**

（1）有较为适宜的骑行场地，幼儿有自由探索的环境。

（2）提供实地探访自行车店的机会，了解自行车的构造。

（3）课室内有真实的自行车，供幼儿观察和了解。

（4）各区域中投放关于骑行、自行车的自制教具，供幼儿操作。

**3. 经验准备**

（1）有骑自行车的经历，知道怎么骑车。

（2）前期认识了一些生活中常见的交通标志，知道其大概的名称和作用。

（3）初步了解交警的工作职责。

## 二、活动过程实录

幼儿们对骑行道特别感兴趣，于是大家从认识骑行道开始，共同探索骑行的奥秘。

教师："这个骑行道是什么样子的？"

历历（5岁）："我觉得骑行道有点像椭圆形的，可以一圈一圈地转。"

自儒（5岁）："它有点像公园里面的路，它是平平的，没有高高的地方。"

诗悦（5岁）："在上面骑车应该会很快，我想在上面骑车。"

自儒（5岁）："那我们可以在上面骑车呀！"

幼儿将自己记忆中的骑行道用绘画的形式描绘出来。

图1　幼儿绘画的骑行道

（一）欢乐探索：什么车可以在骑行道上玩

图2　自行车　　　　　　　　　　　　　　图3　滑板车

此外，幼儿还把自己家里的自行车画下来，并与同伴交流分享。

祖炫（4岁）："我的车子是自行车，有个脚踏板的，可以踩，我妈妈说可以在骑行道上玩。"

昱珩（5岁）："我也有一辆自行车，也有脚踏板，还有个刹车，一捏车子就可以刹住了。"

喻悦（4岁）："我有一个滑板车，它有轮子的，用脚滑它会往前走。"

子曼（4岁）："我的自行车是有铃铛的，前面有人的时候我会摁铃铛，这样就可以请别人让一让。"

教师："你们分享的车子是可以在骑行道上玩的，幼儿园有没有车子可以在骑行道玩呢？"

（二）大脑转转：寻找幼儿园里的小车子

图4　水壶架　　　　　　图5　小黄车　　　　　　图6　平衡车

于是，幼儿来到户外，开始自主寻找能在骑行道里玩的车。

馨棋（5岁）："我们找到了放水壶的车子，它的底下有轮子，但是我们坐不上去呀！"

自儒（5岁）："我们在滑滑梯那里发现了绿色的车子，它是要两个脚一起踩的，有点难玩。"

雨辰（4岁）："我们在幼儿园里找到了几种车子，只有旋转滑梯下面的小黄车可以骑！"

子恒（4岁）："有些车子是不能在骑行道上玩的，随便玩是很危险的！"

雨辰（4岁）："对！我们找到的小黄车是比较适合在骑行道上玩的，这样会比较安全，其他的车子不是用来骑的，随便上路会发生危险的。"

最后，通过投票，小黄车以28票胜出。幼儿们决定坐小黄车在骑行道上玩。

**观察思考：**幼儿们在寻找的过程中，都会按照同一特性去寻找车子——它们都带着轮子，可以转动，也会判断自行车的安全性。

（三）欢乐骑行："状况百出"

图7　随意变道

图8　逆行

图9　不按车道行驶

图10　行人闯入车道

图11　不按要求乘坐

图12　车辆超载

梓涵（5岁）："老师，快来帮帮我们，我们的车卡住了。"

自儒（5岁）："老师，我们这里撞车了，快来帮帮忙！"

星诚（5岁）："炫炫，你不能在骑行道上走，这里没有斑马线！"

自儒（5岁）："倚宏坐在我们的车子后面，后面没有座位了……"

教师："小朋友们在玩的时候会出现各种各样的状况，我们应该怎么解决这些问题？"

洲洋（5岁）："我们可以装一些标志，小朋友们就不会乱骑车了！"

**观察思考**：当幼儿一同开始骑小黄车时，他们陆陆续续发现了一些问题，需要教师协助。但教师没有直接介入，而是引导幼儿自主尝试解决问题。随后，幼儿也开动脑筋，想到了应对措施。他们认为在骑行道建立交通规则，并贴上一些交通标志，车子就不会形成拥堵。让我们一起看看他们建立的交通规则吧。

**（四）认一认：我知道的交通标志**

图13 禁止掉头

教师："说一说，谈一谈，你认识哪些交通标志？它们有什么作用？"

嘉添（5岁）："红灯停，绿灯行，黄灯等一下。"

心一（4岁）："不要随便按喇叭，会影响别人休息。"

奕沐（5岁）："车子要停到停车场里，随便停车要扣分！"

**观察思考**：幼儿们认真地回忆平时所认识的一些交通标志，也能简单说出交通标志的作用。不仅如此，幼儿们还想在骑行道上设计属于自己的交通标志。

**（五）小小设计师：我们的交通标志**

现在，幼儿把交通规则已经设立好了，接下来就是设计交通标志的环节了。

昱珩（5岁）："我们可以在骑行道上准备一个注意信号灯的标志，这样可以提醒他们要看红绿灯。"

历历（5岁）："我画了一个龙卷风的标志，还有禁止掉头，告诉大家一定要小心！"

志辰（5岁）："我画的是向左转、向右转的标志，它是弯弯的箭头。"

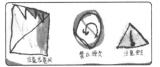

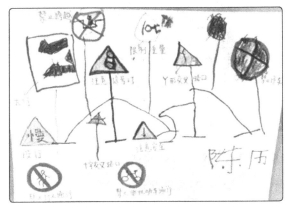

图14　幼儿绘画的交通标志

图15　向左转　　　图16　注意行人　　　图17　向右转　　　图18　禁止通行

**观察思考**：爱因斯坦曾说过："兴趣是最好的老师。"幼儿一旦对一件事情有了兴趣，则会投入更多的精力。在骑行游戏出现问题时，幼儿能将日常生活经验迁移到游戏中，其发散性思维得到拓展，从中锻炼学习迁移能力。

**（六）角色融入：乐在其中**

骑行游戏结束后，幼儿回到家里仍然意犹未尽，与家长也开始了角色扮演游戏。再次来到幼儿园，他们还与教师分享了自己的角色体验……

教师："'小交警'需要具备什么技能？"

雨辰（4岁）："'小交警'要认识所有交通标志，这样不会指挥错误。"

自儒（5岁）："要会指挥车辆行走，不然会撞车。"

家豪（5岁）："我想做'小交警'，我回家练习交通手势。"

图19　直行手势　　　　图20　左转弯信号

### （七）职业体验："小交警"的悄悄话

再次开始骑行游戏时，教师发现交通秩序有了改善，但是幼儿又发现了一些新的小问题。

洛可（5岁）："'小交警'好好玩，但是好累啊！他们不遵守规则。"

喻悦（4岁）："我今天发现了两辆车逆行，还有一个司机超载、两个司机超速的！我说了他们都不听，也不改正！"

靖轩（5岁）："我今天看到有辆车上搭了三个人，司机都骑不动了！还会往后滑，这样好危险的。"

图21　没有靠右行驶　　　图22　用脚滑行　　　图23　超速行驶

图24　超载

图25　逆行

图26　逃避例行检查

**观察思考：**幼儿利用生活经验，体验角色游戏情节的丰富性。通过快乐的职业体验，"小交警"们有初步承担任务的意识，工作期间不随意离开工作岗位，会使用"超速""逆行""超载"等词，学会使用简单的交通手势疏散车辆，履行本职工作提醒行驶人员遵守交通规则。

**（八）轻车熟路：做一名"老"司机**

于是，针对上次游戏出现的问题，教师运用提问的方式来引导幼儿思考新的解决办法。

教师："司机们不遵守规则，我们可以怎么办？"

子曼（4岁）："我爸爸开车的时候是要遵守交通规则的，不遵守的话会被'处罚'。"

封凡（5岁）："我家里有个驾驶证，违反规则的话，交警叔叔会把本子拿走的。"

自儒（5岁）："我爸爸也有驾驶证，每次开车出去他都会带着。"

祖炫（4岁）："我们也可以做驾驶证呀，违反规则的就扣分，分被扣完就不能开车了。"

梓涵（5岁）："驾驶证要考试，交警叔叔才会给你的，不是谁都能拿得到。"

**观察思考**：经过分享和讨论，幼儿们了解到无证驾驶是非常严重的，不仅会影响道路上的车辆行驶，还会容易出现安全事故。想要获得骑车上路的资格，只有通过认真练习，考取驾驶证才能做一名合格的司机。

**（九）写写画画：我的驾驶证**

幼儿们发现自己都还没有驾驶证，所以开始决定要设计起来。他们与爸爸妈妈分工合作。爸爸妈妈负责字体排版，幼儿负责装饰插画。最终幼儿的驾驶证做好了。他们还将驾驶证带去了幼儿园，与教师、同伴分享设计的细节。

图27　制作驾驶证

图28　自制驾驶证

昱珩（5岁）："我的驾驶证上面写了我的名字还有自己画的自行车。"

历历（5岁）："我自己制作了一个驾驶证，我还在上面写了驾驶证号码，是独一无二的。"

祖炫（4岁）："我在驾驶证的封面贴了一辆自行车，别人一看就知道我的是自行车驾驶证。"

**观察思考**：在制作驾驶证的过程中，幼儿们也一一地了解了驾驶证上需要有哪些内容，如姓名、性别、住址以及照片等，也会说出原来这些信息是为了方便交警叔叔进行查验和核实。在驾驶证上还有一个有效期，当驾驶证即将过期时，需要重新体检并申请去车管所更换。

**（十）乐在其中：驾驶证考试**

教师："有了驾照不代表能骑车上路哦，小司机们还需要通过层层考核，最终才能取得驾照骑车上路。"

柏霖（5岁）："那我们一起考试吧！"

教师："驾驶证考试需要准备什么？"

陈历（5岁）："考试不能看别人的，要自己写自己的。"

子恒（4岁）："要保持安静，要很认真。"

雨辰（4岁）："要准备笔、纸，还有准考证，不能带其他东西。"

天泽（5岁）："要通过笔试了才能参加下一轮考试。"

**（十一）大显身手：我的本领强**

教师："在进行考试时，我们需要请小小监考官帮忙，小小监考官需要做些什么事情？"

喻悦（4岁）："我觉得要检查一下小朋友带的东西。"

自儒（5岁）："要管好小朋友们，提醒考生不能随意聊天。"

子恒（4岁）："要走来走去巡查，提醒考生不能看别人的答案。"

教师："小朋友们对小小监考官的工作职责非常熟悉，还有一点需要提醒小小监考官，监考官在巡查的时候也要记得保持安静，不能影响考生们考试哦。"

教师："小小考生应该怎么遵守考场规则呢？"

心一（4岁）："要在门口通过检查，要记得带准考证。"

馨棋（5岁）："考试是要很认真的，要坐在自己的位置上。"

牧也（5岁）："要先看清楚题目，再写答案，有事情要举手找监考官。"

幼儿们共同制定了笔试考场的规则，通过自主竞选和投票，最终选出了1位监考官和5位小交警协助管理考场。在安静的氛围下，笔试圆满结束。

图29　扫描进考场

图30　发放考卷

图31　巡查

图32　认真考试

**观察思考：**幼儿们感受了一次考场的氛围，纷纷说："哇！我好紧张呀！终于考完了！"也有幼儿说："这些题太简单了，我一看就知道答案了！"经过这一次的笔试，幼儿们也知道原来想要获得驾驶证没有那么简单，还是要付出一定的努力的。

**（十二）"骑"乐融融：嘀嘀嘀，我来了**

历历（5岁）："笔试考完了，我们是不是就能拿到驾驶证了呢？"

志辰（5岁）："我爸爸说考完笔试还要骑车去考试！没有完成就不能拿到驾驶证的。"

子曼（4岁）："骑车考试要有好多个考试项目，要全部通过才可以。"

教师："是的，骑行不仅有笔试还有路考，小朋友们可以想想怎么设计我们的考场！"

梓涵（5岁）："我设计的考场有三个关卡，有直线行驶、过斑马线，还有上坡。"

昱珩（5岁）："我们要走弯弯曲曲的路线，车子要绕过雪糕筒。"

韵熙（5岁）："我们还要请工作人员帮忙，完成了就可以盖一个章。"

图33　幼儿设计的路考场地

**观察思考：**幼儿们发挥自己的奇思妙想，利用了一些辅助材料，如：雪糕筒、交通标志牌等，在骑行道上设计各种各样的关卡，在摆好后，幼儿们也会亲自试验这个摆法是不是可行的。同时，幼儿们还提出考试时，需要有工作人员的帮助，完成一个关卡需要盖上一个章，等到结束时就能清楚知道谁能通过骑行路考。

**（十三）活力满满：骑行我最行**

天泽（5岁）："我可以继续做监考官，我在设计关卡的时候尝试过，而且全部完成。"

子曼（4岁）："我可以做小交警，我会到处去巡查他们考试的情况，如果有违规我会举起我的指挥棒告诉监考官！"

嘉添（5岁）："我喜欢给小朋友盖章，我来做工作人员吧！"

……

图34　幼儿骑行考试

图35　工作人员盖章

图36　幼儿骑行考试大合影

**观察思考：**经过幼儿们的不懈努力，最终，幼儿们顺利通过了骑行的考试。在此过程中虽然会遇到大大小小的困难，但是幼儿们都会勇敢地去克服，共同想出解决的办法。在这个过程中，幼儿们的交往能力、解决问题的能力都得到了进一步的提升。

**（十四）快乐骑行：我领证啦**

图37　颁发证书

下面，由天泽扮演交警，给幼儿们颁发证书。

天泽（5岁）："恭喜大家通过考核，取得驾驶证！"

封凡（5岁）："骑行考试一百分，领证啦！"

洛可（5岁）："我会认真遵守交通规则，做一个合格的小司机！"

历历（5岁）："不闯红灯不逆行，不超载，稳住车速！"

**（十五）点点滴滴：我是小记者**

图38　小记者采访

志辰提出了奇思妙想，要扮演小记者，去实地考察一下现如今的骑行路况。

志辰（5岁）看到刚从小黄车下来休息的诗悦，询问："现在骑行道上的交通怎么样？"

诗悦（5岁）："现在小朋友们骑车时，会看红绿灯了，而且会礼让行人。"

喻悦（4岁）："现在做小交警也没有这么累了，小司机会互相提醒。"

自儒（5岁）："我骑行的时候会认真遵守规则，小交警都夸我了，希望大家都能遵守交通规则。"

**观察思考：**经过这一系列的活动，骑行游戏变得越发完善且规范。幼儿也为自己所做出的贡献而自豪。在骑行的过程中，幼儿们也会有意识地去遵守交通规则，在经过斑马线时，能主动地礼让行人。小交警在巡查过程中，发现前方的车辆有拥堵现象，会主动去帮助小司机们，疏通道路。

## 三、活动的分析与反思

瑞士近代儿童心理学家让·皮亚杰在《儿童智慧的起源》中提出"玩中学、学中玩"的教育概念。让幼儿们在玩耍中进行学习，在学习中加入玩耍，通过玩耍和学习有机结合，提高幼儿的学习效率，培养幼儿的学习兴趣，促进幼儿的学习与发展。通过户外骑行活动的有效展开，幼儿们不仅可以自由、自主、愉悦地进行游戏，同时，也能学习到日常的生活经验，对经验进行迁移、创造。在骑行活动中，幼儿既能够提升身体机能，增强运动能力，同时还能够活跃身心，助力幼儿的健康成长。

本次活动主要围绕骑行活动，在活动的开展中，以幼儿们的思考和想法进行深入探索。在活动过程中，发觉游戏内容上不够丰富，今后可在骑行道这个户外场地创设更多有关这方面的骑行游戏。例如：与幼儿一起创立一个洗车店、加油站、修理店，等等，体验相关的角色，丰富幼儿的户外游戏。

撰稿教师：郑小湄、傅海燕、余樟秀（中班）
工作单位：深圳市宝安区机关第二幼儿园园本部

# 沙区说明书的诞生

## 一、活动背景

### （一）活动缘起：乱七八糟的沙池

玩沙是幼儿百玩不厌的游戏，但是每次游戏结束后沙池都变得乱七八糟，沙子也被弄出沙区。为了解决这个问题，大一班的幼儿展开了讨论，有幼儿建议可以制作一张沙区说明书来提示大家，于是一个关于沙区说明书的活动开始了……

### （二）活动目标

**1. 认知目标**

了解说明书的构成，知道如何制作沙区说明书。

**2. 技能目标**

通过探索，可以合作制作出沙区说明书。

**3. 情感目标**

喜欢玩沙，体验同伴合作的快乐。

### （三）活动准备

**1. 物质准备**

纸笔若干、直尺、卷尺等测量工具。

**2. 环境准备**

沙池、玩沙的工具。

**3. 经验准备**

幼儿对说明书有了一定的了解。

## 二、活动过程实录

### （一）说明书大探秘

为了帮助幼儿了解说明书的内容，深化他们的相关经验，教师和幼儿一起进行了说明书内容的调查，并整理出了沙区说明书应包含的内容，即沙区简介、沙区结构、沙区规格、沙区注意事项和沙区使用方法。

图1　沙区说明书调查表

### （二）沙区大探索

#### 1. 沙区的位置

幼儿们实地调查，自主探索沙区的位置：

姝懿："我发现沙区在负一楼，靠近太空滑滑梯。"

跃跃："沙区在小三班的下面。"

艺桐："在太空滑滑梯的前面。"

果心："我发现沙区在水池的左边。"

图2　实地调查沙区位置

图3　沙区在负一楼

图4　沙区在太空滑滑梯的前面

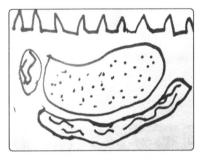

图5　沙区在水池的左边

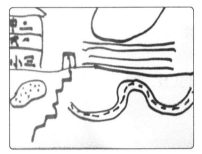

图6　沙区在小三班的下面

### 2. 沙区的结构

有了沙区位置的判断经验之后，教师鼓励幼儿继续观察、探索沙区的结构，发现了沙区结构与功能之间的关系——沙区附近有水源以方便使用。

图7　沙区结构写生

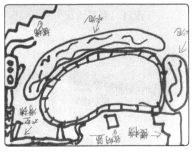

图8　沙区结构（靠近水源）

### 3. 沙区的长度

幼儿们在班级运用工具，如直尺、卷尺，进行测量练习，积累测量的经验。

图9　学习测量桌子

图10　测量结果记录单

有幼儿问："户外的沙区那么大，尺子这么短，怎么样进行测量呢？"于是幼儿大胆思考，尝试用不同的方式进行测量，如长方形的木板、麻绳、手牵手、边走边数、利用卷尺等。

图11　利用木板

图12　利用麻绳

图13　小朋友手牵手

图14　边走边数记录

图15　利用卷尺

**观察思考**：通过此次活动，幼儿们体会到了测量方法的多样性，初步掌握了首尾相接的测量技能，知道了量具的长短与测量的结果之间的关系。

图16　挖沙

### 4. 沙区的深度

幼儿们通过测量，知道了沙区的圆周大约有53米，与此同时，他们还提出了测量沙区深度的想法，怎么测量深度呢？有幼儿提出可以把沙池挖一个坑出来，然后再测。幼儿们马上采取行动，但是很快就遇到了问题。

问题一：沙子不断滑落，挖不到底，怎么办？

在挖沙子时，幼儿们发现沙子会不断滑落，挖不到底，该怎么样才能阻止沙子不断滑落呢？针对这个问题，幼儿们利用晨谈时间展开了讨论。

柏媛："我们挖的时候可以轻一点，这样子沙子就不会滑落了。"

益亨："我们可以把沙子弄湿。"

泽宇："我们可以找一块木板固定在四周。"

子乐："我们也可以用布。"

洛汐："我们可以快速挖，这样子就不会掉落了。"

于是，教师按照孩子们的猜想进行了验证。

图17　轻轻地挖

图18　用水把沙子弄湿

图19　用木板固定住

图20　用布固定住

图21　快速挖

回到教室，幼儿们就将结果记录了下来。他们发现，用水把沙子淋湿的方法最为有效，沙子不会滑落。

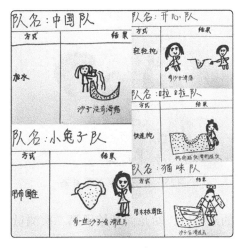

图22　验证结果

**观察思考**：幼儿们通过提出问题、做出假设，并亲自探索，发现并解决了沙子滑落的问题。

问题二：怎么准确测量沙区的深度？

幼儿们自主挖了多个坑来测量沙区的深度，可是同样的测量工具测量的数字为什么不一样？

于是，教师带领幼儿来到保健室，让他们亲身体验测量身高的方法。怎样测量才更准确呢？幼儿发现在测量时候要挺直腰板，此时读取数据就会准确得多。

图23　测量深度——卷尺

图24　测量深度——直尺

图25　在保健室测量身高

有了第一次测量的经验后，幼儿们开始了第二次测量，成功地测量出沙子的深度是37厘米。

图26　卷尺测量的深度　　　　图27　直尺测量的深度

### （三）沙区的玩法和注意事项

**1. 沙区的玩法**

通过自主探索，幼儿对沙区有了基本的认识，于是教师和幼儿一起展开对沙区利用的讨论。

教师："我们在沙池可以玩哪一些游戏呢？"

卓航："可以做陷阱，让小朋友们走过来看看他们够不够聪明。"

果心："可以堆小山。"

于跃："可以挖宝藏，就是找一个东西当作宝藏把它藏起来，看看其他小朋友能不能找到。"

芮宁："可以堆城堡呀！"

图28　做陷阱

图29　堆小山

图30　挖宝藏

图31　堆城堡

**2. 沙区玩耍注意事项**

同时，教师还和幼儿一起总结了如下注意事项：

（1）安全问题：不站着挖沙、倒沙，那样会弄到别人的身上、眼睛里。

（2）整理与收纳：玩具用完送回原来的玩具筐。

（3）交际问题：同伴之间友好合作。

图32　安全问题

图33　整理收纳

图34　交际问题

**（四）最终成果：沙区说明书**

　　沙区使用说明书制作好了，幼儿们还迫不及待地向小班和中班的弟弟妹妹们讲解了他们绘制的内容。

图35　向小班的弟弟妹妹们介绍　　　图36　向中班的弟弟妹妹们介绍
　　　　说明书　　　　　　　　　　　　　说明书

图37　沙区说明书

## 三、活动的分析与反思

通过对"沙区说明书"的探究，幼儿们在"做"和"学"中获得对知识的深度理解：

（1）幼儿通过调查、探索自己身边的说明书，了解说明书的内容；

（2）幼儿通过小组合作、同伴交流及集体讨论大胆且富有表现力地进行现场分享与交流；

（3）幼儿对沙区说明书进行美化、制作成品图画书；

（4）幼儿尝试制作沙区说明书，与同伴建立相互理解和共同解决问题的联系，表现与表达自己关于沙区的简介、使用、注意事项等方面的经验与建议，并与小中班的弟弟妹妹们共享最终成果，帮助小中班的弟弟妹妹们更好地认识并使用沙区。

总之，这是一次关于沙区初步探索的活动，幼儿充分发挥自主性，绘制了沙区的使用规则，同时还做起了"小老师"，告诉小中班的弟弟妹妹们沙区的使用注意事项。因此，此次活动不仅促进了幼儿语言表达能力的发展，还促进了其良好同伴关系的形成与发展。

撰稿教师：熊彬彬、苏露、孔燕玲（大班）
工作单位：深圳市宝安区机关第二幼儿园尖岗山分园

# 吃饭这件事儿

## 一、活动背景

陶行知先生曾经说过："生活教育是给生活以教育，用生活来教育，为生活向前向上的需要而教育。"3—6岁是幼儿生活习惯形成的关键期，良好的进餐行为对幼儿习惯的养成有着重要影响。

### （一）活动缘起

图1　小红桶的食物

一天午餐进行时，业华来盛汤时发现小红桶里倒满了食物。其他幼儿也纷纷过来围观。

"老师，小红桶里怎么有这么多食物呀？"

"老师，这个青菜不好吃我可以倒掉吗？"

"老师，老师，这是谁倒的呀？"

"老师，我吃完了，我没有倒饭。"

为改变幼儿的用餐习惯，减少浪费粮食的行为，提高幼儿自主进餐的能力，师幼一起开启了关于"吃饭这件事儿"的课程之旅。

### （二）活动目标

#### 1. 认知目标

认识生活中的蔬菜，初步了解这些食物的营养价值。

**2. 技能目标**

学会用正确的方式拿勺子。

**3. 情感目标**

不偏食、不挑食、不浪费，养成良好的进餐习惯。

**（三）活动准备**

**1. 物质准备**

生活区准备有关勺子的材料。

**2. 环境准备**

班级设置光盘行动打卡板、食物营养金字塔。

**3. 经验准备**

对生活中常见的蔬菜有一定的认识与了解。

## 二、活动过程实录

**（一）谈谈吃饭这件事儿**

为了解幼儿关于"吃饭这件事儿"的想法，教师组织了一次谈话。

教师："对于吃饭，你怎么看？"

嘻嘻："我不喜欢吃肉。"

贝贝："老师，我不吃青菜。"

语辰："有小朋友吃饭的时候吐口水。"

哼哼："饭总是会撒到桌子上面。"

暖暖："有小朋友不会用勺子。"

荏景："老师，我吃不了怎么办。"

敏婷："有小朋友吃饭的时候总是说话、玩。"

图2 关于"吃饭这件事儿"的谈话

观察思考：通过"关于吃饭这件事儿"谈话后，发现小朋友们的吃饭问题聚焦如下：

**表1　吃饭问题聚焦明细**

| 存在的问题 | 1.挑食、偏食现象严重，特别是蔬菜 | 解决策略 | 培养幼儿吃饭要细嚼慢咽，在引导下不偏食、不挑食，愿意尝试新鲜事物 |
|---|---|---|---|
| | 2.用勺方法不正确 | | 引导正确使用勺子，提高动手能力，掌握吃饭技能 |
| | 3.进餐礼仪方面需要加强 | | 培养幼儿进餐礼仪，进餐时不讲话、细嚼慢咽，一只手扶碗、一只手拿勺子 |

### （二）关于吃饭的那些问题

#### 1. 我喜欢吃……我不喜欢吃……

为了更好地了解幼儿们喜欢和不喜欢吃的食物，我们开展了一次调查。幼儿们通过绘画的方式将自己喜欢与不喜欢的食物绘画出来，在小小调查表中，可以发现很多幼儿存在偏食的问题。

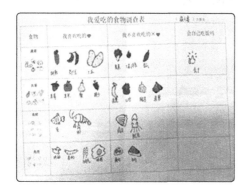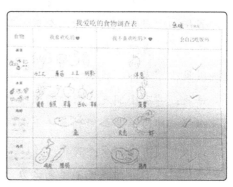

图3　我喜欢（不喜欢）的食物调查表

为了更好地了解幼儿们为什么不喜欢吃这些食物，教师和幼儿们聊了聊。

南南："青菜吃起来很苦。"

姝儿："因为肉肉太硬了。"

哼哼："颜色不好看，我不知道是什么。"

哲尔："我觉得味道很奇怪，吃到嘴巴里想吐。"

睿睿："肉肉太塞牙齿了，我每次吃完都要抠牙齿。"

图4 "为什么不喜欢吃这些食物"的谈话

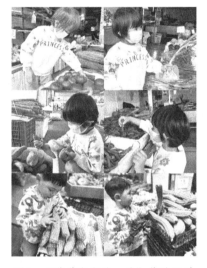

图5 "蔬菜宝宝认一认"体验活动

要保证幼儿们的膳食营养均衡，如何让幼儿们爱上这些食物呢？通过亲子互动，让家长陪同幼儿走进超市或菜市场。幼儿们在这次的"蔬菜宝宝认一认"体验中，认识了各种各样的蔬菜。

图6 认识食物金字塔

**观察思考**：幼儿们将喜欢与不喜欢的食物绘制出来，可以发现每个幼儿都会有一些不爱吃的食物。为了帮助幼儿们改善挑食的行为，我们开展了谈话活动，并通过视频观赏、教师讲解食物金字塔的形式，让幼儿们明白了食物不同的营养价值。

**2. 我吃不下……**

有些幼儿说：老师，我真的吃不下了，那该怎么办呢？教师先与幼儿进行了讨论：你为什么会吃不下？

楠楠："饭菜打得太多吃不完。"

哼哼："我在家都是奶奶喂我的。"

卓卓："我还不饿呢，所以吃不下啊。"

敏婷："我刚刚喝水了，吃不下这么多。"

了解了幼儿们吃不下的原因后，我们与幼儿们进行商讨应该怎样去解决吃不下的问题。幼儿们纷纷画出了自己的解决办法。

图7 "吃不下了怎么办"

图8 办法1："自己打饭菜"

图9 办法2："请老师少打一些
餐点"

图10 办法3："多运动才能
吃饱饱"

在商讨如何解决吃不下的问题中，幼儿们都非常地积极，我们也将幼儿想出的办法一一进行实践，在实践中幼儿们对于解决方法有着不同的声音，最终决定通过投票的方式来选出最合适的办法。

成子："自己打饭的时候有的小朋友打得很少，打菜的时候又打了很多自己喜欢吃的，我在后面都没有的吃。"

贝贝："我觉得多运动比较好，运动完之后我会觉得很饿，能把饭菜都吃掉。"

逸怀："请老师少打一点好，我请老师少打一些，我能全部吃完哦。"

业华："我觉得自己打饭很好啊，可以自己想吃多少打多少。"

图11 关于解决办法的谈话

图12 投票选择最合适的办法

### 3. 食物会逃跑

午饭时间到了，幼儿们都在认真吃饭。可是，他们的脸上、桌子上和地上到处都撒满了饭粒，这是怎么回事呢？我们用照片记录了幼儿们的进餐情况，并和幼儿们开展了关于进餐问题的讨论。

图13　"会逃跑的食物"

教师："你们从图片中看到了什么？"

妙妙："桌子上有很多饭粒地上也有。"

贝贝："还有小朋友把勺子放在桌子上面。"

教师："我们有什么解决的好办法？"

修修："要一只手扶碗，一只手拿勺子。"

景行："要把嘴巴凑近碗边，这样就不会掉饭粒了。"

子馨："吃饭的时候要安安静静大口吃饭不能玩。"

通过讨论，幼儿们发现了是因为握勺子的姿势不对，还有的幼儿进餐礼仪意识较弱，所以食物会经常"逃跑"。于是，教师利用晨谈的时间跟幼儿一起学习餐桌礼仪及正确的握勺方法。

图14　教师和幼儿一起探讨握勺的姿势

图15　餐桌礼仪纠正前　　　图16　餐桌礼仪纠正后

### （三）争做光盘小达人

在物质充裕的今天，为了让幼儿懂得每一粒粮食的来之不易，让幼儿形成节约意识，传承中华民族爱物知恩、勤俭节约、珍惜幸福的传统美德，反对餐桌浪费，我们开展了"光盘小达人"的活动。

### 活动1：午餐播报——助力光盘

每天吃的饭菜有些什么营养呢？利用餐前谈话，"餐点播报员"会对当日的午餐进行简单的介绍，让小伙伴们了解营养搭配的重要性。

图17　餐点播报员

### 活动2：光盘小达人

幼儿们通过一系列的活动，基本摆脱了用餐的焦虑情绪；掌握了使用勺子的技能；解决了挑食的问题；逐步养成了良好的进餐习惯。

图18　"我们都是光盘小达人"

**观察思考**：通过观看视频、图片，幼儿了解了农民伯伯种粮食的辛苦，体会了粮食的来之不易，形成了节约粮食、不挑食、不浪费的意识。

## 三、活动的分析与反思

幼儿们从一开始说出自己喜欢和不喜欢的食物，到后来通过认识蔬菜，了解食物的营养和多吃各种食物的好处，再到积极尝试争做"光盘小达人"，整个过程体现了幼儿们的学习与发展。同时，幼儿们也通过本次活动了解到食物的来之不易，懂得了要爱惜粮食、节约粮食。本次活动，教师从关注每个幼儿出发，了解并尊重每个幼儿的问题和需要，采取各种不同的教育措施，大大激发了幼儿愉快进餐的情绪，促进了幼儿良好的饮食习惯和自理能力的提升，有助于幼儿良好进餐习惯的培养。通过活动，教师发现进餐习惯的养成是一个持之以恒的过程。我们将继续探索，不断进步，让良好的进餐习惯一直伴随幼儿成长。

撰稿教师：符娟、谢园园、廖凤娣（小班）
工作单位：深圳市宝安区机关第二幼儿园尖岗山分园

# 向 "早起" 出发

## 一、活动背景

### (一) 活动缘起

《3—6岁儿童学习与发展指南》中指出："教师要引导幼儿学会用礼貌的方式尊重、关心身边的人，尊重他人的劳动及成果。"随着幼儿逐渐成长，生活经验不断丰富，他们对周围人的工作、生活状态的认知也不断地被建立起来，但是他们的认知水平是碎片化的、零散的，需要教师帮助幼儿进一步进行梳理和提升相关经验，让幼儿主动了解、关心周围的人，开阔视野，提高社会实践的能力。

适逢五一劳动节，在谈到"哪些人最辛苦"的话题时，有的幼儿说自己的爷爷奶奶很辛苦，有的说姥姥姥爷很辛苦，有的说爸爸妈妈很辛苦，还有的幼儿说老师、消防员叔叔、司机、环卫工人等很辛苦。教师问为什么？他们异口同声地回答："因为他们每天都要早早起床做事情，很累……"于是教师结合幼儿提到的"早起"话题，开启了自主游戏活动的新篇章。

### (二) 活动目标

#### 1. 认知目标

了解幼儿园每一个早起的人的工作内容，熟悉幼儿园的一日流程。

#### 2. 技能目标

提升照顾自己和照顾他人的能力。

#### 3. 情感目标

知道要珍惜现在的美好幸福生活，学会感恩身边的人。

### (三) 活动准备

#### 1. 环境准备

幼儿园的教职工平等、尊重每一个幼儿，能和幼儿友好相处。

**2. 经验准备**

（1）熟悉并认识幼儿园的教职工。

（2）知道如何开展访谈工作。

## 二、活动过程实录

### （一）讨论周围早起的人

早晨，人们总是最忙的，忙着工作、忙着锻炼、忙着生活……这些都发生在幼儿的身边，于是教师结合亲子问卷调查表和幼儿一起谈了谈关于周围早起的那些人。

越影（4岁）："魔术师会早起。"

子云（4岁）："宇航员会早起。"

多多（4岁）："飞行员会早起。"

明达（6岁）："快递员会早起。"

河马（6岁）："开地铁的人会早起。"

少少（6岁）："服务员会早起。"

博瑞（6岁）："环卫工人会早起，他们天天扫地。"

巧巧（5岁）："超市收钱的人会早起。"

教师："超市收钱的人叫什么？"

大家不约而同地说："收银员。"

雅婷（5岁）："老师会早起。"

教师："是的，幼儿园的老师每天都会早早地来幼儿园，开窗通风、消毒餐桌和挡板，然后和小朋友一起晨练。"

……

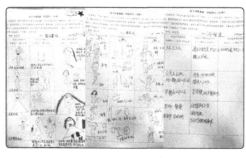

图1　亲子问卷调查表

图2　幼儿分享

**观察思考**：通过谈话教师发现，小班幼儿了解的周围早起的人主要集中在自己感兴趣的人，比如宇航员、魔术师和飞行员等。而中大班的生活经验比较丰富，会结合生活实际分享有哪些早起的人，如超市收银员、地铁司机、服务员、老师、环卫工人等。为了丰富小班幼儿的生活经验，同时加深中大班幼儿对早起的人的了解，教师从幼儿的一日生活着手，将早起的人重点聚焦在幼儿园。

### （二）探寻幼儿园早起的人

提到幼儿园有哪些早起的人，幼儿们会怎么说呢?

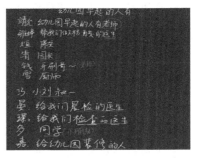

图3　混龄谈话：幼儿园早起的人有谁　　　　图4　幼儿的分享内容

教师鼓励幼儿将幼儿园早起的人进行了分类，在分类时主要启发他们运用不同的形式。幼儿们各抒己见，有的以摩天轮为框架，有的以机器人为框架，有的以花朵为框架，还有的以树干和树枝为框架……最后幼儿们将幼儿园早起的人分为：教师、医生、厨师、保安、园长五类。

图5　将幼儿园早起的人分类

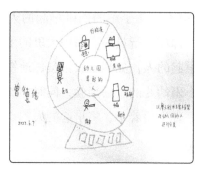

图6　以摩天轮为框架进行分类　　图7　以机器人为框架进行分类

**观察思考**：在本次谈话活动中，幼儿们结合了在幼儿园的生活经验，大胆讲述了多类幼儿园早起的人，还运用多种方式将幼儿园早起的人进行分类。可见，本次活动在培养幼儿想象力、创造力的同时，还锻炼了幼儿前书写能力及概括总结能力。

**（三）合作设计访谈提纲**

当我们问幼儿"幼儿园的人为什么早起"时，有的幼儿说："因为他们要早点起来做早餐给我们吃。""因为他们要给幼儿园消毒，让幼儿园变得干干净净"……幼儿园早起的人是否就像幼儿们讲述的一样呢？为此，教师鼓励幼儿当一回小记者，带着问题去采访幼儿园早起的人。

大家通过讨论，以混龄小家庭为单位将全班幼儿分成五组，五组分别商量确定访谈的对象。

| 访谈对象 | 访谈者 |
|---|---|
| 医生 | 张峻霖、符为、曾德修、黎晏、徐苢烜、吴良卓、钱璟 |
| 厨师 | 胡博瑞、王鸣予、何彦颖、胡梓淇、罗熙妍、王雅婷 |
| 保安 | 马子云、陈昱元、祝雪嫣、许智晨、刘丰诚、陈增昊 |
| 园长 | 黄绮淳、潘柠君、余越影、陈清怡、唐铭雨 |
| 教师 | 秦嘉颜、赖韵如、周靖允、潘柠希、何以瞻、李明达 |

图8　讨论如何进行分组　　　　　图9　采访幼儿园早起的人的分组

然后，教师和五组幼儿分别讨论访谈的时间、地点和内容。在确定访谈的内容时，教师引导幼儿要将问题着重放到"早起"的内容上，比如几点起床？几点到幼儿园？到幼儿园会做哪些工作？工作的感受如何？等等。

图10　确定访谈内容　　　图11　准备访谈表

**观察思考：**在"探寻幼儿园早起的人"的活动中，幼儿们自主分组、自主讨论，充分发挥了混龄以大带小的作用，其认知、情感和社会性都得到了发展。同时，通过对访谈表的设计，幼儿们对访谈的步骤也有了初步的了解。此外，访谈内容的整理过程对大班幼儿的前书写能力有促进作用。

**（四）采访幼儿园早起的人**

出发啦！在和访谈对象确定好访谈的地点和时间后，五组幼儿带着他们精心设计好的采访稿分别去采访幼儿园的各类工作人员了。采访前，他们商量了谁拿话筒、谁问问题、谁记录访谈对象说的话。

图12　采访厨师　　　　　图13　采访医生

图14　采访保安　　　　　图15　采访园长

图16　采访黄老师

图17　采访吴老师

　　在访谈的过程中，小班幼儿主要负责拿话筒、大班幼儿负责提问、中班幼儿负责将访谈对象说的话记在脑海里，同时教师在旁协助。采访工作结束后，教师和中班的幼儿一起整理了访谈的内容。

图18　采访教师的记录表　　图19　采访园长的记录表

图20　采访厨师的记录表　图21　采访保安的记录表　图22　采访医生的记录表

　　**观察思考**：通过混龄合作采访，幼儿们了解到原来幼儿园早起工作的人都是为了每一个孩子，同时也知道了早起工作是很辛苦的一件事，这在一定程度上激发了幼儿关心他人的社会情感，也使幼儿萌发了想要亲身体验幼儿园各个工作岗位的想法。

### （五）沉浸式体验幼儿园的各岗位

通过前面的采访活动，幼儿们知道了幼儿园早起的人都很不容易，于是他们计划着要亲身体验一下幼儿园各个岗位的工作。

为了本次体验活动，幼儿积极地准备着前期工作，确定想要体验的角色：谁做医生？谁当教师？谁做厨师？谁当园长？谁做保安？确定好体验的角色后，还需要准备哪些物品？这些都是幼儿需要商量的，于是教师和幼儿列出了详细的计划表。（见表1）

表1　角色体验活动计划表

| 体验时间 | 体验的角色 | 体验者 | 准备的物品 |
|---|---|---|---|
| 2022.6.14 | 医生 | 苡烜 | 医生服装、口罩、手电筒 |
| 2022.6.15 | 园长 | 清怡、越影、铭雨 | 记录本、笔 |
| 2022.6.16 | 保安 | 昱元、智晨、子云、增昊 | 警戒带、保安棍、保安服 |
| 2022.6.16 | 教师 | 嘉颜、靖允、柠希、以瞻、明达 | 围裙、口罩 |
| 2022.6.16 | 厨师 | 雅婷、彦颖、熙妍 | 厨师服、厨师帽、围裙 |

大家按照组内讨论的分工，开始相互配合行动起来：体验厨师工作的小朋友推餐车，帮助厨师叔叔提餐桶；体验保安工作的小朋友早早地来到幼儿园和保安人员进行晨接；体验教师工作的小朋友擦桌子、放挡板、打餐……

图23　检查幼儿的手

图24　检查口腔

图25　和保安叔叔晨接

图26　收警戒带

图27　收洗手的机器

图28　收测体温机

图29　推餐车

图30　帮忙提餐桶

图31　和厨师叔叔一起提餐桶

图32　擦桌子

图33　放挡板

图34　合作打餐

图35 体验"小老师"教学

图36 小班妹妹尝试操作

图37 和园长一起参加线上会议

　　在沉浸式体验的过程中，他们感受到幼儿园每个岗位的不容易，比如保安叔叔和阿姨每天早上都是汗流浃背的；厨房的叔叔和阿姨们每天提着重重的餐点爬楼梯；教师每天要负责小朋友们的教学和安全卫生……短暂的体验活动结束后，我们鼓励孩子们将自己的感受与收获记录下来。

图38 中班：体验保安腿有点软

图39 大班：体验保安很开心

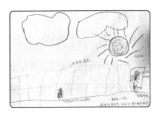
图40 小班：体验保安很热

图41 大班：厨师叔叔很累

图42 小班：厨师很累

图43　中班：做教师
很有趣

图44　中班：做教师要戴着口
罩很热、很辛苦

图45　大班：做教师很好玩　　图46　大班：做园长有点累

**观察思考：**幼儿的合作意识越来越强烈，当他们遇到问题时，不再是简单地向教师寻求帮助，而是主动和同伴讨论寻找解决问题的办法。同时，在亲身体验角色的过程中，幼儿们对幼儿园里每一个早起的人的工作有了更深刻的理解，也明白要更加珍惜现在的幸福生活，感恩身边的人。

**（六）赠送"爱"的礼物**

幼儿们对幼儿园的劳动者有了浓浓的感恩之情，我们通过谈话了解到幼儿们最想给他们每人送一束花，于是他们在美劳区用橡皮泥自制了很多好看的立体小花，送给幼儿园早起的人。

在制作过程中，小班幼儿负责用泥搓出花梗；中班幼儿则负责揉、捏橡皮泥，为制作各种小花朵做准备；大班幼儿大胆表现自己的想法和创作欲望，负责花朵的塑形"工作"。整个过程他们分工合作，充满着童真、童趣。

图47　小班幼儿
用泥搓花梗

图48　中班幼儿在
揉捏橡皮泥

图49　大班幼儿
在塑形

图50　给保安阿姨送花

图51　给教师送花

图52　给医生送花

图53　给厨房阿姨送花

图54　给厨房叔叔送花

图55　给园长送花

**观察思考**：在自制橡皮泥花朵时，每个幼儿都很专注，表现得非常积极。一是因为橡皮泥是他们非常喜欢的美术材料；二是为了真心感谢幼儿园辛苦的劳动者。在给幼儿园每个岗位的人送花时，孩子们也非常有礼貌，充分展现出了自己的人际交往能力，促进了幼儿和幼儿园各岗位人员的亲密关系和深入交流。

## 三、活动的分析与反思

### （一）促进混龄幼儿更加关注周围生活的人和事

在此次"向'早起'出发"的活动中，幼儿用眼睛去观察、用身体去体验、用大脑去思考、用心灵去感悟，充分遵从了直接感知、亲身体验、实际操作的原则，在"寻找—讨论—体验—赠送礼物"一系列活动过程中，幼儿了解到了自己身边有很多早起默默工作的人，知道时间的重要性，并在亲身体验的过程中懂得尊重和感恩劳动者的成果。

### （二）促使教师从关注幼儿知识向关注幼儿经验转变

活动过程中，教师不仅设计了集体讨论，还鼓励幼儿进行小组讨论，给幼儿和同伴更多的交流机会，也鼓励幼儿在大家面前表达自己的想法。同时也邀请了幼儿模仿、扮演早起工作的人们，以"游戏化"的方式增强幼儿的情感体验，从而达成《幼儿园教育指导纲要（试行）》的社会领域中的"能主动地参与各项活动，有自信心""乐意与人交往，学习互助、合作和分享，有同情心"等目标，更加关注幼儿对生活的情感体验，让幼儿感受到早起的人长时间工作的辛劳。

撰稿教师：张红燚、黄沅玲、方冬燕（混龄班）
工作单位：深圳市宝安区机关第二幼儿园园本部

# 我是文明小司机

## 一、活动背景

### （一）活动缘起

该活动缘起于幼儿的一次户外游戏。男孩的天性就是喜欢汽车，而且对汽车非常感兴趣，每次在户外活动玩平衡车、踩踏车的时候，幼儿们嘴里都不停地嘟囔着："'嘀嘀嘀'，前面路口有障碍，请绕行……"在游戏中老师发现有几个男孩子总是不遵守规则，骑车时和其他幼儿撞在一起，吸引了很多幼儿的注意。由此，教师设计了户外游戏"我是文明小司机"。

### （二）活动目标

**1. 认知目标**

知道骑行时的交通规则，了解驾驶证的相关信息。

**2. 技能目标**

通过与同伴合作制定骑行的游戏规则并在游戏中遵守游戏的规则。

**3. 情感目标**

喜欢与同伴合作玩游戏，享受游戏带来的快乐。

### （三）活动准备

**1. 物质准备**

三轮车、两轮车、平衡车、摇摇车、警车、消防车、快递车、交通标志套装、万能工匠、自制驾驶证、警察局设计图。

**2. 环境准备**

户外奔跑区的空旷场地。

**3. 经验准备**

大班的幼儿是非常热衷于游戏的，他们喜欢和同伴进行各种各样的游戏，也会自发地创新游戏，大班幼儿有一定的玩骑行游戏的经验，认识常见的交通标志，了解基本的交通规则。

## 二、活动过程实录

### （一）车子大变身

在一次平常的户外活动中，幼儿们还是像往常一样来到了奔跑二区，热身之后便开始了他们的自由活动。他们开始骑车，玩万能工匠……这时，教师对幼儿们提了个问题：“这些车还能变成什么车呢？”幼儿听到后积极地回答了教师的问题：

子源："可以把车变成警车，在马路上抓小偷。"

奕豪："可以变成出租车载客人。"

柏媛："可以是消防车，我变成了消防员去灭火。"

芮宁："我们可以把这么多车变成一条大马路。"

幼儿们选择了自己想玩的平衡车和三轮车，选完后就自主地玩了起来。不一会儿，由于有的幼儿不遵守“交通规则”，造成了交通堵塞，子源看到了旁边的交通标志，便将其放在了跑道上，扮演起了交警的角色。

图1　未摆放器材前　　图2　“交警叔叔”正在
　　的“交通状况”　　　　　指挥交通

**观察思考**：幼儿遇到交通堵塞这样的困难时，能够自主选择可以利用的材料，按照自己的想法摆放交通标志并扮演起交警，成功解决问题。对此，教师应该减少自己在游戏中的存在感，扮演一个观察者的角色。

### （二）“我们要建个警察局”

幼儿们主动用起了万能工匠材料，并对这些材料进行了拼接与搬运，有些幼儿扮演起了搬运工，开着车将万能工匠运到指定地点；有的幼儿扮演起了建筑师，开始搭建起了建筑。

芮宁："我们少了一个警察局。"

艺桐："我们是建筑师，我们之前在教室画了一个警察局，让我们帮你们建警察局吧。"

子源："搬运工快点加入我们，我们需要很多的材料。"

子乐："来了来了。"

图3　"搬运工"
正在搬运材料

图4　"建筑师"正
在搭建警察局

图5　警察局即
将建成

图6　"建筑师"正在
设计警察局

图7　警察局设
计图

**观察思考**：幼儿会充分利用周边的材料，自主给自己设计的游戏增添色彩，对此教师应提供更丰富的材料，做好充足的物质准备，为游戏的顺利开展打下基础。

**（三）持证骑行**

在游戏进行到中后期的时候，发生了一些有趣的事情。泽诗对教师说，泽远因为不遵守交通规则，被交警贴了两次罚单。

教师："我们每个人有12分，贴一次罚单扣3分。"

泽诗："老师，如果再有两次的话，是不是泽远就不能骑车上路了？"

教师："是的。"

过了一会儿，泽诗跟老师说，泽远已经被交警贴了4次罚单了，并询问老师如何才能重新加分上路骑车。老师回答说需要去驾校重新学习驾照。泽诗随后去找泽宇，并让泽宇教自己骑行规则。在泽宇的帮助下，泽诗取得驾驶证，能够上路骑车了。在这过程中，泽诗问了老师一个问题。

泽诗："老师，是不是得有驾照才能够骑车上路？"

教师："是的。"

随后泽诗就去问每一个骑车的司机，问他们是否有考驾照，没有考驾照的就请他们去考驾照。问到的结果是大部分幼儿都没有驾照。随后所有幼儿进行了驾照考试，最后所有幼儿都通过考试上路继续自己的角色扮演，骑行也更加有序，大家做到了遵守交规，安全驾驶。

**观察思考**：在游戏中，幼儿回忆生活中的"交通"，并进行扮演，加深了对于"交通"的理解。幼儿在自主的探索过程中对交通规则的兴趣越来越浓厚，对此教师可扮演一个引导者的角色，引导幼儿对游戏进行深层探索。

**（四）正式上路**

回到教室后，教师与幼儿对此次游戏进行了复盘。经过复盘，发现虽然小司机们都通过了驾照考试，但是在上路时并没有拿着属于自己的驾驶证骑行。教师为幼儿们展示了驾驶证的照片，与幼儿们展开了讨论：

教师："小朋友们，这个驾驶证有什么特点呀？"

子源："它上面有照片。"

丹晴："它上面有他的生日。"

幼儿们确定了驾驶证的基本格式，就开始利用区域活动时间绘画驾驶证。

图8　"设计师"正在设计驾驶证　　图9　幼儿设计的驾驶证

设计完驾驶证后，在下一次的户外骑行游戏中，小朋友们都做到了持证上路，安全驾驶，还出现了交警检查驾照这个小环节。

贤泓："请出示下你的驾照，逸豪。"

逸豪："好的，警官这是我的驾照。"

贤泓："芷瑜你也出示一下驾照吧。"

芷瑜："好的，你看。"

图10　小司机们正在骑行　　　　图11　"交警"正在巡逻

图12　"交警"正在检查驾照

**观察思考：**"儿童的思维是在活动中、操作中形成和发展的。"游戏进行到后期时，幼儿能够创新游戏的玩法，并不断完善游戏的规则。对此，教师可以当一个旁观者，记录幼儿对游戏规则与玩法的创造。

## 三、活动的分析与反思

### （一）幼儿学习发展的价值

在骑行游戏中，幼儿主动学习、积极探索、热烈讨论、发现问题、解决问题，获得丰富经验和乐趣。不仅能锻炼幼儿的思维能力、创造能力，而且还能提升他们大肌肉群动作发展的能力水平，增强运动能力，同时还能够活跃身心，让整个骑行游戏成为孩子们的身心放松之旅，助力幼儿健康成长。

**（二）教师的反思**

回顾整个骑车游戏，幼儿由单纯的骑车到有了角色与故事，充分体现了幼儿是游戏的主人。游戏活动过程中小小的车子在幼儿手中玩出了"趣味骑行"的花样，他们巧妙地利用低结构材料——万能工匠使游戏内容和游戏情节更加丰富。但由于骑行初体验，幼儿在游戏中出了方向、秩序、规则等多重问题。针对这些问题，教师回到教室鼓励幼儿进行分析、思考、制定规则。因此，当幼儿第二次进行游戏时，幼儿可以通过扮演交警、司机等角色进行深入互动，教师可慢慢放手，默默观察，促进幼儿自主、自发地进行快乐的游戏。

撰稿教师：谢耕坤、熊彬彬、苏露（大班）
工作单位：深圳市宝安区机关第二幼儿园尖岗山分园

# 魔法餐车大作战

## 一、活动背景

### （一）活动缘起

［幼儿们的小发现］

由于一些原因，中五班的幼儿开始自主取餐与自主收拾餐具。但本该和谐的取餐过程却出现了一点点不和谐的场面。

钧钧（4岁）："老师，他们两个撞到我，我的菜都撒了。"

长长的取餐队伍逐渐消磨着幼儿的取餐耐心。队伍后面的幼儿开始推推搡搡、躁动不安了。一天、两天……每天都会有类似的事情发生。苦恼的幼儿发出了疑问："我们班取餐怎么这么乱啊？"

图1　幼儿取餐情况

**1. 取餐时总是很混乱，想想有什么办法能解决？**

丞丞（4岁）："我觉得可以把餐车推到前面来，这样大家就不会都挤在一起了。"

钧钧（4岁）："但是这样的话，小朋友就会满教室跑着去领餐，也会容易撞到的。"

悦清（5岁）："而且小朋友是几排几排去洗手的，如果有一些小朋友还没去洗手，而洗完手的小朋友又要来前面取餐的话，那就会变得乱糟糟的。"

**2. 还有什么办法能解决取餐难题吗?**

琦玥（4岁）："我觉得可以把餐车改成方便取餐的样子，我去吃自助餐的时候发现他们都是用的很长很长的桌子来取餐，桌子上可以摆很多的食物，大人走过去拿完就走，这样也不会造成拥堵的。"

钰妤（4岁）："不对，餐车变成长长的桌子会没地方放的，我们的教室没有那么大。"

丞丞（4岁）："老师，要是餐车像抽屉一样可以变长、变短就好了。"

琰舒（4岁）："那我们可以做一个抽屉餐车，分餐就变成长长的，小朋友吃完了就变成短短的。"

玥玥（4岁）："这个餐车听起来好厉害啊，我也觉得可以做一个抽屉餐车，就像是变魔法一样。"

**观察思考：**幼儿针对在日常生活中遇到的问题，都开动脑筋提出了自己的想法，灵光一闪的想法在讨论中也逐渐变得完善起来，最后幼儿们都想设计出一个可以变长又变短的新餐车来解决所遇到的问题。但是设计一辆新餐车也没有那么简单，为此幼儿们也开展了一轮认真的研究与学习。

**（二）活动目标**

**1. 认知目标**

了解生活中的不同材料，知道对比选择合适的餐车材料。

**2. 技能目标**

能够根据自己的问题主动寻找解决方法。

**3. 情感目标**

愿意主动与同伴合作解决问题。

**（三）活动准备**

**1. 物质准备**

（1）不同材质制作的同一物品，感受材质不同对物品制作的影响。

（2）采访所需要的纸、笔及预先准备的问题。

**2. 环境准备**

（1）张贴其他幼儿园所使用的餐车类型。

（2）主题墙张贴幼儿探索的过程及照片记录。

**3. 经验准备**

（1）有一定的绘画基础。

（2）有线上搜索、查找知识的经验。

（3）了解采访的相关要素。

## 二、活动过程实录

### 活动1：了解现有餐车的问题

为了了解是否其他班级有和中五班一样的问题，中五班的幼儿决定派几个小记者，分别去小班、中班和大班以及厨房进行采访。

去进行采访前要做什么准备吗？

思恬（4岁）："我们要准备好我们要问的问题。"

彦杉（4岁）："还要准备纸和笔做记录。"

云熙（4岁）："但是我们不会写字，需要老师帮我们记录。"

阿武（4岁）："我们可以画出来的。"

图2　小小记者采访现场

中五班学生今天采访了其他班的教师、幼儿和厨房的阿姨。

云熙（4岁）："我去采访的是小班的教师，小班的弟弟妹妹都不够高，教师要把菜放在矮矮的地方，或者一个个递给小班的弟弟妹妹，不然拿菜的时候会容易打翻。"

彦杉（4岁）："小班的弟弟妹妹拿饭、拿菜都很慢，后面的小朋友要等很久才能拿到自己的饭菜。"

彦彦（4岁）："中班的老师说要是能有一个位置给他们提前打餐，就不会需要排那么久的队了。"

丞丞（4岁）："大班的哥哥姐姐都很厉害，他们的老师会提前把饭打好放在有点高的分餐台上，然后两个老师一起打菜，这样就不会需要等很久了。"

瑞泽（4岁）："厨房的叔叔阿姨说我们的餐车是塑料的，菜撒在上面很难擦干净，而且会很滑。"

泽馨（4岁）："清华老师说餐车上有点太挤了，每次都打得很着急。"

图3　小小记者采访经验分享

经过中五班小记者对各年级老师和小朋友以及厨房阿姨的访谈，大家发现现有的餐车对于中班和小班的小朋友来说偏高，比较难取餐，是不太合适的。于是中五班的幼儿决定变身小小设计师，准备去设计一个更加实用的新餐车。

琦玥（4岁）："让我们一起来对餐车施点魔法吧！"

**观察思考：**中班幼儿的语言表达能力在逐步发展，《3—6岁儿童学习与发展指南》中指出"幼儿的语言能力是在交流和运用的过程中发展起来的"。在本次的访谈中，幼儿学会提前规划自己的问题，有礼貌地主动开始访问，并在访谈过程中认真倾听其他人的表达并进行记录。他们的倾听与表达能力得到进一步的发展。

**活动2：新餐车的款式**

为了帮助幼儿更好地设计餐车，教师收集了一些餐车的款式。幼儿围绕这些餐车的款式展开了激烈的讨论。

**1. 关于高度：新的餐车需要多高**

管管（4岁）："现在的餐车是三层的，太高了。"

瑾桐（4岁）："要矮一点，不然小班的弟弟妹妹会拿不到。"

梓怡（4岁）："要这么高（一边说一边用手比画着自己胸口的高度）。"

源勋（4岁）："不对，小班弟弟妹妹比我们矮，餐车应该要比小班弟弟妹妹矮才可以。"

余（4岁）："那到底是多高呢？"

小花（4岁）："那我们去量一下小班的弟弟妹妹的身高不就知道了吗？"

妹溢（4岁）："那我们要带着尺子去找弟弟妹妹。"

铭远（4岁）："还有本子和笔，要记下来小朋友的身高。"

图4　幼儿测量身高

在测量过程中，幼儿又发现了一个新的问题。

博睿（5岁）："如果按照小班的弟弟妹妹的身高来定餐车的高度的话，弟弟妹妹也没办法拿到。所以，餐车应该要更矮一点才行。"

为了解小班的弟弟妹妹方便拿取的高度，幼儿们仔细观察了在教室里走动的小班的弟弟妹妹。

锦妍（4岁）："老师，你看弟弟妹妹拿区域材料都很容易。"

噢，原来小班教室柜子的高度就是最合适小班的弟弟妹妹拿取的高度。发现突破口的中五班小设计师们又开始对柜子展开了新的一次测量。

图5　幼儿测量高度

经过测量与对比，他们决定将餐车的高度定为50cm。

**2. 关于长度：现在餐车的长度是否合适**

伊伊（4岁）："我们的新餐车要放三个装饭和菜的餐盘，太小了的话食堂阿姨就要跑几次，会很辛苦。"

航（4岁）："还要装碗、勺子、汤桶和垃圾桶。"

阿文（4岁）："现在我们的餐车就可以放下这么多东西啊。"

可可（4岁）："可是我们要把餐车变矮，变成两层以后肯定就不够了。"

思恬（4岁）："那可以把那一层的东西分到其他层，加长一点就可以放得下了。"

图6　幼儿对比宽度

经过实验与组合摆放的操作，幼儿们发现餐车的长度要至少能容纳三个桶那么长。测量后大家决定将长度定为80cm。

**3. 其他问题**

涛涛（5岁）："老师，为什么有的餐车旁边会有一个高高的边，有的却没有呢？"

佳沐（4岁）："我们的餐车上面也有。"

贻童（4岁）："我知道，是为了不让小朋友弄洒的汤流下来。"

诗淇（4岁）："是为了保护我们的食物。"

教师："你们还记得我们采访的时候有一个老师说餐车有点滑吗？"

姝溢（4岁）："我知道了，是为了不让餐盘滑下来伤害我们。"

教师："是的，这个加高的边边的作用是为了防止餐车的食物滑出或者撒出来，因为刚煮好的食物都是很烫的，如果掉下来撒出来可能就会让小朋友受伤。"

浩钧（4岁）："那我们的新餐车也要加一个高高的边。"

观察思考：幼儿在3岁以后开始形成数的概念，而中班的小朋友经过小班一年的学习，已经认识了简单的数字，能够较好地辨认出身高尺上的数字，并做好简单的记录，在实际操作中感受不同的高度。《3—6岁儿童学习与发展指南》中提道"幼儿科学学习的核心是激发探究兴趣，体验探究过程，发展初步的探究能力。"在探索餐车的长度和高度的过程中，教师为幼儿提供了丰富的操作空间，幼儿通过直接感知、亲身体验和实际操作来进行科学学习。

**活动3：新餐车的材料选择**

生活中常见的用于制作餐车的材料有三种：塑料、木头及不锈钢。为了更好地帮助幼儿了解不同材料的优缺点，教师带领幼儿一起去寻找幼儿园里这三种材料的制作品。

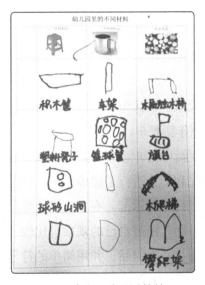

图7　幼儿记录不同材料

图8　幼儿发现：木质的独木桥比塑料的更重

一起探索完幼儿园里不同的材料制作的东西后，中五班幼儿展开了新一轮的讨论：到底哪一种材料更适合做新餐车呢？

启航（4岁）："动物车和独轮车都很轻，它们都是塑料做的。"

贻童（4岁）："而且它们的颜色很漂亮。"

阿武（4岁）："但是它们很容易坏掉，就像那个装积木的筐子一样，如果坏掉了就会让老师和小朋友受伤。"

瑞泽（4岁）："木头都是很重的，积木每次我们都只能拿一两个。"

余（4岁）："滑滑梯也是木头做的，很重就不会倒下来。"

琰舒（4岁）："装动物车的架子是不锈钢的，小朋友可以自己把它拿起来，很轻。"

瑾桐（4岁）："我们需要一个轻一点的餐车，厨房阿姨总是说餐车很重。"

锦妍（4岁）："幼儿园装器械的柜子也是不锈钢的，用了很久都没有坏。"

彭彭（4岁）："还有挂毛巾的架子也是不锈钢的，我们用了很久都没有坏。"

经过讨论与投票，大家一致认为不锈钢的材料最轻便、最耐用。于是大家决定使用不锈钢材料来制作新餐车。

**观察思考：** 幼儿在生活中常常会观察到各种各样材料做成的玩具和物品。在本次活动中，教师预先和幼儿进行了经验铺垫，让幼儿了解了塑料、不锈钢和木头这三种材料，并进行举例示范。有了初步的经验后，教师引导幼儿来了解自己身边的不同材料。幼儿经过自己的观察、比较，在幼儿园范围内发现了许多塑料制品、不锈钢制品及木制品，并用简单的符号来进行记录。在这个过程中，他们提高了初步的探究能力。

**活动4：绘制草图，提交申请**

**1. 绘画草图**

第一届魔法餐车设计大赛正式开始了。小选手们正跃跃欲试大展拳脚。

佳沐（4岁）："我设计的餐车一拉开就是两个餐车了，就不会再挤了。"

贻童（4岁）："我要设计的是兔子餐车，要有一个兔子在餐车上。"

琦玥（4岁）："我的餐车要设计成两层才能装得下这么多食物。"

图9 幼儿作品设计图

**2. 拉票及投票表决**

究竟谁的作品更能得到小观众的喜爱，谁才是设计理念的最佳践行者呢？最终，思恬（4岁）设计的3号作品以25票获胜。尽管如此，幼儿对这幅获胜作品也提出了一些新的改进想法。

图10 幼儿投票

云熙（4岁）："老师，我觉得思恬画的图有点太小了。"

伊伊（4岁）："餐车的魔法抽屉有一点看不清楚，等下要是弄错了怎么办？"

博睿（5岁）："我觉得我们可以帮助思恬一起重新画一个清楚的设计图。"

瑞泽（4岁）："还可以加上长度和高度，这样子园长和工程师肯定可以看得很清楚了。"

机智的中五班幼儿发现了原设计图的不足之处。于是在大家的齐心协力之下，大家又将设计稿重新升级了。

梓怡（4岁）："老师帮助我们改好的图上面还标记了数字。"

涛涛（5岁）："上面是放食物和勺子的，下面是垃圾桶和米饭，现在可以看得很清楚了。"

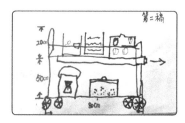

图11　设计对比图

### 3. 提交申请

经过中五班幼儿近两周的学习与设计，新的餐车图纸终于完成了。但如何让我们的图纸变成现实呢？幼儿们决定组成申请小队，带上修改后的图纸向园长发起申请。

图12　中五班代表向园长介绍新餐车的创意设计点及尺寸

听完中五班小代表的发言，园长也连连点头，批准了他们更换餐车的想法，还夸赞了中五班的巧思妙想。

最终，中五班小设计师们顺利地施展了魔法，将图纸餐车变为了现实的新餐车。拥有新餐车的幼儿们会不会取餐更顺利了呢？一起来看看"丝滑"的取餐现场吧！

图13　使用新餐车后幼儿排队取餐

见到新餐车的幼儿都发出了开心的欢呼声。

琦玥（4岁）："这个餐车就像是会变魔法，可以变长变短，是我们班设计的魔法餐车！"

管管（4岁）："现在清华老师可以提前分餐，小朋友就不会堵住了。"

可欣（4岁）："小朋友拿完餐就可以去先吃，再也不用排长长的队了！"

**观察思考**：绘画是幼儿独特的表达方式。经过前期的探究与学习，中五班幼儿心里都种下了新餐车的小种子。教师也为大家提供了一个发挥的空间，鼓励幼儿将自己的想法用绘画的方式记录下来，丰富幼儿的想象力与创造力。

## 三、活动的分析与反思

幼儿的学习源于他们的生活，也终将回到他们的生活。当中五班幼儿在生活中遇到了取餐的难题时，教师将自主权交还给了幼儿，引导他们自主思考："遇到了问题我们可以怎么做呢？"脑洞大开的幼儿提出了很多的设想，但随后又自己推翻了一些不合理的设想。在这个过程中，他们的思想在不断地碰撞着，在不断地闪耀着光芒。最终，他们自行找到了一个满意的答案，是一个看似有些"无理"的答案。但那又怎样呢？实践才是检验真理的唯一方法。幼儿决定一起去访问各个年级的教师和幼儿，一起讨论餐车设计的不同可能性；一起探索不同材料的适宜性；一起设计不同款式的餐车；一起构思更合适的取餐方式，最终他们收获了自己的成果———一辆新的"魔法餐车"。虽然"魔法餐车大作战"自主游戏活动到此就结束了，但幼儿在探索中所学习到的，远远不止那一辆餐车。

即使刚升上中班的幼儿独立思考与探索能力比较有限，但他们在这次探索餐车的过程中却一直保持着浓厚的兴趣与探索精神。在此基础上，教师密切地关注着，并结合幼儿的年龄特点、经验水平来引导幼儿感知自己的难题并思考解决办法，让其勇于去思考现有餐车是否真的实用，引导幼儿感受不同材料与其适用性。在进行采访活动时，幼儿不知道该如何记录自己的采访过程，教师在活动中作为幼儿学习的支持者，始终关注着幼儿的需求，提供材料帮助幼儿自我学习与探索，拓展幼儿的观察、思维能力，以及提高幼儿的社会交往水平。

撰稿教师：罗丹、陈惠、陈清华（中班）

工作单位：深圳市宝安区机关第二幼儿园阳光海分园

# 厕所"大革命"

## 一、活动背景

### （一）活动缘起

《幼儿园教育指导纲要（试行）》指出："环境是重要的教育资源，应通过环境的创设与利用，有效地促进幼儿的发展。"幼儿园每个角落每一面墙，都具有其教育意义。其中，厕所环境是幼儿重要的生活环境之一。然而，厕所作为幼儿在园生活学习的一个重要场所、活动资源，却通常被人们忽视。

此外，如厕环节是幼儿在园一日生活的重要环节，如厕也能体现一个人最基本的生活自理能力和卫生习惯。因此，对幼儿进行如厕能力培养，引导幼儿对于"厕所"文化的进一步了解，都对增进其生活自理能力、提升智力、丰富情感等有重要的引导作用。

大六班的幼儿和教师正在进行一场厕所"大革命"，让我们一起参加他们的活动吧！

［幼儿们的小发现］

区域活动结束了，幼儿们正在自主地进行户外活动前的准备。他们有的幼儿在整理区域活动、有的在上厕所、有的在喝水、有的在换鞋子……这时，教师来到厕所，听到豆豆和瑾瑜（两位女孩子）在聊天。她们两个，一个蹲着上厕所，一个在洗手台洗手：

豆豆（5岁）："好累啊，我腿都累了。"

瑾瑜（5岁）："我家里的是抽水马桶，坐着的，不会累。"

豆豆（5岁）："我家里的也是抽水马桶。"

瑾瑜（5岁）："我去小宝家玩，她家的厕所就是蹲的。"

豆豆（5岁）："妈妈带我去商场玩，商场的厕所就有蹲的也有坐的。"

瑾瑜（5岁）："好奇怪哦，为啥要有两种厕所呢？"

豆豆（5岁）："我也不知道啊！"

……

两人一边说一边走出教室……

两个小朋友带着疑惑结束了谈话。教师看出幼儿对厕所产生了疑惑和兴趣，既然如此，"兴趣是最好的老师"，借助这个教育契机，那我们就来一场精彩的厕所"大革命"吧！

### （二）活动目标

**1. 认知目标**

通过活动，认识马桶的构造和发展史。

**2. 技能目标**

能够自主动手操作科学小实验。

**3. 情感目标**

了解厕所对人类的重要性。

### （三）活动准备

**1. 物质准备**

与"卫生间"有关的图片标识、发展史相关电子图文资料，美劳区绘画、装饰、纸板材料，生活区量杯、水循环工具。

**2. 环境准备**

在卫生间、美劳区、语言区等活动区域中增添了有关的图片标识、发展史等元素。

**3. 经验准备**

幼儿在日常生活中具备卫生设施的使用经验与个人卫生清洁习惯。

## 二、活动过程实录

### （一）古代的厕所是什么样的

好奇是幼儿的共同特点，但大班幼儿的好奇与小、中班幼儿的有所不同。小、中班幼儿的好奇心较多表现在对事物表面的兴趣上。他们经常向成人提问题，但问题多半停留在"这是什么""那是什么"上。大班幼儿则不同，他们总是喜欢对感兴趣的问题刨根问底。就"厕所"这个话题，他们开始了各种"头脑风暴"。

浩然（6岁）："老师，请问古时候，有没有厕所呢？"

雯雯（6岁）："如果没有厕所，是怎么解决正常生理问题的呢？"

天天（5岁半）："以前的厕所跟现在的有什么区别呢？"

带着这些问题，教师没有直接给出答案，而是先让幼儿自行展开想象。紧接着，孩子们进行了一场天马行空的谈话。

颢颢（6岁）："他们是不是会挖一个大坑啊？"

鹏鹏（6岁）："我知道，可以放个桶在下面。"

洋洋（6岁）："可以挖个洞，拉完了再堵住。"

子睿（6岁）："弄个桶，人怎么站上去啊？站不稳的，可以在两边放两块板。"

浩然（6岁）："古代的人可以一人拿个小桶，要尿尿了就尿到小桶里。"

小霖（6岁）："我觉得他们会拉在草丛里。"

田田（6岁）："古代没有厕所，我想他们可能会拉在河里面。"

维维（5岁半）："会不会直接拉在裤子里？"（偷笑）

幼儿与同伴们一起探讨完后，班级教师通过图片和视频，帮助幼儿们了解到古人是利用一个叫"圂"（hùn）的东西解决了上厕所的问题。幼儿明白了"圂"：就是在猪圈上搭建一个简单的小屋子，供人如厕。古人起初是从用圂如厕，后来开始沿用蹲式马桶，而西方一直使用的是坐便器——也就是坐厕。幼儿都聚精会神地在听着教师讲解，眼神里充满着求知欲。大家从中也初步了解了马桶的发展史。

**（二）认识厕所标识**

在讨论期间，有的幼儿提出来"古代的厕所是不分男孩女孩的吗？还是也像现在一样有男孩女孩的标志牌呢？"针对幼儿这个有趣的问题，教师又给幼儿们简单普及了中国古代厕所的由来——古代人排泄起来很随意，一般是随地大小便。直到夏商周时期，才出现了"路厕"，它是由深坑和可以遮挡的草席组成，也就是公共厕所的雏形。到了汉代，厕所才逐渐分了男女，标识也是初步以简单文字来区分。直到现在，很多厕所都会用各种不同的图文标识来区分男女。

随后，在区域活动中幼儿也在教师的引导下，根据自己的生活经验来尝试画出他们见过的厕所标识。

图1　幼儿在认识标识的基础上设计厕所标识

### （三）设计厕所标识

通过教师的讲解和同伴标识的分享，幼儿们也都初步认识了各式各样的厕所标识，也想开始给幼儿园的厕所设计专属的男女标识。于是，教师便利用区域活动的时间让幼儿独立设计属于自己的厕所标识。

子睿（6岁）："我要画个武士。"

田田（6岁）："那我跟你一起画吧，我画个女生穿着漂亮的衣服。"

岩岩（6岁）："我画了男的和女的外星人。"

榕榕（6岁）："我画了个有胡子的男孩，穿着少数民族的衣服。"

桐桐（5岁半）："我要画个英国绅士和英国公主。"

图2　在区域中设计厕所标识

图3 幼儿的设计图

最后，幼儿在所有设计图中投票选出班上厕所的公共标识。票数最多的前两名获胜。于是，两位胜出的设计师也自豪地将自己设计的标识粘贴到了厕所合适的位置上。

图4 班级厕所标识投票活动

图5 最终投票结果　　　　图6 设计师粘贴设计作品

### （四）认识身边的厕所设施——抽水马桶

只是从历史层面了解"厕所文化"还远远不够，教师还抓住幼儿的兴趣点，围绕"厕所"的功能，利用晨谈和小结时间通过生动的故事给幼儿们介绍了现代卫生设施——"抽水马桶"的由来与构造。

教师："过去我们使用的马桶又臭又不卫生，到了夏天还会产生很多害虫和细菌。而一位名叫约翰·哈林顿的英国老爷爷在四百年前发明了一种更加先进的马桶，叫抽水马桶。这种马桶非常神奇，它可以连通下水道和污水管，利用水的特点将便便和尿'抽'到土地的下面。虽然这样保证了个人卫生，但还是会有一点点臭臭的味道顺着水管飘上来。"

岩岩（6岁）："那怎么办呢？可我们的马桶平时没有那么臭呀！"

教师："因为在1775年的时候，苏格兰有一位老爷爷叫卡明斯，他发明了一种'S'形的排水管。这种排水管会在'抽'走便便后，在管子里留下一些水，把臭味堵在了水管里，所以我们用的马桶就没有臭臭的味道啦！后来又经过很多人的改良，就变成我们现在用的马桶啦！"

子睿（6岁）："原来我们用的马桶这么厉害！"

榕榕（6岁）："老师，马桶的'S'形弯管是什么样的？它怎么可以那么神奇？"

老师："那我们就来做个实验看看吧！"

"纸上得来终觉浅"，教师为了更直观地让幼儿了解抽水马桶的原理，利用生活区的量杯、胶管及塑料杯制作了回水小装置，并和幼儿共同操作了"马桶回水模拟"小实验。通过亲身操作，幼儿了解了抽水马桶运作的原理，对厕所的认识又加深了一步。幼儿也从中培养了动手能力。

图7 模拟马桶抽水过程，展示"S"形水管的作用　　图8 幼儿操作材料，观察"S"形水管特点

### （五）"厕所"命名行动

"厕所"已经成为通用的叫法，其实，从古至今，"厕所"随着时代的变化和各地文化的差异，已经产生出各种不同的叫法。幼儿们也将他们知道的"厕所"的别称说了出来。

维维（5岁半）："我知道'儿童厕所'。"

岩岩（6岁）："还有'卫生间'。"

佳睿（6岁）："我听我的姥姥说过一个，不过有点不好听，叫'猫楼'。"

桐桐（5岁半）："还可以叫'洗手间'。"

羽程（6岁）："妈妈说厕所可以换衣服，所以也叫'更衣室'。"

展鹏（6岁）："我知道古时候的人叫'屎坑'。"

小瑷（6岁）："我爸爸说以前的厕所是用茅草围起来的，所以叫'茅房'。"

对于厕所的别称，幼儿们各抒己见。同时，为了拓展幼儿们对厕所不同叫法的认识，教师还分享了其他几个叫法："后院""毛司""化妆间""盥洗室""雪隐"，对这些平时不常听到的名称，幼儿们很是感兴趣。

这时，轩轩说："好好玩啊，我们的厕所也换个名字吧。"幼儿们都拍手叫好。于是，教师将所有厕所的名字写在白板上，让幼儿进行投票，经过一轮又一轮激烈的投票环节，最后"雪隐"以21票获得胜利，作为班上厕所的新名字。

图9　为班级的厕所新名字进行投票　　　　图10　最终的投票结果

### （六）共同制作厕所的"牌匾"

在确定了班级厕所的新名字后，有的幼儿提议可以做一个像商场里卫生间的文字"牌匾"。教师便听取幼儿的意见，利用区域活动时间引导幼儿合作完成了班级厕所的新"牌匾"。

田田（6岁）："我来写字吧。"

榕榕（6岁）："那我来给牌子做装饰。"

小善（5岁半）："我也来帮忙做装饰。"

田田（6岁）："我们还可以用彩泥，你看，我可以调出其他颜色。"

彤彤（6岁）："雯雯，我们可以去生活区穿珠子，然后挂在牌子上面。"

雯雯（6岁）："好啊好啊，我们要穿很多条。"

泽泽（5岁半）："你们穿完，我来挂到牌子上面，要先把针找出来。"

就这样，幼儿们都认真专注地投入在对厕所牌匾的创作中，个个都发挥了自己的小巧思。这一次的制作活动不仅能锻炼他们的手指精细动作，还能培养幼儿的想象力、创造力与合作能力。

图11　幼儿创作厕所的牌匾及装饰

### （七）"厕所"揭牌仪式

在牌匾制作完成后，教师利用晨谈时间和幼儿共同讨论了挂牌匾的时间和具体位置，将挂牌仪式的选择权交给了幼儿们。

然然（6岁）："要不就26日吧，刚好我们大六班也有个数字6。"

鹏鹏（6岁）："可以呀，只是牌子要贴在哪里呢？"

小瑷（6岁）："肯定要贴在一进门就可以看到的地方啦。"

程程（6岁）："可以贴在厕所门口的墙上。"

左左（5岁半）："贴太高了，每次看就要抬着头，很难受的。"

小博（6岁）："也不能贴太低，有人会去碰的，就会很容易坏掉。"

程程（6岁）："最好的位置就是贴在挂钩那里，只是那里有个钩子，能把它拿掉就好了。"

子睿（6岁）："可以拿掉，刚才我问了老师，那个挂钩是贴上去的，我们把它取下来就行了。"

小瑗（6岁）："那就把钩子取下来，我们的牌匾就有地方挂了。"

图12　挂牌成功

根据幼儿的讨论结果，教师和幼儿们于2021年3月26日中午11：30，开展了期待已久的"揭牌仪式"。

图13　揭牌仪式完成

从现在起，大六班的厕所正式取名为"雪隐"，大六班教室中一个新的"区域"诞生了。

## 三、活动的分析与反思

厕所，由于其特殊的使用属性，基本只是会出现在健康领域中针对幼儿卫生习惯的教学内容中，教师往往会忽略对其背后的文化属性及发展历程进行挖掘与思考。但随着时代的发展，社会的进步，厕所虽然是一个不起眼，容易被忽视的场所，却是衡量人文素质高低的标杆，更是文化创设的新领地。因此，大班的教师以幼儿日常谈话为出发点，结合大班幼儿年龄特点开展了一系列的关于"厕所文化"的自主游戏活动。在活动中，不仅是幼儿，教师也在活动中积累和丰富了"厕所"的文化知识经验。除此以外，幼儿通过在活动中树立主人翁意识，认识到了厕所文化中的核心理念，这也进一步提升幼儿的自理能力，更好地培养了良好的生活卫生习惯。在挂牌仪式后，班级教师还会围绕"如何清洁厕所""设计我自己的厕所"等活动，来拓展幼儿对于厕所文化的了解，并根据幼儿随机生成的想法来开展更多的活动。

通过此次活动，教师发现还需进一步加强、完善厕所文化建设，要将幼儿园的厕所建设成为多彩、宽松、人文而充满文化底蕴的场所。

撰稿教师：吴芳芳、吴姿蓉、陈乐（大班）
工作单位：深圳市宝安区机关第二幼儿园玉湖湾分园

# "辣"就"椒"个朋友吧

## 一、活动背景

### （一）活动缘起

[幼儿们的小发现]

辣椒，一个对幼儿来说是一种很神奇的茄科植物。它究竟是什么味道，是怎么成长的？幼儿有着许多的疑问，"辣"就"椒"个朋友，互相认识一下吧！

### 谈"椒"色变

今天幼儿的午餐中有一道菜是彩椒炒肉丝，餐前教师给幼儿介绍这道菜时，一听到辣椒这个词幼儿就开始议论了起来：

晨熙："我不吃辣椒。"

烨盛："辣椒太辣了，一点也不好吃。"

祎诺："老师，我觉得辣椒很好吃，有的辣椒是甜甜的。"

进餐时，教师观察到有的幼儿喜欢吃彩椒，也有的幼儿不喜欢吃却在尝试着吃，但还有一大部分幼儿直接将彩椒剩在餐盘里。老师将幼儿们的就餐情况以照片的形式进行了分享，于是幼儿们开始了关于"椒"的讨论……

图1　幼儿吃饭挑剩的彩椒

艺扬："汐羽，你为什么不把彩椒吃完？彩椒是甜甜的，你看我都吃完了。"

汐羽："辣椒都是辣辣的，我不敢吃。"

承宇："一点都不辣，我全吃完了。"

晗玥："老师，为什么这个辣椒一点都不辣呢？"

在幼儿们你一言我一语的讨论中，教师发现了他们对辣椒的兴趣。有些幼儿认为辣椒都是辣的，一口都不愿意尝试，但有的幼儿在尝试后对辣椒的印象有了改观，发现有的辣椒是甜的……

儿童具有极强的好奇心和探究欲望。好奇、好问、好探索是他们的年龄特点，他们天生就是"探险家"，喜欢探索各种新鲜、有趣的事物，那么幼儿们对辣椒的探索，又会发生什么有趣的故事呢？

**（二）活动目标**

**1. 认知目标**

幼儿初步了解辣椒的外形、颜色、口感等基本特征，以及辣椒在饮食中的作用和分类。

**2. 技能目标**

幼儿初步学会在家烹饪和调味的基本技能；学习如何使用"辣椒"创作绘画作品。

**3. 情感目标**

激发幼儿对食物的兴趣和好奇心，让他们感受到辣椒的独特味道和魅力，同时也在学习和探索辣椒的过程中，培养幼儿对食物的爱和关注，以及尊重食物和食材的习惯。

**（三）活动准备**

**1. 物质准备**

各种实物辣椒、各类手工材料、绘画材料、测量工具、多媒体工具、各种塑料辣椒。

**2. 环境准备**

后花园菜地的辣椒、富含辣椒元素的教室。

**3. 经验准备**

幼儿在生活中有过对辣椒的认识；幼儿有过记录的经历；幼儿有过种植植物的经历。

## 二、活动过程实录

### （一）"椒"你知多少

为了解答幼儿们对"椒"的疑问，教师利用户外活动时间开展了"'椒'你知多少"的小比赛。

图2　户外开展知识比赛

俊腾："我们在学校吃的'椒'有的是绿色的、有的是黄色的，它们是圆圆的，像灯笼一样。"

昱晗："我知道那种红色的辣椒是辣辣的，吃了就像着火一样。"

婧祎："辣椒的种子是怎么样的？也能吃吗？"

若扬："我知道青椒，它有红色的，我妈妈带我摘的青椒有一半是红色的，一半是绿色的。"

小五："才不是呢！青椒是甜的！辣椒才是辣的！"

结合已有的生活经验，幼儿们将自己平时在生活中见到和吃到"椒"的种类进行了讨论。在这一过程中，教师以一个旁观者的身份在一旁听着幼儿们的商讨。当幼儿因生活经验有限而无法确定商讨结果时，教师便借助与家长合作的力量来帮助他们。

### （二）"辣"就去发现

幼儿们利用周末时间与家长一起走进了菜市场、超市、便利店，亲身去观察"椒"。

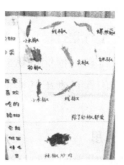

图3 幼儿寻找生活 图4 辣椒讨论
中的辣椒 的结果

经过这一次的亲身观察和品尝，幼儿们更加直观地看到了"椒"的不同种
类、颜色、形状等特征。也明白了原来"辣椒"有的是不辣的、有的是辣的，
它们都有着丰富的维生素和营养价值。"椒"里满身都是宝，种类也很繁多，
那幼儿们最喜欢哪一种呢？

康康："我觉得那个灯笼椒很好吃！特别是妈妈给我做的。"

阳阳："那个辣辣的'小米辣'和鸡肉在一起做也很香呢！"

璟乔："我爱吃那种看不见的'辣椒'，藏在肉馅里的。"

教师："那你们觉得哪种'辣椒'最好吃啊？为什么会觉得'它'好
吃呢？"

经过幼儿们的一番讨论后，大家决定一起去调查一下——在班上到底是哪
一种"椒"最受幼儿们欢迎。

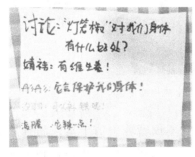
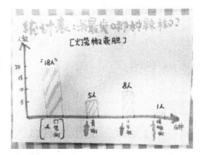

图5 班级投票的结果

经过调查发现，"灯笼椒"最受小朋友喜爱！为什么"它"会这么受欢
迎呢？噢，因为大多数幼儿都觉得"灯笼椒"它入口酸甜，且感觉不到辣的味

道，在菜品里还能提味增色，还可以在肉馅里藏起来让幼儿发现不了它的存在……小班幼儿正处于直觉行动思维到具体形象思维的过渡阶段，他们的认识很大程度上要依赖于行动，他们的认知依靠行动。见过实物辣椒后，幼儿们的兴趣越发浓厚，幼儿们在日常生活中能够自发地观察辣椒，并且对辣椒有了更深一步的认知。

**（三）"辣"么有用**

"灯笼椒"荣幸地成为幼儿们最欢迎的辣椒品种。这时候东林小朋友满脸疑问地来问：

东林："老师，老师。好多小朋友都喜欢吃灯笼椒，它对我们的身体到底有什么用呀？"

猜一猜："灯笼椒"对我们身体有什么好处？

佳玥："它可以让我们长高！"

剑钊："妈妈告诉过我，如果我口腔溃疡可以吃它！"

宇宸："它很好吃，对我们身体好！"

康康："它很神奇，可以治病吧！……"

"灯笼椒"到底对我们身体有什么好处呢？大家一起带着问题来到了园医的办公室，寻找答案。

图6　幼儿来询问医生辣椒的用途

原来，"灯笼椒"的作用这么大，它不仅营养价值丰富，而且热量还很低。里面含有钙离子、钾离子、核黄素、蛋白质、碳水化合物和多种微量元素。适量地吃一些灯笼椒可以有效地增强身体的免疫力、改善视力。果然是"辣"么有用呢！

### （四）"椒"你来种植

"婧祎！我发现后花园里有一棵大大的'辣椒树'！""真的吗？我怎么没发现呢？"……幼儿们你一言我一语地议论着后花园的那棵"辣椒树"，于是我们便一同去观赏了一番。逛完一圈后花园回来之后，安行大声地召集了幼儿们说："不如我们一起和老师说我们也来种辣椒吧，看看我们种出来的辣椒能好吃吗？""好呀，我赞同，那我们一起来种植辣椒吧！"于是幼儿们开始了种植之旅。

图7　幼儿种植辣椒

第一步：选择种植品种。经过讨论，幼儿们决定使用投票的方式来选择想要种植的品种。最终"青椒"获胜。

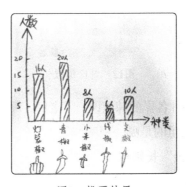

图8　投票结果

第二步：认领"青椒"。班级幼儿分组领养辣椒幼苗。

第三步：种植"青椒"。

图9　松土　　　　　图10　开始种植　　　　图11　浇水

接下来的一段时间里，幼儿们经常会去后花园看望"青椒"，有时会给它们浇水，有时会给它们施肥，还有的时候会帮它们拔杂草，小心翼翼地呵护着它们，期待它们慢慢长大。

**（五）"辣"么好玩**

种植完辣椒的幼儿们，为了每天都能见到可爱的小辣椒们，便不约而同地从家里带来了各种各样的辣椒"朋友"放在班上……

图12　对比辣椒

有幼儿指着桌面上各种各样的辣椒说："老师，哪一根辣椒长得最高？"

有的小朋友问："最粗的是哪一根呢？"

**（六）寻找辣椒之"最"长辣椒**

幼儿们将辣椒放在桌上，对辣椒的长度进行了比较。最终莴莴家的辣椒获得"最长辣椒"之称。

**（七）寻找辣椒之"最"粗辣椒**

杜杜："我们要怎么才能找到最粗的辣椒呢？"

子越："我们可以把辣椒全部放在桌上，一起来看看谁是最粗的辣椒。"

剑钊："可是有两个辣椒都很粗，要怎么比呢？"

小五："我们可以用手握住，看看哪一个最粗。"

佳煜："还可以找绳子来帮忙，量一下谁的辣椒是最粗的辣椒。"

最后，在教师的指导下，幼儿们用绳子将辣椒围起来，在绳子重叠的地方做一个标记，将测量了不同辣椒的绳子拉直比较，长一点的就是最粗的辣椒啦。最终雯熙家的辣椒获得"最粗辣椒"之称。

图13　测量辣椒

**观察思考：**经过几次实践，幼儿不仅找出了最长和最粗的辣椒，还掌握了不同的比较方法，在这个过程中，幼儿的观察能力、分析能力和思维能力都得到了提升。

**（八）切一切、闻一闻**

在幼儿"比一比"辣椒长短和粗细之后，教师便把辣椒放在了班级里，方便幼儿们自由探索。在一次进区活动中，璟乔把辣椒拿到了教师身边非常好奇地问："老师我能切开闻一闻辣椒的味道吗？整个闻是没有多大的味道的，我们可以把它切开吗？"于是，教师当场把各种辣椒切开，幼儿们全都迫不及待地想闻闻切开的辣椒是什么味道。

图14　闻辣椒

幼儿们很快发现可以通过辣椒的气味来分辨辣与不辣，并在区域自主游戏时不断地进行尝试。

### （九）动一动、玩一玩

切开的辣椒放置在一旁，没过多久就因为缺少水分变得有些干枯。一群幼儿围着辣椒议论纷纷。

东林："辣椒干了会不会坏掉啊？"

佳煜："这样有点浪费，我还想玩一玩呢。"

婧祎："辣椒有什么好玩的，不就是吃吗？"

昱晗："辣椒怎么玩呀，我想玩！"

从眼到手，从手到心，这是幼儿感知世界的独特方式。小班幼儿正处于直觉行动思维到具体形象思维的过渡阶段，他们的认识很大程度上要依赖于行动。实物辣椒的提供使幼儿们的兴趣越发浓厚了，幼儿们开始自发地观察、摆弄。在这个过程中，幼儿们不仅了解了辣椒的外形、味道，而且萌发了对辣椒的爱惜之情，在看到辣椒脱水时显得有些不舍。也有幼儿提出了"玩"辣椒的想法，使得普遍认知里只能"吃"的辣椒染上了一抹童趣。那怎么玩呢？教师决定让幼儿给我们答案。

教师："我们的辣椒朋友们有点脱水了，想想看我们应该怎么处理它们呢？"

晴玥："老师，我想玩一玩。"

天天："我也想玩一玩！"

教师："辣椒不是用来吃的吗？怎么玩呀，谁来出出主意？"

科明："这个辣椒摸起来软软的，和橡皮泥一样，我们可以捏一捏。"

松松："不行，辣椒捏一捏会坏的。"

雯熙："我们可以用辣椒画画吗？切开的辣椒像小花一样。"

教师："怎样用辣椒画画呢？"

子越："我们可以用颜料像盖章一样把辣椒盖到纸上。"

艺扬："老师我也想用辣椒画画。"

幼儿们："老师我们也想要！"

于是教师提供了材料，幼儿自发地玩了起来，玩的过程中幼儿发出一阵阵惊叹：原来切开的辣椒真的像朵漂亮的小花。原来辣椒这么好玩！

图15 辣椒游戏

这天，教师在语言区投放了一本关于辣椒的书，幼儿们对书里的内容十分好奇。于是就找教师帮忙录了下来，放在图书角。餐后活动时、进区时总能出现幼儿们自主翻阅的身影。

图16 阅读辣椒绘本

很快，在教师的带领下，图书角出现了越来越多关于辣椒的书，幼儿们通过自主阅读，发现了很多想要知道的新知识。

### （十）"辣"么有趣

#### 家有辣椒

在幼儿们的热情参与下，小三班种辣椒活动如火如荼地开展着。幼儿们自行选择用辣椒苗或辣椒籽种植不同品种的辣椒。

图17 居家种植（辣椒苗）　　图18 照顾辣椒

鸿文："我在用我的水勺给辣椒浇水呢，是不是很特别？"

豚豚："我家有水壶正好可以给辣椒浇浇水。"

### 观察辣椒

在幼儿们的精心照顾下，辣椒渐渐地长大了，每隔几周幼儿们都会迫不及待地将辣椒的新变化分享在班级群中。

图19　幼儿照顾辣椒

第一周

晴玥："我的辣椒苗活了，现在长得直直的。"

杜杜："看！我的辣椒苗发出了很多芽。"

第二周

祎诺："我的辣椒苗长高啦！"

第三周

恺祺："我的辣椒开花了。"

剑钊："我的辣椒籽长出小苗啦！原来辣椒籽和辣椒苗都能种成功，用辣椒籽种就是长得有点慢。"

第四周

俊毅："我的五彩椒长大了，五颜六色的。"

第五周

苘苘："我的辣椒全部变红了，原来五彩椒成熟以后就可以摘下来啦！"

幼儿们在本次种植辣椒活动中首先针对辣椒籽能不能像辣椒苗一样种成功进行了争论和猜测，并在实践中获得了答案：原来辣椒籽和辣椒苗一样都能种成功，只不过速度会慢一点。在照顾的过程中利用各种不同的工具进行浇水，这些工具给幼儿带来了不一样的体验。幼儿们知道了如何去浇水，也在有趣的浇水活动中体验到了照顾植物的快乐。在每周的观察中，幼儿们知道了辣椒生长的过程，也萌发了对种植活动的喜爱。植物的成长需要一个漫长的过程，幼儿们在以后的实践和探索中会了解更多关于种植的秘密，知道种植养护的技巧，发现种植过程中的科学问题，体验收获的乐趣。

（十一）厨艺大比拼

随着时间的流逝，很多幼儿种的辣椒都已经成熟了，于是幼儿们开始纷纷要求爸爸妈妈们做做辣椒菜，尝尝自己劳动的果实。爸爸妈妈们把幼儿尝辣椒的照片纷纷发到了班级群里。于是小三班"云品尝"活动开始了。从买菜到洗菜，从切菜到炒菜，幼儿们在爸爸妈妈的协助下，纷纷当起了小厨师，做起了各色美食。

图20　品尝彩椒

若扬："看！我做的菜——彩虹鸡蛋。香喷喷的哟！"

恺祺："我做的是辣椒炒鸡肫，很辣很辣，我没有吃，但是大人吃了。"

晞玥："我自己做的菜，都吃光光了。"

豚豚："我做的是辣椒米肠，还有三种颜色，可漂亮了！"

## 三、活动的分析与反思

在本次"'辣'就'椒'个朋友吧"自主游戏活动中，幼儿们对辣椒有了更多的认识。本次活动带给幼儿们的不仅仅是认知上的收获，更多的是生活中的改变及情感上的认同。生活即教育，活动中幼儿们通过"我知道的辣椒""我的新发现""我种辣椒"的方式来了解辣椒，发现辣椒的秘密，在玩中学、在玩中获得经验、在兴趣中探索前进。在一次次的主动探索中幼儿们从谈"椒"色变到渐渐接受了辣椒，从一开始认为辣椒都是辣的不敢吃，到如今开始尝试吃辣椒，开始不讨厌辣椒甚至喜爱辣椒。生活中还有很多需要幼儿们去挖掘和探索的事物，愿幼儿们一直都能保持探索的精神，收获探索的快乐。在种植辣椒的过程中，幼儿收获良多。辣椒的成长之路何尝不是幼儿的成长之路呢？一园辣椒，种的是希望；浇灌的是关怀；收获的是成长。探索之路，我们永不停歇。

撰稿教师：朱浩琳、关丽文、李美群（小班）

工作单位：深圳市宝安区机关第二幼儿园园本部

# "枇"里"杷"啦

## 一、活动背景

### （一）活动缘起

幼儿园里的后花园有两棵枇杷树，刚结出果实的时候，幼儿们都盼望着能早点成熟，这样就可以品尝它的美味啦！当夏天悄悄靠近，枇杷也慢慢变成了黄色。因为从窗户就可以直接看到后花园的两棵枇杷树，所以幼儿们每天站在窗户边盼望着枇杷快点成熟……终于，幼儿们等来了果实成熟的这一天，大家都高兴极了。

《3—6岁儿童学习与发展指南》中的科学领域教育建议明确指出："要经常带幼儿接触大自然，激发其好奇心与探究欲望。"教师应及时抓住教育契机并有目的地引导幼儿接触大自然，支持他们在生活事物和现象中积累有益的直接经验和感性认识等，萌发他们对大自然的热爱。基于幼儿们对枇杷的兴趣，教师引导幼儿开启了采摘枇杷之旅等一系列游戏。

### （二）活动目标

**1. 认知目标**

（1）认识枇杷树的形态特征，对枇杷树的果子、叶子、枝丫都有一定的了解。

（2）利用五感认知枇杷的外部和内部特征。

**2. 技能目标**

（1）尝试寻找梯子、木棍、绳子等工具。

（2）能够与同伴合作采摘枇杷。

（3）尝试摘枇杷、尝枇杷、制作枇杷膏、种枇杷等。

**3. 情感目标**

（1）体验采摘、品尝、种植枇杷与制作枇杷糖水的乐趣。

（2）感受大自然给予人类的丰厚馈赠。

**（三）活动准备**

**1. 物质准备**

梯子、透明胶、两根木棍、篮子、不粘锅、锅铲、碗、冰糖、枇杷、玻璃容器、绘本《高高的枇杷树》。

**2. 环境准备**

枇杷树。

**3. 经验准备**

幼儿有过吃枇杷的经验。

## 二、活动过程实录

**（一）征求小一班同意**

在采摘枇杷正式开始之前，教师告诉幼儿因在开学初每个班级都领养了一棵树，而小一班领养的正好是枇杷树，想要采摘枇杷得经过他们的同意才行。

羽捷（6岁）："为什么呀？"

教师："因为小一班是枇杷树的'护树大使'呀！"

悦悦（6岁）："那我们要怎么做他们才能同意啊！"

羽捷（6岁）："我们给他们写信吧！"

小七（5岁半）："我觉得可以。"

图1　征求同意书

于是，大家集体制作了一封征求同意书，送到了小一班的"护树大使"手里。在征得小一班的同意之后，幼儿们开心极了，都迫不及待地想去摘枇杷了。

### （二）快乐采摘

**1. 观察与发现**

当幼儿们来到了后花园时，都纷纷开始观察起了这两棵枇杷树。

诚毅（6岁）："这枇杷的叶子这么大，这么长啊！"

宗林（5岁半）："快看，枇杷成熟啦！"

子萌（6岁）："大家快来看呀，这树上有好多的枇杷呀！"

希桐（6岁）："哇，真的，一颗、两颗、三颗……数也数不清楚。"

弘晋（6岁）："有黄的、有绿的，好多呀！"

一伊（6岁）："有阳光照射的地方枇杷颜色才更黄，没有阳光照射的地方，枇杷颜色就有点绿。"

昱霖（6岁）："这枇杷树这么高，我们怎么摘呢？"

**2. 讨论与思考**

针对昱霖提出的这个问题，幼儿们展开了自由讨论：

语涵（6岁）："等它自己掉下来。"

图图（6岁半）："我们可以摇树，这样枇杷就能掉下来了。"

锦霖（5岁半）："用梯子爬上去摘。"

昱霖（6岁）："用绳梯。"

明煦（6岁）："用一根长棍子打下来，拿一个筐在下面接住枇杷。"

泳媛（6岁）："把小刀缠在棍子上面，把枇杷割下来。"

星彤（6岁）："用剪刀剪。"

锦悦（6岁）："拿一个蹦床蹦上去摘。"

在与同伴讨论的过程中，幼儿们想出了各种解决办法，随后还用绘画的方式表达了自己的想法。

图2　采摘工具

**观察思考：** 幼儿在活动中涌现的奇思妙想常常能给教师带来惊喜。此外，他们还能够根据自己已有的经验找到采摘工具。可见，在幼儿园一日生活中，对于幼儿感兴趣的事情，教师不妨先等一等，给予幼儿充分的肯定，支持他们进行自主操作和探究，培养其思考和探究能力。当幼儿在活动中遇到困难时，他们会不怕困难，共同探讨方法策略，合作解决问题。

**3. 实践与行动**

幼儿在绘画之后发现摘枇杷需要用到梯子、棍子、剪刀、篮子等工具。于是，教师带领幼儿来到后花园准备摘枇杷。

（1）摇一摇（初次尝试）

梓茹（6岁）："我们用图图的方法来摇一摇这棵枇杷树，看能不能把枇杷摇下来。"

于是，大家齐心协力摇枇杷树，摇了一会儿发现并没有枇杷掉下来。

梓茹（6岁）："这样好像没有用，我们还是换一种方法吧！"

图3　摇树

（2）用梯子（第二次尝试）

锦霖（5岁半）："我们用梯子试一试吧！"

于是，幼儿们便搬来了梯子。

但新的问题又出现了，因为枇杷树实在是太高，幼儿爬上梯子后发现手还是够不到枇杷。这可怎么办呢？

图4　搬梯子

（3）用梯子和棍子（第三次尝试）

小七（5岁半）："老师，我们找一根长长的棍子把它打下来。"

阳阳（6岁）："我们再找一把小刀缠在棍子上面。"

就这样，大家分头行动，有的去找棍子、有的去找小刀。不一会儿，幼儿们便把棍子找来了，但没有一个人找到小刀。

昱霖（6岁）："我们去木工坊找一找。"

最后，幼儿在木工坊找到了两根木头，把两根木头用透明胶在其中一端缠一个"Y"字形用来当采摘工具，这样就可以摘到枇杷了。

 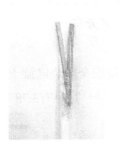

图5　找工具　　　　　图6　摘枇杷的工具

（4）师幼齐帮忙

因为幼儿们在梯子上是用单手拿棍子，另一只手扶梯子，所以很快手就没了力气。于是，教师开始接力上阵了，幼儿则在一旁辅助。有的帮忙扶梯子、有的拿篮子接……

大家分工明确，在共同的合作下，满载而归。看着一颗颗金灿灿的枇杷，幼儿们脸上洋溢着满满的成就感。

图7　幼儿摘枇杷　　　图8　幼儿拿篮子接枇杷

**观察思考：**幼儿的学习和体验需要时间。在进行游戏活动时，教师不要催促幼儿，要给予幼儿充足的时间，让他们充分地、浸润地、全身心地投入活动中，认真观察和感受，自主开展活动。在此过程中，教师要引导幼儿认真观察并联系生活经验，培养幼儿对自然物的兴趣和求知欲，鼓励他们不断探索和发现。例如，当幼儿发现枇杷颜色深浅变化时，他们会将其和"晒黑"联系在一起。同时，教师要给幼儿提供开放的空间，让幼儿可以在室内外环境中无障碍切换。例如，当幼儿需要观察工具时，他们可以自由去班级或工具箱拿取；当幼儿有自己的观察和发现时，可以及时记录下来和同伴分享；幼儿还可以将自然环境中的物品带回教室，与同伴一起观察和探索。

**（三）美味枇杷齐分享**

**1. 称一称**

幼儿将摘下的枇杷全部装进篮子。今天收获了多少斤枇杷？让我们一起拿到保健室称一称吧！哇！足足有3.28千克呢。

图9　称枇杷

**2. 分一分**

回到教室后，幼儿们将甜甜的果实分享给幼儿园的教师和小一班的幼儿，还和园长一起讨论枇杷、品尝枇杷的味道。

园长："幼儿园的枇杷树那么高，你们是怎么摘到枇杷的？"

梓芸（6岁）："我们爬梯子和用棍子才摘下来的。"

园长："枇杷为什么有一些是坏的呢？"

锦霖（5岁半）："有一些是鸟啄的，有一些是因为下雨太多坏掉了。"

园长："阳光海的幼儿园也有枇杷树，他们的枇杷马上就成熟了。等我拿过来和总园的枇杷比一比谁的甜，好不好？"

一伊（6岁）："嗯！但我想应该是阳光海的会甜一点。因为阳光海有阳光啊，那边的阳光很充足，所以比我们的枇杷甜。"

园长："那等那边枇杷熟了，我们用网络线上邀请阳光海的幼儿园小朋友，来给我们分享他们的枇杷。"

图10　和园长分享枇杷

图11　和医生分享枇杷

**3. 尝一尝**

与教师、园长、小班的弟弟妹妹分享完枇杷后，幼儿们回到了教室，也开始享受美味的水果。他们将枇杷剥下薄薄的一层皮，咬下去，汁水在唇齿间流淌，酸酸甜甜，就是这个味！

可欣（5岁半）："枇杷好好吃呀！"

子彭（6岁）："我也觉得枇杷好好吃。"

语涵（6岁）："我这颗有点酸！"

睿鸿（5岁半）："老师，我这颗坏了。"

俊熙（6岁）："我看到枇杷下面有五角星形状的东西，黑黑的。"

子晨（6岁）："枇杷的表面还有一层绒毛。"

扬鋆（6岁）："我发现里面有两颗枇杷核。"

豆豆（6岁）："我的有三颗枇杷核。"

**观察思考：**从收获到分享再到品尝，幼儿的行为都是自发性的。他们在这个过程中发现枇杷也会受气候和自然环境等因素影响，有好的、坏的、蛀虫的、酸酸的。幼儿还在观察枇杷时发现了枇杷上面有一层毛茸茸的东西，需要清洗干净才能吃；在品尝的时候幼儿发现了枇杷的皮是黄黄的，里面的果肉是白色的，果肉中藏着一粒粒的种子。由此可见，在每一次的探究活动中幼儿都能够去自主发现、思考与探索。教师可以适当做一个观察者，给予孩子空间，当他们有需要时再提供合适的引导和帮助。

### （四）小小枇杷作用大

#### 1. 认识枇杷

品尝完枇杷之后，教师引导幼儿一起来认识枇杷这个水果朋友。他们了解到原来枇杷上面的一层"毛茸茸"的东西是它表皮上的白色绒毛。枇杷是由枇杷皮、枇杷肉、枇杷核、枝干组合而成的，其厚而有绒毛，呈长椭圆形，状如琵琶，又叫芦橘、芦枝、金丸、炎果、焦子。枇杷树高3—5米，叶子大而长，与大部分果树不同，在秋天或初冬开花，果子在春天至初夏成熟。

通过绘本故事《高高的枇杷树》，幼儿还了解到枇杷有祛痰止渴、生津润肺、清热健胃的功效，富含人体所需的各种营养元素，具有保护视力、保持皮肤健康润泽、促进儿童身体发育的作用，并且还能增进食欲、帮助消化吸收、止渴解暑。

图12　认识枇杷　　　　图13　绘本《高高的
　　　　　　　　　　　　　　　枇杷树》

#### 2. 制作枇杷膏

幼儿通过网上查询资料，发现原来枇杷可以做成很多很多的美食，比如：枇杷膏、枇杷糖水、枇杷糖，等等。今天大家就来制作枇杷膏，先来准备食材和工具：两斤枇杷、一斤黄冰糖、一只不粘锅、一个小碗、一个水果盘、一个玻璃罐。接下来开始制作。

图14　准备制作枇杷膏

第一步：清洗枇杷表面上的绒毛。

第二步：将枇杷去皮、去核。

第三步：将枇杷、冰糖放入不粘锅，开小火熬制，并不停搅拌。（熬制过程中不需要加水）

第四步：冰糖融化后，开大火熬制，并不停搅拌至颜色变深、变浓稠。

第五步：当熬制到拉丝时即可关火，凉凉。

第六步：冷却后装罐，放入冰箱。

美味的枇杷膏就做好啦！枇杷膏具有清肺热功效、止咳化痰的作用，很适合儿童服用。

最后，幼儿用绘画的方式来回忆制作枇杷膏的步骤。

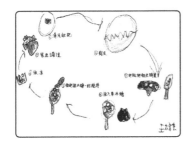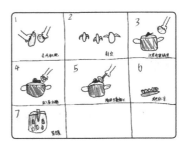

图15　制作枇杷膏的步骤

### （五）枇杷种子巧利用

**1.玩转枇杷核**

吃完枇杷，剩下的枇杷核该怎么处理呢？

教师："你们觉得枇杷核可以用来干吗呢？"

源杰（6岁）："枇杷核像我玩过的弹珠，我们可以把它当弹珠玩。"

钊钊（6岁）："我也玩过弹珠，我们可以玩夹弹珠。"

幼儿们迁移了平常游戏的经验，玩起了夹"弹珠"的游戏。

颖雯（6岁）："我们还可以弹'弹珠'玩。"

大家便开心地玩起了弹"核弹珠"的游戏。

乐海（5岁半）："谁最先击落别人的'弹珠'谁就会获得胜利哦！"

在玩游戏的过程当中，有的幼儿发现枇杷核破了一个小洞洞，于是他们把枇杷核的外皮给剥了下来，发现剥完皮的枇杷核跟没剥的就像五子棋一样，一个是白子一个是黑子。幼儿们开心地说："我要把这些枇杷核收集起来送给好朋友玩。"

图16　弹枇杷核

### 2. 播种枇杷核

馨榆（6岁）："老师，我家没有枇杷，我能把枇杷核带回家种吗？"

昱凝（6岁）："老师，我们能不能在幼儿园多种一点枇杷呀？"

教师："可以啊！你们想种在哪里呢？"

明煦（6岁）："我们把枇杷核种在后花园吧！"

忆彤（6岁）："这样枇杷树们就能做好朋友了。"

通过讨论，有的幼儿想把枇杷核带回家种，有的想种在幼儿园里，还有的想种在枇杷树的旁边，跟枇杷树妈妈一起长大。最后大家决定一起种植到班级的菜地中。

那应该怎样种植枇杷树呢？幼儿们想到了去网络上查询资料，发现可以把枇杷核泡在水里两三天，等它发芽之后再移植到菜地当中去。

图17　种植枇杷

**观察思考**：幼儿教育提倡"让幼儿园的每面墙壁都说话"，幼儿园里的树就是一种现成的活教材，一种会说话的自然墙，抓住这一资源，教师因地制宜地开展了此次活动。幼儿想了各种办法采摘并处理枇杷核。在《3—6岁儿童学习发展与指南》中提出，应注重引导幼儿通过直接感知、亲身体验和实际操作进行学习。幼儿们在看、尝、动手操作的体验中，体验采摘乐趣，品味酸酸甜甜的枇杷,初识枇杷用途。看着幼儿们带着美好心愿期待枇杷核的成长,教师也真心地期望幼儿们能够热爱生活、亲近自然、健康成长!

### (六)我和枇杷的故事

#### 1. 我和枇杷的故事小书

播种枇杷之旅结束后,幼儿们把有关于枇杷的成长故事和采摘枇杷、制作枇杷膏的过程自制成了故事小书,并把故事小书投放到语文区与同伴分享。

图18 枇杷故事小书(节选)

#### 2. 画枇杷

由于采摘下来的枇杷放一两天就坏掉了,因此幼儿们就想用画笔把金灿灿的新鲜的枇杷画下来。幼儿通过已有的观察经验,用巧手让一颗颗枇杷跃然于纸上。

豆豆(6岁):"我画了一串甜甜的枇杷。"

俊熙(6岁):"我画的枇杷黄黄的,叶子长长的。"

一伊(6岁):"我画的叶子有大的、有小的。"

星彤(6岁):"我看到外面的枇杷还有枝丫,我也要画下来,把它们与枇杷连接起来才好看。"

羽捷（6岁）："我画了好多枇杷，我还用到了遮挡关系。"

子晨（6岁）："今天老师教我们画枇杷水墨画，好简单。"

图19　画枇杷

### 3. 小果农

此外，幼儿还来到了积木区，搭建了枇杷果园。他们认为人不仅可以在户外采摘枇杷，也可以在室内采摘枇杷，于是提出了要在室内搭建枇杷树的想法。幼儿们一起合作践行了此想法。一起来看看大家的搭建成果吧。

图20　搭建果园

**观察思考**：教师始终以聆听者的身份，仔细倾听、欣赏幼儿对枇杷的观察发现和艺术表现。教师的这份支持与理解，让幼儿打开了思维，发挥了想象。教师鼓励幼儿将自己所看到的、感知到的、发现的事物，通过各种形式加以表现并分享，给予幼儿更大的思维创造空间。

为了丰富幼儿艺术表现的方式，教师可以在美工区投放多种操作材料，启发幼儿用更多表现手法对枇杷进行创作。

### 三、活动的分析与反思

#### （一）观察幼儿，追随幼儿

蒙台梭利说过："唯有通过观察和分析，才能真正了解孩子的内在需要和个别差异，以决定如何协调环境，并采取应有的态度来配合幼儿成长的需要。"在"'枇'里'杷'啦"游戏活动中，幼儿发现成熟的枇杷后，第一反应就是想尝一尝枇杷的味道。教师发现幼儿的兴趣后，根据幼儿提出的一系列问题，一步步追随幼儿的脚步，和幼儿共同参与、体验。从前期讨论、制作工具到采摘枇杷、清洗品尝，再到区域延伸等，教师始终坚持"幼儿在前、教师在后"的原则，充分尊重幼儿的想法，满足他们的兴趣需要。在此过程中，教师和幼儿共同发现问题、讨论问题、解决问题，提升了幼儿的坚持、创新、宽容、友爱、合作等宝贵品质。

#### （二）放大发现，放手体验

《幼儿园教育指导纲要（试行）》指出："善于发现幼儿感兴趣的事物、游戏和偶发事件中所隐含的教育价值，把握时机，积极引导。"在游戏活动中，教师一方面要充分尊重幼儿的兴趣，满足其情感需要；另一方面要善于帮助和引导幼儿，放大幼儿的发现，及时延伸幼儿的兴趣点，放手让幼儿去体验，推动幼儿的学习向纵深发展。作为幼儿活动的支持者、合作者和引导者，教师要引导幼儿关注自身在整个自然体验活动中的表现、反思与评价。例如，幼儿在观察枇杷树时发现，树叶下的枇杷和树顶上的枇杷颜色不一样。教师及时捕捉到幼儿的兴趣点，抓住机会引导幼儿进行深入探究：为什么两个地方的枇杷颜色不一样？然后，教师引导幼儿发现自然光线、植物生长部位和树木高矮的关系，给幼儿充分的探索时间和空间，让幼儿大胆体验探究，积累丰富的经验，获取更多的知识。

#### （三）乐享自然，关爱自然

在游戏活动中，教师除了关注幼儿的好奇心、求知欲和安全性以外，更重要的是关注幼儿的情绪情感体验，让幼儿在活动中放松身心，充分享受与自然互动的乐趣。同时，教师要向幼儿传递一些关爱自然的理念，如采摘枇杷时要保护好枇杷树，用适合的方式进行采摘。在日常生活中，教师还可以和幼儿对植物进行护理，如定期浇水施肥、捉虫除草等。让幼儿知道人类和大自然是相互依存的关系，培养幼儿的责任意识，激发其热爱自然、保护自然的情感。在"'枇'里'杷'啦"的自然体验活动中，幼儿通过直接感知体验，合力操作探索，建构属于自己的经验，绽放属于自己的精彩。一个自然体验活动的结束并不意味着学习的结束，神奇的大自然蕴含着无尽的奥秘，等待着幼儿去发现和探索。教师将继续追随幼儿的脚步，和幼儿一起走进自然，探索自然，共享收获。

撰稿教师：吴丹、曾云、谢雪芬（大班）

工作单位：深圳市宝安区机关第二幼儿园园本部

# 与叶共舞，树叶有"画"说

## 一、活动背景

深圳的冬季还是"秋意盎然"的季节，各色落叶像一个个精灵一样，随风而下，它们都是大自然送给孩子们最美好的礼物。在幼儿们眼中千姿百态的落叶是美丽而神秘的。于是，教师们带领着幼儿们来到大自然捡拾落叶，聆听落叶之声，在落叶中玩耍嬉戏，一起感知、发现、探究、想象和创造。

### （一）活动缘起

幼儿园后花园的落叶渐渐多了起来，幼儿们在户外活动时经常有惊奇的"大发现"。

维："快来看，我发现一片黄色的树叶哦！"

晨："我觉得我的这个叶子像小船。"

诺："我捡到了两片一样的叶子，快来看！"

然："这里好多好多呀，我找到一片像小鱼的叶子。"

言："这片叶子像扇子。"

辉："我的树叶的形状好奇怪啊，像个大鳄鱼！"

宇："看我的叶子更像鳄鱼！"

恒："我的叶子和你们的都不一样，我的是红色的！"

雄："这个叶子我以前见过的，小小的，我觉得好漂亮啊。"

大自然蕴含着许许多多的秘密，是幼儿们最好的老师。它能启发幼儿们提出各种各样的问题；能激发幼儿们的想象力，也能满足幼儿们的各种探索及亲身体验。

### （二）活动目标

#### 1. 认知目标

发现并比较不同叶子的差别，能说出叶子的特征。

**2. 技能目标**

培养幼儿细致的观察能力。

**3. 情感目标**

培养幼儿热爱大自然的情感。

**（三）活动准备**

**1. 物质准备**

树叶、树叶分布图、放大镜、PPT课件、颜料、画笔、水粉纸、酒精、刻度杯。

**2. 环境准备**

幼儿园户外、班级教室、家庭户外探索。

**3. 经验准备**

知道枯叶凋零和季节更替的变化。

## 二、活动过程实录

活动1：寻找树叶

采集树叶，赴一场自然之旅。"大自然是最美的创意素材，是幼儿们最棒的美育老师。"幼儿们将掉落的树叶收起来，感受大自然的气息。

喆："我这片叶子像一把剑！"

晴："我这片叶子有一面是绿色，有一面竟然是红色的！"

山："这片是黄色的大叶子哦！像小船一样。"

航："我的树叶是在地上捡到的，它长长的，和你们的都不一样。"

洋："我的这片叶子大大的形状像扇子，这片小小的形状像花瓣。"

翊："这是我在路边发现的叶子，我马上捡起来了，因为它太漂亮了，像个大盾牌！"

元："看我的叶子，它可长了。"

熙："我在幼儿园后花园发现的刚刚从树上掉下来的叶子，你们看！"

……

**观察思考：**

著名教育家陶行知先生说过："我们要解放小孩子的空间，让他们去接触大自然中花草、树木、青山、绿水、日月、星辰。"大自然是人类最好的老师，四季交替中孕育着万物生灵，它汇聚了生命的律动与成长的真谛。幼儿在大自然的怀抱中能健康、幸福地成长。大自然是一种宝贵的教育资源，是培养儿童观察力、动手能力、科学素养与探索精神的天然课堂，因此，最行之有效的教育方式便是让孩子爱上大自然，从大自然中汲取成长的力量。

活动2：认识树叶

将收集到的树叶放在一起，幼儿们发现每一片树叶都不一样，有的圆圆的、有的长长的，还有的像鸡爪……就这样幼儿开始了他们的观察，用手摸一摸、用鼻子闻一闻，或者用放大镜看一看。

图1　幼儿们认识树叶

### 1. 树叶的外部结构

元："我的这片叶子，有好多毛毛在上面啊！"

吉："老师快看，这片叶子被虫子咬了个洞！"

晴："我的叶子这片细细长长的，和你们的都不一样哦！"

泓："我的叶子是紫色的，有细细的条纹哦！"

图2　幼儿感知树叶

### 2. 树叶的形状

叶子还有各种各样的形状，你们捡到的树叶是什么形状的呢？

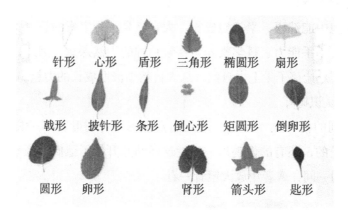

针形　心形　盾形　三角形　椭圆形　扇形

戟形　披针形　条形　倒心形　矩圆形　倒卵形

圆形　卵形　　　肾形　箭头形　匙形

图3　幼儿欣赏各类树叶

睿："我的叶子是条形的，它像毛毛虫一样毛茸茸的。"

骞："这片叶子是红色和黄色的，我觉得有点像卵形。"

墨："我这片叶子很明显就是条形的嘛。"

泓："叶子好特别啊，像一把伞，是肾形的。"

晨："我这片叶子是大大的红色叶子，像一条船在河里漂来漂去！"

依："我这片叶子是紫色的，有点像盾形。"

### 3. 不一样的叶脉

"老师，我发现树叶上的线线都不一样哦！"

大家一起观察树叶的叶脉，培养幼儿们细致的观察能力，还可以学习线条的构成、分布，这些也是艺术创作的源泉。下面，大家一起来找一找这些树叶都是什么叶脉吧。

图4 认识叶脉

**观察思考**：瑞吉欧主张"从幼儿身边最熟悉的事物出发"，树叶是我们每天都能见到的最为熟悉不过的东西，但是我们真正了解它吗？

**4. 设计树叶**

在认识了树叶的组成、叶脉和形状之后，大家一起来设计属于自己的树叶。

图5 来看看幼儿们设计的树叶吧

**观察思考**：《幼儿园教育指导纲要（试行）》中对科学领域提出了：对周围事物和现象感兴趣，有好奇心和求知欲；能运用各种感官，动手动脑，探究问题的目标。要充分利用自然资源扩展幼儿生活和学习的经验，叶子是生活中唾手可得的教育资源，它的内部构造也非常有趣。在活动的实施过程中，细致地观察、倾听幼儿的言行，及时捕捉他们的兴趣点，层层深入开展活动。从不同角度出发引导幼儿通过各种手段来发现问题。

**活动3：树叶变变变**

大自然才是最美的艺术。为了留住这些精灵，幼儿们用灵巧的双手给斑斓的树叶赋予新的生命。

**1. 树叶拓印**

幼儿先观察了各种树叶的形状、颜色及脉络，然后选取自己喜欢的树叶刷上颜料，在白纸上按一按、压一压，通过拓印的方式，一片片色彩艳丽的树叶就跃然纸上。

图6　快来看看幼儿们的作品吧

**拓印活动延伸：树皮拓印**

在油画棒的树叶拓印活动结束后，在后花园进行户外活动时，幼儿发现后花园的大树的树皮也有纹路，有幼儿提议，树皮是不是也能拓印下来呢？

首先，拓印需要寻找一些有趣的树皮。幼儿会发现有些树皮上有很深的裂缝、有些树很平滑。接下来，把纸贴在树皮上面，并且用油画棒的一侧不停地在上面上上下下擦拭。保持油画棒的平整度和平均力度，慢慢地，树皮的轮廓就出现在纸上了。

图7　树皮拓印

## 2. 树叶贴画

图8　用树叶做的新发型好看吗

**观察思考：**幼儿的兴趣点是他们主动学习的起点，由幼儿的兴趣点引发的教育才能成为幼儿主动学习的内部动机。树叶来自幼儿的生活，拼拼、贴贴、画画又是小朋友喜欢的活动。《3—6岁儿童学习与发展指南》中强调："在活动中要突出幼儿自主性、创造性。"这次活动是以树叶这一特殊、有趣的材料为表现元素，旨在引导幼儿们发现树叶形态的美感，通过探究创造出多种叶形的组合。引导幼儿有效地运用拓印方法创作出有趣的树叶拓印作品，以及延伸出来的更加有趣的活动，使幼儿在参与的过程中把自己的所见所闻、所感所想的事物表现出来，获得美术创作的乐趣。

## 3. DIY自然手环

每个孩子都是小小艺术家，有一张纸、一个双面胶就能开始创作。

图9　幼儿DIY创作

**观察思考：** 这次活动教师是以树叶这一特殊、有趣的材料为表现元素，旨在引导幼儿们发现树叶形态的美感，通过探究的学习，创造出多种叶形的组合。通过有趣的活动，使幼儿在参与的过程中把自己的所见所闻、所感所想的事物表现出来，获得美术创作的乐趣。

**活动4：树叶颜色的秘密**

捡回来了各种各样的树叶，幼儿们问得最多的问题就是："为什么这些叶子颜色不一样呢，树叶为什么会变黄呢？"我们做一个小实验来验证一下吧。

**1. 实验材料和步骤**

材料：透明容器、酒精、剪刀、树叶、滤纸。

第一步：颜色分类。将黄色和红色的树叶分类摆好。

图10　树叶按颜色分类

第二步：剪碎。将准备好的树叶剪碎。

图11　剪碎叶子

第三步：加入酒精。将剪碎的两种颜色的树叶分别装入准备好的容器里面，倒入酒精，酒精刚好没过树叶即可。

第四步：放入滤纸，等待现象的变化。

图12　观察变化

**2. 树叶为什么会变黄**

叶子里有绿色的叶绿素，叶绿素会帮助树吸收阳光、产生糖分，作为树的食物。到了秋冬，日照时间变短，树就知道要开始准备过冬休息"放寒假"了；冬天的树不需要那么多食物，也就不再产生新的叶绿素，叶子停止工作，慢慢落下。叶子里除了叶绿素，本来就还有其他色素，像是黄色、橘色的叶黄素和胡萝卜素。当叶绿素减少，其他颜色也就能显现出来了。

**观察思考**：《3—6岁儿童学习与发展指南》中指出：幼儿科学学习的核心是激发探究欲望，培养探究能力。成人要善于发现和保护幼儿的好奇心，充分利用自然和实际生活机会，引导幼儿通过观察、比较、操作、实验等方法，学会发现问题、分析问题和解决问题，帮助幼儿不断积累经验，并运用于新的学习活动，形成受益终身的学习方法和能力。幼儿思维发展以具体形象思维为主，应引导幼儿通过直接感知、亲身体验和实际操作进行科学学习。

### 三、活动的分析与反思

本次活动来源是幼儿们最常见的也是秋冬季有明显变化的树叶。此次活动内容比较丰富，它是由几个相对独立又互相关联的内容组成的。我们注重不同领域之间相关内容和同领域中不同内容的整合，比如：既有捡树叶的体验，又有动手操作；既利用了多媒体，又添加了小实验，使幼儿始终保持着浓厚的兴趣。从整个活动过程中来看，幼儿们通过不同的表征方式，表现出了他们对树叶的认识，有肢体语言、有实验记录、有语言描述等。动手操作的小实验更让幼儿们乐在其中，教师为他们提供了多种开放性的材料，发挥了他们最大的自主性，使幼儿们在不断发现问题中解决问题。我们觉得这个过程是幼儿思维的一个成长过程，使他们逐步地由具体形象思维转向抽象逻辑思维。同时，幼儿在动手的过程中也动了脑；在操作的过程中也学会了记录。

幼儿思维发展以具体形象思维为主，应引导幼儿通过直接感知、亲身体验和实际操作进行科学学习。幼儿要充分利用自然资源扩展幼儿生活和学习的经验，叶子是生活中唾手可得的教育资源。它的内部构造也非常有趣。在活动的实施过程中，教师耐心地倾听、细致地观察幼儿的言行，及时捕捉他们的兴趣点，层层深入来开展活动，从不同角度出发引导幼儿通过各种手段来发现问题。

落叶飘落的动感与幼儿跃动的心灵天然地契合，丰富多样的树叶又给幼儿提供了探索、发现、表达的广阔空间。摇曳飘落的、多姿多彩的树叶就是一方天地、一个世界。教师同幼儿一起进入落叶世界，去探究、去发现、去思索、去表现。正是在这种充满探究的活动中，提高幼儿自己的认知结构，拓展着幼儿的思维，激发起幼儿热爱自然和热爱生活的情感。通过这次活动，幼儿克服自己认知、表达的局限，突破自己原有的水平，进入自觉的、积极的学习状态。

撰稿教师：朱玉珍、曾丽华、胡云兰（中班）
工作单位：深圳市宝安区机关第二幼儿园曦城分园

# 你好，花儿

## 一、活动背景

《3—6岁儿童学习与发展指南》（简称《指南》）在科学领域中提出：幼儿的科学学习是在探究具体事物和解决实际问题中，尝试发现事物间的异同和联系的过程。其核心是激发探索兴趣，体验探究过程，发展初步的探究能力。结合《指南》，我们从幼儿的生活经验和兴趣点出发，设计了"你好，花儿"的自主游戏内容。

### （一）活动缘起

幼儿园花园区域里种植着各种各样的花朵，有菊花、长春花、郁金香、向日葵，等等。它们有着不同颜色、形状和大小不一的花瓣，在幼儿园中呈现着不同的景色。午饭后，教师带着幼儿们来到花园区域散步。花朵的花瓣一片片飘落下来，引起了幼儿们极大的关注。看着满园的花色，他们的小脑袋里出现许多问题，"花瓣怎么有不同的颜色？""花瓣怎么落下来啦？""每朵花儿的形状都不一样的吗？"掉落的花瓣与幼儿的心灵相契合。幼儿们在花园区域翩翩起舞，捡着花瓣和同伴分享喜悦，一起观察不同颜色、样子的花瓣。由此可见，幼儿非常喜欢大自然并且热衷于探索周围的事物和特点。所以，结合他们的这个兴趣及年龄特点，教师与幼儿们一起开始探讨关于花的秘密，开展一次与花儿的美丽约会。

首先，教师引导幼儿自行去收集喜欢的花瓣和树枝，并把收集到的材料放到美工自主游戏的区域。其目的是想让幼儿自己发挥聪明才智和创造力，去完成一个有意义的手工作品。其次，幼儿对于花的认知非常局限，种类了解得甚少，只知道普通的向日葵、玫瑰花，其他复杂一点的花朵就叫不出来名字，花朵所代表的含义也不知道，所以在活动之前，教师提前布置了一些小任务，让孩子去观察幼儿园、路边、家里的植物花朵，并让他们询问父母。教师希望幼儿通过这次与花的约会，幼儿能够学会认识花的种类与样子。

**（二）活动目标**

**1. 认知目标**

认识了解插花步骤，知道制作干花及花标本的方法。

**2. 技能目标**

能够尝试制作花标本、干花。

**3. 情感目标**

体验扮演花店老板、制作花标本等游戏的乐趣。

图1　发现花朵　　　　图2　观察花　　　　图3　讨论花朵的颜色

**（三）活动准备**

**1. 物质准备**

（1）小小花店

各种花类植物。

（2）插花制作

各种鲜花、儿童剪刀、塑料包装与胶带纸。

（3）黏土手工花搭建彩色小花园

超轻黏土、素描纸、塑料小工具、彩色卡纸、塑料包装袋、儿童剪刀、胶带纸。

（4）美术花制作

颜料、铅笔、彩色铅笔、勾线笔、素描纸。

（5）花标本制作

一次性手套、滴胶、口罩、模具、花瓣。

（6）花拓印

花瓣、颜料、素描纸、海绵。

（7）水中花

儿童剪刀、素描纸、彩色铅笔、颜料、盆、水。

（8）环境准备

教师选择在幼儿园游戏区域来进行游戏活动并提供不同的游戏材料。在环境中适当地布置，营造温馨宽松的氛围。幼儿们自愿选择进入区域进行活动，保证幼儿自主游戏有足够的探索空间，让幼儿自主选择材料及创设玩法。

**2. 经验准备**

（1）花的讲解

在活动前，教师准备了花朵的图片和讲解材料，让孩子了解到花朵分为雌蕊和雄蕊，它们都有柱头和花柱，同时它还有花瓣、花药、花丝组成的雄蕊。柱头、花柱、子房组成了雌蕊。花朵还包括花托和花柄，也就是枝干。教师以小小向日葵为例，给幼儿讲解了花朵的组成，让孩子们了解向日葵的生长过程，同时还问了幼儿们对向日葵喜爱偏好。此外，教师还与幼儿一起探讨花的作用。

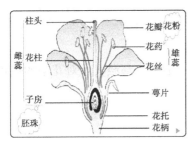

图4　花朵结构图　　　　图5　讲解向日葵的生长

（2）花的作用

教师："请问小朋友们，你们知道花朵可以用来做什么吗？"

亦然（4岁）："可以用来泡茶。我妈妈给我喝过菊花茶，有点苦。"

木子（4岁半）："我喝过玫瑰花茶，它泡出来的颜色有点粉。"

沐悦（4岁）："我喝过桂花茶，我妈妈给我喝过，可香了。"

锦鹏（4岁）："花儿还可以把我们的环境变得很漂亮。"

楚懿（4岁）："我喝过金银花茶，甜甜的。"

启瑞（4岁半）："我在家里喝过玫瑰花茶，香香的。"

教师："大家说的都没错，花可以让幼儿园更漂亮，可以让空气更清新，有的花还可以泡茶喝。"

（3）花的好朋友

幼儿带着问题去进行探究，了解奇妙的自然世界。这有利于幼儿们萌发对自然的探索欲望，初步了解动物和花的关系，对奇妙的自然世界产生兴趣。比如，了解蜜蜂、小鸟等动物与花朵的关系，能使幼儿感受生命之间的密切关系。

教师："小蜜蜂是花朵的好朋友，它可以帮助花朵传送花粉。蚯蚓可以帮助花朵松松土；太阳可以帮助花朵进行光合作用，那小朋友们还知道花朵还有哪些好朋友吗？"

子彤（4岁）："我知道，还有小蝴蝶。"

柏彦（4岁）："老师，花的好朋友还有蜗牛。蜗牛会爬到花的上面。"

恩慈（4岁）："花的好朋友还有毛毛虫，我上次见到有一条毛毛虫在花上面吃花瓣。"

教师："小朋友们知道的很多呢！所以呀，我们的花朵可是有很多好朋友的。花也不仅可以泡茶，还可以让它的好朋友传递花粉，用途可大着呢！"

（4）爱护环境从我做起

通过以上探讨，幼儿发现花朵的用处很大，都激发了对花朵的保护欲，自发地争做护花使者。

凌锐（4岁）："我们要保护花朵，不能随便去采摘。"

峻泽（4岁）："我们还要多给它浇水，让它快快长大。"

浩鑫（4岁）："看到别人摘花的时候要告诉他，不可以摘花！"

佳怡（4岁）："我们可以给植物松松土，让它长得更漂亮。"

图6 松土　　　　　图7 修剪枝叶　　　　　图8 浇水

（5）花朵的不同制作方法的学习

幼儿在与教师的日常活动中已具备了身体游戏"桃花朵朵开"与"击鼓传花"等的游戏经验，同时，教师帮助幼儿以不同形式学习制作花朵，让幼儿在活动中掌握不同形式花朵的制作方法，例如：进行插画技巧的学习，做好充分的经验准备，以帮助幼儿进行深入的活动体验。

图9　"桃花朵朵开"游戏　　　　图10　"击鼓传花"游戏

## 二、活动过程实录

### （一）小小花店

首先，幼儿们回顾了之前学习的花的知识，然后教师引导幼儿投放各种各样的花到游戏活动区域当中，激发幼儿以分组的形式来进行角色场景扮演。最后，以"小小花店"为主题，幼儿开始了游戏活动。有的幼儿当花店店长；有的幼儿当售卖员，还有的幼儿当顾客。

嘉铭（4岁）："我们一起布置花店吧！"

凤琳（4岁）："好呀，我们要先把围栏围起来。"

文静（4岁）："你的花卖多少钱呀？"

洋洋（4岁）："小的一枝1元，大的一枝2元。"

此次活动充分地培养了幼儿的语言组织能力和想象力，并激发了幼儿的想象力，调动了他们的积极性。

图11　布置花店　　　图12　商量花的价格　　　图13　售卖花

189

**（二）制作插花**

幼儿们用在花店游戏中买到的花来进行下一步的插花制作。首先，教师用多媒体给孩子回顾讲解了花的构造和花的外形，并进行了关于插花的制作的详细讲解。讲解后，幼儿基本上学会了插花的一些基本操作。然后，教师将准备好的各种鲜花、儿童剪刀、塑料包装等分发给幼儿，让幼儿去发挥想象，制作自己的插花作品。以向日葵为例子，教师重点讲解了它的作用、生长习性与其含义——向日葵代表着阳光、努力向上，希望幼儿能像向日葵一样永不放弃，心向阳光。最后，有的幼儿随之就选用了向日葵去插花。但也有一些幼儿发挥独有的创意，用玫瑰花插花。教师并不限制幼儿的选择，让幼儿们自由发挥，并且引导幼儿将包装好的花朵带回家送给父母，感谢父母的养育与教育之恩。

图14　挑选喜欢的花　　　　图15　修剪花枝

希希（4岁）："老师，你看我的玫瑰花漂亮吗？我把多余的枝叶都剪掉了，把它修整得很好呢！插在花瓶里也太漂亮了，我要把它带回家放在家里的花瓶里。"

教师："很漂亮呢，真不愧是小园丁！"

琳琳（4岁）："我最喜欢的就是菊花了，你们快看，我把多余的枝叶都剪好了！"

涵涵（4岁）："老师，你看我都包装好了，我选了三种不同类型的小花，黄色、紫色还有红色。"

老师："哇，你的色彩搭配得可真好看呀！带回去妈妈一定很喜欢。"

**（三）黏土手工花搭建彩色小花园**

当然，花朵制作不只有插花一种形式，还包括一些手工制作。首先，教师准备了超轻黏土、素描纸、塑料小工具、彩色卡纸、塑料包装袋、儿童剪刀、胶带纸，将这些材料分发给每一个幼儿，用多媒体为幼儿展示了黏土画和剪纸画不同的做法，并亲自实操为幼儿一步一步地去进行画的制作，让幼儿以小组的形式进行比赛，看哪一个小组做的花更漂亮、更好。三人为一个小组，小组一起做三种小花，分别为手工花和黏土花及创意花。所有小组完成作品后，幼儿自行选择喜欢的花并与教师一起欣赏。教师为幼儿进行点评并进行鼓励和支持。其次，教师引导幼儿将所有花再次摆放到游戏活动区域，用事先准备好的海绵方块来当作围墙，将整个空间变成小小花园，让所有幼儿共同参与建设。最后，教师为幼儿们拍照留念。在此过程中幼儿的团队合作能力和布局设计与动手能力，甚至自信心都能够得到提升。

教师："你们的花都是怎么做出来的呢？"

晨希（4岁）："我做的是手工花，是我和妈妈在家里一起做的，你们看，是不是很漂亮呀？我们用了彩色的纸把花瓣剪出来，然后妈妈用胶纸把它粘成了花的形状。"

乐乐（5岁）："你跟你妈妈做得真漂亮呀，我也想要跟我妈妈做一束。"

安桐（4岁）："我是和外婆一起做的玫瑰花，我们是用纸巾卷出来的玫瑰花，然后用眼影在花的上面刷一下，就会有各种漂亮的颜色了。"

凯凯（5岁）："我好喜欢你做的玫瑰花，一会儿你能教我怎么做吗？"

启瑞（4岁半）："这是我和爸爸一起做的花篮，是用家里面废旧的塑料瓶子做的，爸爸负责做花篮，我来负责装饰花篮。"

欣欣（4岁）："我也有做过这种花，我是上次跟妈妈一起在美术馆做的。"

图16　搭建花园

### （四）制作美术花

除此之外，制作花朵还可以运用绘画类的材料。为了提供幼儿用画笔创作的机会，教师准备了颜料、铅笔、彩色铅笔、勾线笔、素描纸、青花瓷等。虽然幼儿之前制作的是插花和手工花，但是他们想出还可以运用绘画的形式来进行花朵的创作。每一个幼儿选择了自己喜欢的勾线笔或者彩笔来画出自己心目中的花朵。花朵的颜色都是根据他们的想象去进行创作的。从中，幼儿的想象力和思维发展能力能够得到充分培养。

图17　拓印花　　　　图18　青花瓷花

教师："小朋友们，你们想设计一个怎样的花呢？"

奕奕（4岁）："我想在花朵里面画一些三角形的小房子，这样蝴蝶和蜜蜂就可以住在里面了。"

悦悦（4岁半）："我觉得用吸管印出来的花特别好看，我还可以印出8片花瓣呢！"

佳怡（4岁）："我想在纸盘里画很多图案，因为我见过青花瓷的盘子，里面的图案我都好喜欢哦！有三角形的、有小花，还有爱心，你们看漂亮吗？"

（五）制作花标本

花的标本制作也是活动的有趣环节之一。首先教师用多媒体为幼儿讲解了花标本的制作方法和过程，使用制作花标本时的一些安全操作，比如滴胶不能吃，粘到手上不能去揉眼睛，同时告诉孩子滴胶的一些注意事项与操作方法，并安排2—3名教师来时刻监督孩子的安全。教师还准备了一次性手套、滴胶、口罩、花瓣，将花瓣分发给每一个幼儿，同时将模具也发给幼儿，让幼儿们在教师的帮助下将滴胶进行调配。然后教师引导幼儿将花瓣放到模具当中，将调配好的滴胶倒入其中。最后等待干透以后，花标本就制作完成了。此次活动培养了幼儿对花的认识和开阔了幼儿的视野，让幼儿的思想不局限于手工花和绘画花。

 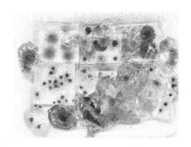

图19　制作花朵标本

教师："你们知道除了制作手工花和把花画下来，我们还能跟花朵玩什么游戏呢？"

元宝（4岁）："我知道！把花用轻轻泥捏出来。"

教师："说得很对，但是这个我们也做过啦，除了我们做过的游戏，还有什么游戏呢？"

青青（4岁）："不知道呢。"

教师："老师知道还有一种玩法，就是给我们的花朵做一张床，让它躺在床上。"

小Q（4岁）："好神奇啊，老师我想要来给它做！"

教师："现在你们都知道了制作标本的方法，那你们想制作一个怎样的标本呢，能跟我分享一下吗？"

青青（4岁）："我想用很多的小黄花做成星星标本，因为星星是黄色的。"

元宝（4岁）："我想用鲜花做成蝴蝶的形状，做好以后送给我的好朋友。"

小Q（4岁）："我会用花做成飞机的样子，做好标本以后把它挂在我的书包上面。"

### （六）拓印花

教师看出幼儿在平时的区域活动中就非常喜欢拓印，就利用了这一兴趣点，为幼儿讲解了花是如何拓印出来并成为一幅漂亮的作品的，并为幼儿提供了指导。接下来，幼儿在教师的指导下一步步进行实践操作。过程中，幼儿们的疑问很大。

烨霆（4岁）："这么漂亮的花朵怎么去拓印？"

一心（4岁）："拓印出来是不是和花不一样了？"

教师——引导幼儿将事先准备好的花瓣涂上颜料，然后铺到素描纸上想要放置的区域用海绵进行压制。压制好后将花瓣移开，这时素描纸上就有了用颜料压上去的花的形状和花的脉络，这样一幅完整的作品就完成了。拓印花主要可以培养幼儿画面的布局能力，让幼儿用充分的想象力去拓印出自己喜欢的不同颜色的花朵。

图20　花朵拓印

教师："你们先听老师说，花朵它今天可调皮了，它跟我们玩了一个捉迷藏游戏，它把自己的影子藏起来了，要我们去找到它的影子。它告诉我们小滚轮可以帮忙。我们带着小滚轮一起去找吧！"

悠然（4岁）："我找到它的影子了，原来一滚就可以显现出来了。"

文琪（4岁）："老师，是不是我想要影子变成黄色，我就用黄色颜料按压？想要红色，就用红颜料？"

洋洋（4岁）："那是不是，我想要影子在中间，我就在中间找。我想要影子在左边，就在左边找呀？"

教师："对呀，你们可真聪明！"

教师："那你们想怎么设计自己的影子作品呢？"

琪琪（4岁）："我想用我最喜欢的红色玫瑰去染色，然后旁边再加一些绿色的小叶子做成房子的样子。"

场场（4岁）："我觉得黄色的花颜色最好看，影子也肯定好看，我想用黄色的花做小鱼的身体，做很多条小鱼在水里游泳。"

### （七）水中花

教师还给幼儿讲了一个小故事，故事里介绍了一种生活在水里的花，它的名字叫荷花。荷花告诉幼儿们它觉得自己很孤单，没有其他花朵跟它一起玩耍，很想要交朋友。所以想请幼儿们给荷花找些好朋友。于是，幼儿们都纷纷帮忙，开始将自己画好的花朵裁剪下来，放入水中，再进行一些简单的装饰，这样荷花就不再孤单了。幼儿在这个过程中对花的种类有了更多的认识。

图21 科学活动：纸花开了

丽馨（4岁）："老师你看，我设计了一个六瓣的花朵，还是五颜六色的哦，它放进水里一定很好看。"

沐悦（4岁）："你们快看，我还画了几片圆形的荷叶还有两只小青蛙，一会放进水里青蛙会跳起来吗？"

然然（4岁半）："哇，花朵真的打开了，太神奇了吧！"

《3—6岁儿童学习与发展指南》指出教师要支持幼儿在接触自然、生活事物和现象中积累有益的直接经验和感性认识。在这个活动中，幼儿在先前经验的基础上，通过各种游戏更深入地认识了花朵。

## 三、活动的分析与反思

本次活动的特点是从幼儿的生活经验出发，结合幼儿的年龄特点和兴趣点，以幼儿为主体。教师根据幼儿生成的问题和产生的兴趣进行探讨和研究，内容不断更新、变化，充分尊重了幼儿的主体性，保护了幼儿的求知欲和探索欲，激发了他们的好奇心和对科学知识的向往。

在游戏中，幼儿逐渐发现了花的用途，在教师的启发与幼儿的直接操作下，幼儿明白了原来花是有这么多种的制作方法，思维得到了拓展。经过此次活动，教师发现需要不断培养幼儿的兴趣，使他们产生创造性的动力，同时在不断的学习和动手实践以及将设计概念变为具体实物的过程中，增加他们的设计能力，培育他们的基本创作力，使之成为日后创作力的来源。这次手工制作锻炼了幼儿的想象力、审美观、创作能力和空间思维力，尤其锻炼动手能力，最主要的就是活动手指、开发大脑的神经。在玩与学的结合中积累经验。作品美不美不重要，最重要的是幼儿在玩中找到乐趣，也能享受其中的过程。

在最后的交流环节，幼儿与教师一起分享了完成作品后的喜悦。此外，幼儿在得到了同伴的启发和教师的鼓励后，往往会每天向往着新的玩具了，"明天你还有什么好办法，有什么其他制作花的方法，我们一起来分享好吗？"幼儿的思维一下子被激发出来了。看来幼儿的榜样和老师的鼓励是幼儿行为的原动力。教师需静下心来观察幼儿，给幼儿们一定的时间和空间，要学会等待。因此，教师适时的介入会给幼儿带来不一样的新体验。新的理念让教育工作前进了一大步，让幼儿在操作中自行去发现问题，同时幼儿在"你好，花儿"环境的创设下，他们会对每朵花进行认真的摆放，在关爱的环境中，幼儿们再一次萌发了"爱"的情感。

此次"你好，花儿"的自主游戏活动对于幼儿来说是一次新的体验，幼儿不仅学习到了各种花的制作技巧，还在探索中为幼儿埋下科学的种子。幼儿们也通过本次活动感受到大自然的美妙，从而在生活中懂得如何爱护花草、珍惜生命、保护大自然。相信经过此次活动，幼儿都能对生活充满感恩，在关爱的环境中，幼儿萌发了对"爱"的情感。

撰稿教师：张莹、陈娇洋（中班）
工作单位：深圳市宝安区西乡南昌第二幼儿园

# 奇妙的光

## 一、活动背景

### （一）活动缘起

[幼儿们的小发现]

户外活动中，雨心突然和教师说道："老师，你快看我的影子，我跳起来，影子也跟着跳。"幼儿们顺着雨心的话纷纷低下头看，这不，雨心的影子正随着她的动作而变化。

南南："老师，你看我的小火箭影子好像一把扫把。"

元元："老师，我的影子像一个小巫婆，我在坐着扫把飞。"

雨心："我的爸爸还教我做了小鸟的影子，你看我们要把手张开，拇指要扣起来，这样子小鸟就出来了。"

小朋友们纷纷被吸引，并开始了模仿。

恩恩："老师，你看我的小鸟飞得很快。"

安安："我的小鸟怎么看不见了？"

家琪："你们的小鸟是怎么做的？"

小糯米："这是雨心教我们的，我们要把拇指扣起来，然后就可以了。"

恩恩："你们看我的影子变成了一头大象。"

小糯米："那我就是小象。"

今天的户外活动因影子话题而变得更丰富、有趣。

图1　影子跳起来啦　　　　图2　影子像一个坐着扫把
　　　　　　　　　　　　　　　　在飞的小巫婆

图3　模仿小鸟的影子

图4　大象来啦

### （二）活动目标

**1. 认知目标**

初步了解光的折射与透光现象，学习光在生活中的应用，知道各式各样的彩色纸可以改变光的颜色。

**2. 技能目标**

能够初步学会做一些简单的手影，利用废旧材料制作简易版的投影仪。

**3. 情感目标**

在活动过程中能够积极探索，善于发现，勇于表达自己观察到的现象。

（三）活动准备

**1. 物质准备**

（1）结合幼儿的实际情况制作相对应的调查表（"各种各样的光""光的作用"）。

（2）提供彩色笔、废弃的酸奶罐材料进行投影仪设计。

（3）结合幼儿自发情况需要，及时投放玻璃纸、电筒、手机、投影仪等丰富的探索设备。

**2. 环境准备**

（1）在科学区背柜展示投影仪的投影原理，供幼儿进行二次分享学习，巩固已有经验。

（2）美工区投放多种废弃材料，鼓励幼儿结合需求制作简易版的投影仪。

（3）科学区投放多种光的材料，如猜影子、动力发光、光的传播、万花筒、光的三原色、三棱镜。

（4）语言区投放关于影子表演的故事盒。

**3. 经验准备**

（1）掌握影子的形成原理。

（2）能够结合科学区光的材料进行操作。

（3）知道美工区中各种材料的使用方法，可以自由组合。

## 二、活动过程实录

活动1：寻光记

第二天，户外活动时，轩轩向教师表达了自己想玩影子游戏的想法。

轩轩："老师，我想做影子游戏。"

教师："可以呀。"

轩轩："可是没有阳光我们做不出来啊。"

恩恩："对啊对啊。"

小糯米："为什么今天没有影子呢？"

家琪："肯定是因为今天没有太阳，没有太阳就没有光。"

轩轩："那怎么办呢？"

教师："对啊，那怎么办呢？有什么东西可以发光呢？"

雨心："老师，手电筒可以发光。"

洲洲："萤火虫可以发光。"

轩轩："我以前有一辆小火车也会发光。"

仁仁："我的家里有一个夜灯会发光，它照在天花板上是星空的，很漂亮。"

教师："原来有这么多东西可以发光，有会发光的动物、会发光的玩具，还有会发光的生活用品，还有什么物品可以发光呢？今天老师给大家做一个调查表，关于各种各样的光的，小朋友们回家后可以和家人一起寻找哦。"

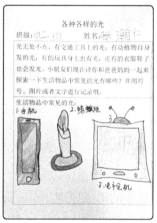

图5　各种各样的光调查表

**观察思考：**"没有光就玩不了影子游戏了"当轩轩提出这个问题的时候，幼儿们纷纷开始寻找光。通过幼儿的对话，教师可以了解到，幼儿们对于生活中所见过的光有一定的了解，他们对光的认知有"自然光"（萤火虫），"人造光"（玩具火车、星空夜灯、手电筒）。光在生活中随处可见，教师鼓励幼儿大胆分享自己的发现，同时结合幼儿的认识，准备了"各种各样的光"的调查表，引导幼儿关注身边常见的光，并鼓励家长积极配合。

**活动2：分享寻找的"各种各样的光"**

餐前活动，教师组织幼儿们坐在一起分享自己找到的光。

教师："小朋友们，相信大家昨晚都去找了生活中见到的光，谁能来分享一下昨晚你们的发现呢？"

安安："这是我的玩具，它的车灯会发光。"

家琪："我的魔法棒打开开关后也会发光。"

皓皓："我家里有两把剑会发光，它还会发出声音。"

恩恩："我妈妈的手机也可以发光。"

桓桓："我的玩具车也会发光，但是它现在坏了，我要用手电筒给它打光。"

柏霖："我家鱼缸里面也有灯会发光。"

蹦蹦："我家有一把玩具枪它会发出蓝色的光。"

阳阳："我的小陀螺也会发光，它会一边转一边发光。还有洗碗机它在工作时也会发光，这些光是可以消毒的，它叫紫外线。"

仁仁："这是我家里的小夜灯，它是可以用来睡觉的。我还找到了我哥哥的电话手表，它也会发光。"

乐乐："我从楼上看到了在行驶的车子，它们的车灯也会发光，这样子就不会撞车了。"

教师："小朋友们，你们发现的光各种各样，有的是交通工具上的光，有的是玩具发出的光，还有的是家里的电器发出的光。昨晚你们还和家人一起完成了调查表'各种各样的光'，老师会把你们的调查表进行展示，大家可以互相翻阅学习哦。"

图6 寻找家中各种各样的光

**观察思考**：幼儿们在寻找光的时候，通过自己的探索、观察，初步感受到光在生活中的应用，而在幼儿的分享过程中，光的作用又变成了幼儿们新的关注点。

**活动3：光的作用**

教师："晨谈时阳阳分享到，他家洗碗机的光可以消毒；仁仁也说他家小夜灯的光很温柔，睡觉会很舒服；乐乐说车灯的光可以避免撞车。大家想一想光还有什么作用呢？"

恩恩："可以让我们看书。"

轩轩："可以看不到黑暗。"

小瑜："可以看见路对走路有帮助。"

皓皓："可以玩剑。"

筱筱："可以看电视。"

桂桂："可以有光。"

雨心："光还会把我晒黑。"

欣怡："也会把我晒黑。"

洲洲："你们说的是太阳吧。"

桂桂："对啊，那是太阳。"

教师："太阳发出来的光叫太阳光，过度晒太阳光确实会把人晒黑。光有好的地方，也有不好的地方。除了刚刚我们分享过的，今晚小朋友们回家后和爸爸妈妈一起想一想，光的作用还有什么呢？它又有什么不好的地方呢？"

图7　"光的作用"调查表

　　**观察思考**：基于幼儿前期活动的经验，教师组织开展了关于"光的作用"的谈话活动。从幼儿的讨论中，可以看到幼儿对光的作用了解得不是很深。于是，教师及时对幼儿进行了引导，鼓励幼儿汇集后和爸爸妈妈一起了解光的作用（有益、有害之处）。

　　**活动4：看电影**

　　益铖："小雨老师，你什么时候来我家看电影啊？"

　　教师："最好回家或者来幼儿园看电影。"

　　无无："那老师你怎么看电影啊？"

　　教师："我用家里的投影仪呀。"

　　益铖："那是什么？"

　　教师："那是可以把电影投放在一个仪器上，然后投影仪的光会把电影的图案投在一个白色屏幕上，我们就可以看电影了。"

　　无无："我想看看。"

　　恩恩："我也想看。"

　　元元："小雨老师你给我们看一下吧。"

　　幼儿听见教师说的投影仪后纷纷表达出了想看的想法。

　　第二天，教师把投影仪带来，选了一部《蓝色星球》给幼儿欣赏。

　　欣怡："好漂亮的海洋啊。"

　　阳阳："真好看。"

　　安安："小企鹅真可爱。"

　　恩恩："里面有一条鱼会发光。"

　　阳阳："老师，为什么投影仪可以看电影呢？"

　　辰辰："对啊，为什么呢？"

　　无无："可能它里面有一个电视机吧。"

　　恩恩："不对，是一个电影院吧。"

　　轩轩："我猜也是，里面有一个电影院。"

　　洲洲："那为什么电影院住进投影仪里面了呢？"

　　恩恩："可能它是一只蜗牛，可以把电影院收进去。"

　　在欣赏《蓝色星球》的时候，幼儿们提出了"为什么投影仪可以看电影"的疑惑。在幼儿们的讨论声中，教师悄悄地去寻找了投影仪的成像原理图。看完《蓝色星球》后，教师组织幼儿们一起学习了投影仪的成像原理。

教师："投影仪是将投影光线投射到显示芯片上形成画面之后，利用投影透镜放大画面，呈现出画面，这个画面就是我们今天看到的电影。"

图8　观看《蓝色星球》

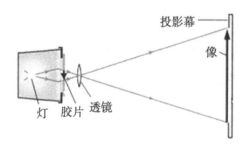

图9　投影仪成像原理

**观察思考**：从益铖邀请教师去看电影的一个小谈话，幼儿们能够围绕着本次谈话，转化成了观看电影，而在观影过程中爱思考的幼儿们又产生了新的疑惑："为什么投影仪可以看电影？"教师及时捕捉到了幼儿的问题，并在幼儿观影过程中做好观影后的学习活动，让幼儿在观影的同时又初步认识到了光的投影现象。

**活动5：自制"光影投影仪"**

区域计划中，幼儿一边做计划一边谈论着新话题。

小糯米："还想再看一次电影啊。"

小昇："我也想。"

无无："为什么我们家里没有投影仪呢？"

雨心："对啊，我也想要一个投影仪，这样子我就可以看电影了。"

哲哲："我最近想看打仗的电影。"

听着孩子们的讨论，教师进行了介入。

老师："那今天我们在美工区一起做一个投影仪怎么样？"

哲哲、雨心、无无："那我要去美工区。"

小异："我也要去，我也要去。"

在幼儿们迫切的眼神下，教师给幼儿们准备了一些透明瓶子，鼓励幼儿用画笔在瓶子上设计想看的电影情节。

无无："我要画《深海特工队》，我最喜欢《深海特工队》了。"

哲哲："耶，我可以自己设计电影了，我要设计打仗的电影。"

雨心："我要设计去花园里的电影，花园里的花朵最美了。"

家琪："我要画公主，她还穿着漂亮的裙子。"

……

图10　区域活动——设计小瓶子

图11　投影仪做好啦

**观察思考：**当发现幼儿对投影仪有浓烈的兴趣时，教师调整了区域重点指导活动，及时为幼儿准备了制作简易投影仪的材料，让幼儿可以自由地进行电影创作。

**活动6：光的透光现象**

户外活动中，阳光明媚，洲洲拿出了他在区域活动中用来作画的彩色玻璃纸在玩，"老师老师，你快看，阳光变成蓝色的了。"突然洲洲喊了起来，只见洲洲一手拿着玻璃纸，一手指着地板上蓝色的光说道。旁边玩的幼儿也被吸引了过来。

恩恩："我看看，我看看。"

家琪："真的耶，我也想玩。"

片片："我也想玩。"

轩轩："洲洲可以给我玩一下吗？"

阳阳："老师，为什么他可以拿玻璃纸玩？"

教师："你也可以呀。"

阳阳："可是我刚刚没有想到。"

教师："那你们等我一会儿，我把玻璃纸都拿下来，需要的小朋友待会儿我们一起去寻找彩色的光吧。"

拿到彩色玻璃纸后，幼儿们迫不及待地开始"寻找"彩色的光。

雨心："老师，我的小草变成了蓝色。"

珊珊："快看，我的飞机变成粉色的了。"

雨心："我也来试试。"

小糯米："哈哈哈，我的手'中毒'了。"

南南："我把手放在红色的光下，我的手就变成了红色。"

无无："我也来试试。"

就这样，户外活动变成了幼儿们的"寻光之旅"。

教师："我们的彩色玻璃纸，在阳光下的照耀下，出现了各种各样的颜色，这是太阳的透光现象。昨天在美工区的小朋友用透明的瓶子做了自制投影仪，那个也是透光现象哦。"

图12　珊珊：快看，我的飞机
变成粉色的了

图13　南南：我把手放在红色的
光下，我的手就变成了红色

图14　雨心：我的小草变成了
蓝色

**观察思考**：看到洲洲用彩色玻璃纸把阳光变成了蓝色，幼儿们都忍不住要玩一玩、看一看。洲洲的一个无意之举，让幼儿们对有颜色的光产生了浓厚的兴趣。在教师的及时支持下，幼儿用玻璃纸开启了与众不同的户外活动——寻光之旅。阳光透过彩色玻璃纸，小草、小手、纸飞机都变成了彩色的。

## 三、活动的分析与反思

"奇妙的光"游戏以生活中常见的影子引发的各种现象为主线，从而延伸了更多的活动，在活动中，幼儿经历了寻找各种各样的光并认识其作用、分享调查表、投影仪的认识等多个活动。活动过程中幼儿们积极探索，认真记录，通过自己的亲身体验，初步感知科学探究的严谨和乐趣。

材料是激发和维持幼儿探索兴趣的最好诱因。本次活动中教师从引导幼儿寻找各种各样的光开始，教师能够仔细观察，根据每一次的活动进行反思；结合幼儿的谈话及操作过程，准确判断幼儿的兴趣和经验水平；教师的支持在幼儿探索过程中起到了重要的作用。当幼儿提出问题时，教师不急于提供答案，而是提供熟悉的材料给幼儿去探究、讨论、体验。把握实际、积极引导，拓展了幼儿的观察能力和思维能力。注重家长资源的利用，让探究活动得以顺利开展。

在探究过程中，幼儿是学习的主人。当然，游戏还需要有熟悉的材料、宽松探究的环境。游戏中，幼儿从发现问题到解决问题，充分运用了观察、查找资料、讨论交流、实验操作、记录分享等方式进行探究。幼儿们表现出的积极主动、敢于尝试、乐于想象和创造等良好的学习品质让人惊叹。当然，在本次活动中还有一些未解决的问题可以作为延伸活动，如太阳光的颜色等。我们也期待在接下来的活动中，幼儿们对光的探究还能有新的发现。

撰稿教师：梁雨惠、廖淑霞、代秋霞（中班）
工作单位：深圳市宝安区机关第二幼儿园阳光海分园

# 有趣的泡泡

## 一、活动背景

《幼儿园教育指导纲要（试行）》中指出"教师要善于抓住幼儿感兴趣的事物、游戏和偶发事件中所隐含的教育价值，把握时机，积极引导"。教师观察到吹泡泡是小班幼儿非常喜欢玩的一个游戏。当大大小小、五颜六色的泡泡在空中飞舞、飘扬，就会引得幼儿一声声欢呼、一阵阵惊喜。

### （一）活动缘起

［幼儿们的小发现］

餐前洗手环节，幼儿们看着手上的洗手液泡泡乐呵得直笑。

安安（3.5岁）："你看我手上也有泡泡。"

小汤圆（3岁）："为什么你们的洗手液上的泡泡和我这个不一样？"

幼儿们争相地讨论起来。教师发现幼儿对泡泡非常感兴趣，因此基于幼儿的这一兴趣点，大家开展了一场关于有趣的泡泡的活动。

### （二）活动目标

#### 1. 认知目标

了解泡泡的特点与泡泡水的制作方法。

#### 2. 技能目标

（1）尝试用不同形状的工具吹泡泡，并观察泡泡的变化情况。

（2）能大胆地进行实践活动，并用语言表达自己的意见。

（3）能动手动脑，运用多种方法大胆尝试作画。

（4）学会利用多种颜色吹泡泡作画的方法。

#### 3. 情感目标

（1）在实验过程中体验发现的乐趣。

（2）乐意与大家交流分享。

（3）激发对美术创作的兴趣，提高审美情趣及创新意识。

**（三）活动准备**

**1. 物质准备**

各种形状的吹泡泡工具、泡泡机、制作泡泡水的材料、颜料、操作记录单、一些绘画工具。

**2. 环境准备**

关于有趣的泡泡游戏活动的主题墙、科学区和美工区关于有趣的泡泡的材料。

**3. 经验准备**

提前了解吹泡泡的方法和一些关于制作泡泡水的知识。

# 二、活动过程实录

**（一）哪些地方有泡泡**

幼儿本身对周围的一切都充满好奇，带着好奇心不断地探索让他们更加愿意去与伙伴分享与交流。在教师和家长的鼓励下，基于对生活的观察，幼儿们惊奇地发现，原来生活中有很多有趣的泡泡，而且每个都是不一样的。

沐霖（3.5岁）："用盆子接水的时候会有泡泡。"

佳妍（3岁）："刷牙的时候会有牙膏泡泡。"

坚果（4岁）："可乐晃起来会有泡泡。"

子奕（3岁）："妈妈煮菜的时候锅里面有泡泡。"

图1　洗手液的泡泡　　图2　游泳池里的泡泡

图3　小鱼吐的泡泡　　　　　图4　烧水壶里的泡泡

**观察思考：**家园合作让幼儿和家长一同探寻泡泡，不仅提升了幼儿的参与性和兴趣度，还将家长带入课程中来，和教师一同引领幼儿积极主动去观察身边的事物。通过直接感知，亲身体验寻找最终发现，原来我们周围到处都是泡泡，洗澡时有泡泡、水开时有泡泡、小鱼呼吸的时候也会吐泡泡、汽水里面有泡泡、火锅里面有泡泡、泳池里面也有泡泡，泡泡真的是太神奇了。

**（二）神奇的泡泡**

开展了寻找泡泡的课程后，幼儿们对泡泡有了浓厚的兴趣，教师引导幼儿在班级开展了谈话活动。

教师："你们眼中的泡泡是什么样子的？"

睿洲（4岁）："泡泡是透明的！"

溢麟（3.5岁）："我觉得泡泡是彩色的！"

暖暖（3岁）："泡泡的味道很好闻。"

坚果（4岁）："泡泡一碰就破了！"

帅帅（4岁）："泡泡里面有水！"

宇琛（3岁）："泡泡很漂亮！"

树礼（3岁）："泡泡是圆形的！"

通过谈话活动，幼儿们对于泡泡的兴趣也越发地深了，为了满足幼儿们的兴趣，通过家园共育，教师请家长们为幼儿准备很多吹泡泡玩具，让幼儿们亲身体验了吹泡泡的乐趣。

图5　玩泡泡机

图6　泡泡游戏

**观察思考：** 在幼儿们的欢笑中，泡泡游戏结束了，虽然泡泡一瞬即逝，美好且短暂，但它带来的乐趣却萦绕在幼儿们心间。不要让幼儿们的兴趣像泡泡一样匆匆溜走，要学会去抓住泡泡，探索泡泡的奥秘，感受泡泡带来的快乐，这样，他们才能在这个过程中收获不一样的精彩，幸福成长。

**（三）泡泡没了怎么办**

玩了大约半个小时，孩子们有了新苦恼：

树礼（3岁）："老师，我们的泡泡都吹没了。"

沐兮（3岁）："我的也没有了！"

教师："小朋友们可以想想泡泡液没有了怎么办？"

帅帅（4岁）："我可以叫妈妈再买一些。"

致侨（3岁）："我家还有！"

沐霖（3.5岁）："老师，我们的泡泡水是用什么做的？我们可以自己做吗？"

教师："大家觉得制作泡泡水需要什么材料呢？"

湾湾（3岁）："妈妈洗碗的时候有很多泡泡，洗洁精可以吗？"

树礼（3岁）："洗手液可以吗？"

坚果（4岁）："洗衣粉可以吗？"

经过激烈的讨论，幼儿在教师的带领下找到了洗手液、洗洁精、洗衣粉、白糖四种材料，幼儿们怀着兴奋的心情开始了第一次实验。

先将这些材料加上水，搅拌均匀，看看可不可以吹出泡泡。

图7　准备制作泡泡的材料

图8　独立尝试制作泡泡水

图9　成功吹出泡泡

　　泡泡水制作成功了，幼儿们提出了新的猜想——泡泡可不可以变成彩色的呢？幼儿们试着往自己的泡泡水里面加入了不同颜色的色素，泡泡真的就变成彩色的了。

图10　尝试加入不同颜色的色素

图11　成功制作出彩色泡泡

图12　玩自己制作的泡泡水

孩子们成功地吹出泡泡，泡泡又多又漂亮。

**观察思考**：泡泡水用完了怎么办？一个简单的问题却引发了幼儿们的思考，引发了他们想要自己动手制作泡泡水的想法。幼儿们对泡泡的兴趣已经不仅仅是喜欢玩泡泡，他们关注到了泡泡水的制作方法，根据幼儿的想法，教师和幼儿一起进行了尝试。幼儿是天生的科学家、探索者，调查表可以为幼儿制作泡泡水的活动累积前期经验，幼儿可以在这个过程中自主去探究，在后续活动中幼儿就可以根据已有经验更好地完成游戏任务。

**（四）泡泡工具大猜想**

泡泡水制作成功了，幼儿们开心地玩起来，这个时候有个新的问题产生了。

彬滢（4岁）："老师，泡泡好漂亮啊。圆圆的很可爱！"

沐霖（3.5岁）："对呀！泡泡就是圆形的！"

书凝（4岁）："可是，我觉得，泡泡是三角形的！"

小汤圆（3岁）："老师，我觉得彬滢说得对，就是圆形的！"

加一（3岁）："可以是方形的！"

佳妍（3岁）："我觉得泡泡有很多形状！"

教师："小朋友都觉得自己是对的，那这个时候我们要怎么办呢？还记得我们一起有这种情况的时候都是怎么做的呢？"

幼儿们异口同声地说："做实验！"

就这样师生带着疑问进行了一次谈话，并开始了探索。

图13　集体讨论并制作记录表

表1　记录单

| 《泡泡是圆的吗？》记录表 | | | | 时间： |
|---|---|---|---|---|
| 材料 | 三角形泡泡器 | 正方形泡泡器 | 五边形泡泡器 | 菱形泡泡器 |
| | | | | |
|  | | | | |
| 实验者： | | | 班级： | |

师生一起动手制作了各种各样形状的泡泡工具，开始了探索。

图14　制作不同形状的泡泡工具　　　图15　验证猜想

最终幼儿们发现，无论什么形状的泡泡工具吹出来的泡泡都是圆形的。

在反复的实验过程中，幼儿不断深入和探索，表现出良好的学习品质，在活动中表现出的积极态度和良好行为倾向是终身学习与发展所必备的品质。如：幼儿通过实践观察发现问题、解决问题，一次次地进行挑战，这说明他们对这些活动非常感兴趣，操作的过程满足了他们不断挑战自我的需求。

**（五）多彩的泡泡**

《3—6岁儿童学习与发展指南》中指出：幼儿能用绘画、手工制作表现自己观察到或想象中的事物。掌握了正确制作泡泡水的方法，孩子们又有了新问题：泡泡会有颜色吗？吹出来的泡泡很快就不见了，我们可以留住泡泡吗？就这样幼儿带着问题制作了彩色泡泡，这些彩色的泡泡不仅好玩还能变出一幅幅美丽的画作。

图16　幼儿进行绘画

小渝（3岁）："老师，蝌蚪会呼吸吗？"

教师："会的呀！"

朗朗（4岁）："呼吸时候会有泡泡吗？"

子墨（3岁）："我觉得有泡泡。"

怡晴（4岁）："老师，你可以教我们画蝌蚪吗？"

图17　绘制泡泡画

图18　幼儿作品

## 三、活动的分析与反思

　　幼儿的想象都是天马行空的，他们都是好奇宝宝，会主动探索世界。在这次"有趣的泡泡"活动中，他们不仅主动去发现、积极去观察，还能在其中获得知识，在体验中学习成长。

　　（1）生活即教育。《3—6岁儿童学习与发展指南》中指出要认真对待幼儿的问题，引导他们猜一猜、想一想。最终孩子们通过自己的观察找到了生活中泡泡的真相。

　　（2）先验证再总结，既遵循了《3—6岁儿童学习与发展指南》中幼儿亲身体验和直接感知的要求，同时又让幼儿们主动去了解、发现，在动手实践的过程中解决问题，就像泡泡水没有了，就引导幼儿找出制作泡泡水的材料，一起制作泡泡水。这个环节教师尊重幼儿的想法、满足幼儿的需求、提供丰富的材料，通过实验得出有效的方法。

（3）《3—6岁儿童学习与发展指南》指出：幼儿科学学习的核心是激发探究兴趣，培养探究能力。成人要善于发现和保护幼儿的好奇心，充分利用自然和实际生活机会，引导幼儿通过观察、比较、操作、实验等方法，学习发现问题、分析问题和解决问题，帮助幼儿不断积累经验，并运用于新的学习活动中，形成受益终身的学习方法和能力。泡泡是幼儿日常生活中常见的东西。本次活动，源于幼儿对泡泡的兴趣，通过探索各种各样的泡泡，让幼儿在有趣的活动中充分感受到泡泡的多变性，让幼儿的科学探究意识不断地萌芽，同时也促进了幼儿的想象力、创造力的发展，让幼儿感受到成功的喜悦，让幼儿真正成为活动的主体。

（4）教师可以有意识地丰富幼儿的知识经验，帮助他们发现问题、分析问题并解决问题，在这场有趣的泡泡活动中，幼儿收获的并不只是快乐，其中还蕴含了科学知识。让幼儿带着探究心与好奇心进行游戏，才是本次活动最大的目的。顺应幼儿的兴趣，课程开展会很顺利。

（5）然而，本次活动中还有很多不足之处。要开展好一个游戏活动课程，它需要教师不停地推敲、不停地揣摩、不停地实验，然后总结经验，吸取教训，相信下次一定会更好。

撰稿教师：汪洋、张慧、余丽思（小班）
工作单位：深圳市宝安区机关第二幼儿园尖岗山分园

# "小黑"去哪儿了

## 一、活动背景

《深圳市幼儿园课程建设指引（试行）》中指出：幼儿的学习是以直接经验为基础，在游戏和日常生活中进行的。创设丰富的教育环境，选取生活化的活动，为幼儿提供自由自在探索的机会，支持幼儿通过直接感知、实际操作和亲身体验等方式进行学习，实现"做中学""玩中学""生活中学"。

### （一）活动缘起

这天到了餐后活动时间，铭宇说："老师，我想看大书可以吗？"教师："当然可以了。"于是，铭宇选了一本大书《小黑捉迷藏》走到教师的面前说："老师，你可以给我讲这本书吗？"教师回答："好。"在讲的过程中，幼儿们都纷纷走过来听，有些孩子说，"我都看不到了"，看到这么多孩子感兴趣，于是教师与幼儿进行了集体活动，讲述绘本《小黑捉迷藏》。

教师："它的名字叫小黑。小黑最喜欢玩捉迷藏的游戏了。小朋友，你们知道小黑藏在哪里了吗？"

小羽（4岁）："藏在草丛里的。"

译凡（4岁）："小黑是藏在小石头里的。"

瑶瑶（4岁）："小黑藏在沙里了。"

米乐（4岁）："它喜欢藏在水里，这样我们都发现不了。"

绘本《小黑捉迷藏》从文本到绘图都非常具有趣味性，是一本让幼儿翻开第一页就会迫不及待地往下翻到最后一页的图书。故事中的小黑像一个淘气的小家伙，什么都想看一看、玩一玩，对世界充满了好奇，对生活充满了期待。而捉迷藏也是幼儿非常熟悉且喜爱的游戏，幼儿在绘本阅读中和小黑一起游戏，和它一起"捉"与"藏"，感受了新奇世界的快乐。而过程中，教师也发现了幼儿对于"小黑"有着浓厚的兴趣，和幼儿一起开始了接下来的系列活动。

### （二）活动目标

**1. 认知目标**

了解"捉迷藏"游戏的规则，并初步理解合作的概念。

**2. 技能目标**

学会用不同线条进行装饰贴画。

**3. 情感目标**

积极参与游戏，愿意与同伴合作，并乐于表达自己的想法。

### （三）活动准备

**1. 物质准备**

绘本《小黑捉迷藏》、小礼物、笔、卡纸。

**2. 环境准备**

幼儿作品表征。

**3. 经验准备**

了解"捉迷藏"的含义。

## 二、活动过程实录

### （一）小黑来到我们的教室了

教师："今天绘本里的小黑它非常调皮，从书里跑出来了，来到我们的教室了，它这次想跟我们的小朋友玩捉迷藏的游戏。它说游戏规则是它来躲，我们来找。你们知道它藏在哪里吗？快去找找吧！"

震东（4.5岁）："老师，我找到了，它藏在黑色盒子上。"

楷乔（4.5岁）："它藏在黑色的插头上，因为它是黑色。"

梓恩（4岁）："它藏在电视上了。"

书睿（4岁）："它藏在老师的衣服上。"

七喜（4岁）："它藏在画里了。"

幼儿们都陆陆续续找到了小黑的藏身之处。在"'小黑'去哪儿了"游戏中，幼儿不仅对神秘的小黑产生浓厚的兴趣，而且也能在游戏过程中了解到小黑为了不被轻易认出，躲在和它一样颜色的地方去了。

### （二）小黑去哪里了

《3—6岁儿童学习与发展指南》指出：幼儿的思维特点是以具体形象思维

为主，应注重引导幼儿通过直接感知、亲身体验和实际操作进行科学学习，不应为追求知识和技能的掌握，对幼儿进行灌输和强化训练。

教师："今天，小黑又藏在一个神秘的地方，它偷偷地躲在这些神奇的颜料里了，请小朋友一起动手找一找，小黑到底藏在哪些颜料里了？"

琛琛（5岁）：用手指了指他面前的颜料，试探性地问："老师，小黑是藏在这些颜料里了吗？"

昊东（4岁）："难道小黑自己变成其他颜色了？"

教师："老师也不是很确定呢，但是我们可以一起动手操作一下来找找看呀。"

紧接着，琛琛用滴管取了一点红色和蓝色；昊东用了黄色和红色。

琛琛摇摇头："咦，都不对呀，我只发现小紫是藏在了红色和蓝色里，小绿是藏在了黄色和红色里，但是我们的小黑呢，它都不在我们的颜料里，我们都没看到。"

昊东（4岁）："好奇怪呀，那它到底变成什么颜色了呢？"

熠如（4岁）把三种颜色都捣鼓了个遍后兴奋地说："老师，我知道！小黑是在黄色、红色和蓝色里了。"

其他小朋友听后，都纷纷开始了与熠如一样的操作，然后欣慰地笑了，终于找到小黑啦！它今天好调皮，原来是躲在了三种不同的颜料里了，难怪我们都没找到呢！

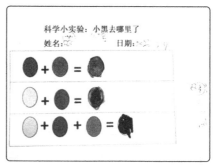

图1　在颜料中找小黑

这一次的活动也是在游戏中进行，只不过换了一种形式，孩子们在看一看、玩一玩中，感受不同颜料混在一起发生的神奇变化并尝试记录实验结果，在游戏过程中发展了观察、思考、记录等科学探究能力。

### （三）小黑大变身

幼儿艺术领域学习的关键在于教师充分创造条件和机会，引导幼儿用自己的方式去表现和创造美，同时不断丰富其想象力和创造力。因此，教师给幼儿提供了不同形状的小黑贴画，让幼儿自主展开创作，增添自己的创意，丰富贴画，使其变成一幅艺术作品。

楷枫（4岁）："老师，小黑的眼睛在哪里呀？我都看不到。"

安蕙（4岁）："小黑怎么没有手？"

书睿（4岁）："老师，我们可以给小黑贴个嘴巴吗？"

依诺（4岁）："老师，我可以把它变成小公主吗？"

Yoyo（4岁）："我可以把它变成面包形状的哦。"

教师通过幼儿的提问，了解到幼儿对小黑的样子有疑惑，迟迟不敢行动。于是，教师鼓励孩子大胆去创作，无论什么想法都可以，让幼儿给小黑来了一个大变身。

来看看幼儿们都把小黑变成什么样子了吧。

依诺（4岁）："我给小黑扎了几个小辫子，给她穿了一双粉色的芭蕾舞鞋，把她变成了黑公主！她现在正在太阳与彩虹底下，开心地采花呢！"

子宜（4岁）："我把小黑变成粉色的小兔子，还给它绑着大大的蝴蝶结去采蘑菇。"

Yoyo（4岁）："我给小黑装上了彩色的小轮子，它飞到天空上吹泡泡。"

语熙（4岁半）："小黑变成了沙漏王国了，那里有很多的小精灵。"

图2　《黑公主》

### （四）和小黑捉迷藏

音乐游戏不仅能够制造出轻松愉悦的教学氛围及激发出幼儿学习兴趣，并让幼儿能切实感受到游戏的乐趣，同时可以让幼儿在游戏中锻炼肢体协调性和创造性思维，并培养出其自身独立的情感思维和思考能力。

教师："老师想请小朋友们回忆一下小黑的捉迷藏是怎么玩的。"

浩正（4岁）："是躲起来的。"

晓米（4岁）："是小黑躲起来，我们来找的。"

梓恩（4岁）："是呀，捉迷藏都是一个人躲，一个人找的。"

七喜（4岁）："我也好想玩玩捉迷藏的游戏呀。"

教师："可以呀，但是今天我们一起来玩一次不一样的游戏。我们这次伴随着音乐玩捉迷藏的小游戏。这次你们先躲起来，小黑来找你们。老师扮演老狼小黑，你们都是小白兔，当音乐响起时，小兔子们可以随意走动，可当音乐停止了，小兔子要以自己的方式躲起来，不能动哦，不然老狼小黑会发现的哦。"

游戏开始了，来看幼儿们在游戏中都是怎么躲过老狼小黑的。

图3　捉迷藏

铭宇（4岁）："我趴下来，小黑就看不到我的脸，认不出我了。"

雨泽（4岁）："我蹲在桌子后面，它挡着我的身体，小黑也捉不到我的。"

米乐（4岁）："我也躲得好好的，小黑你别来捉我哦。"

结果，幼儿们的欢声笑语暴露了自己位置，惊动了老狼小黑，大家都被找到了，游戏也随之结束了。

这次的捉迷藏游戏采用了以音乐为背景的形式，增加了游戏的难度。幼儿在遵守游戏规则的同时，要自行感知音乐的开始与停止，来变换自己躲藏的位置。与小黑角色互换，幼儿们都亲身体验了一次游戏的快乐。

**（五）寻找小黑的宝藏**

幼儿之间绝大多数的社会性交往是在游戏情境中发生的。幼儿在游戏中的交往是从3岁左右开始的。进入3岁以后，幼儿同伴交往的发展特点主要表现在：幼儿在游戏中的互借玩具、语言交流及共同合作的行为逐渐增多；联系性游戏逐渐增多，并逐渐成为主要游戏形式。此外，幼儿的合作能力是一种品德培养，对幼儿一生的发展至关重要。欧洲著名心理分析学家阿德勒说过："假使一个儿童未曾学会交往合作之道，他必定会走向孤僻之途，并产生牢固的自卑情绪，严重影响他一生的发展。"因此，在幼儿期让幼儿学会合作显得至关重要。为了增强幼儿的合作意识，提高幼儿交往的主动性，教师以幼儿感兴趣的捉迷藏游戏为出发点，开展合作性的游戏：寻找小黑的宝藏。

教师："什么是合作寻找宝藏？"

越洋（4岁半）："合作就是很多人在一起。"

朵朵（4岁）："合作就是我们要商量的，要一起帮忙。"

楷乔（4岁半）："就是两个人在一起玩的。"

琛琛（5岁）："大家在一起玩，要一起加油的。"

教师（4岁）："对了，合作就是要两个人以上才行，而且要一起商量的哦。"

梓恩（4岁）："老师，去寻找宝藏，是不是得有宝藏图？"

思融（4岁）："对呀，老师，没有宝藏图，我们可能找不到宝藏。"

教师："嗯，小朋友们很有想法哦，不过老师希望你们自己来设计宝藏图。"

通过谈话，幼儿对合作有了初步的概念，同时对寻找宝藏产生浓厚的兴趣，并能根据自己的经验提出自己的想法。

于是，幼儿们开始设计找宝藏的路线图。

图4　幼儿设计寻宝路线图

教师："寻宝路线图设计好了之后，那我们在寻找宝藏时，要注意什么？"

昊东（4岁）："我们要注意安全。"

舒文（4岁）："我们要根据路线去到宝藏藏的地方，不能去别的地方。"

楷乔（4岁半）："要小心，不能跑，会撞到其他小朋友。"

图5　幼儿结伴寻宝　　　图6　幼儿成功寻宝

他们最终成功寻找到宝藏了吗？让我们一起来看看吧。

润远（4岁）："这里太窄了啦，我牵着你一起慢慢走，就不会被绊倒啦。"

子洋（4岁）："对，我们要手拉手，慢慢走哦。"

书衡（4岁）："好呀，谢谢你，我会小心的。"

最终他们成功寻找到了小黑的宝藏，原来是一个可爱的乌龟小车，大家都兴奋地手舞足蹈。

书睿（4岁）："老师，原来小黑是把小车藏到了轮胎底下。"

明璐（4岁）："结果还是被我们找到了，我们很厉害的哦。"

教师："你们可太聪明了，能根据藏宝图成功找到宝藏，我们一起来分享一下成功的喜悦吧！"

游戏最能调动幼儿之间的合作的积极性。在寻找宝藏过程中，幼儿积极参与并能主动提出自己的想法，同时，在教师的提醒下注意安全，最终成功完成游戏任务，体验了合作游戏的乐趣。

### （六）趣味亲子游戏

家园合作是促进儿童全面发展的关键之一。为了更好地让幼儿在家里也能够直接体验捉迷藏游戏的乐趣，教师可将园内游戏延伸为家庭亲子游戏。

图7　亲子捉迷藏游戏

语熙（4岁半）："老师，我在家玩游戏的时候躲到了床底下，我妈妈没发现，还是我自己出来的，哈哈！"

教师："你好厉害呀，都躲在那么隐蔽的地方了，难怪没被找到。"

震东（4岁半）："我躲在窗帘后面了，结果我爸爸看到我的脚了，他好厉害呀！"

教师："下次要拿窗帘把脚也包住，就不会被发现了。"

七喜（4岁）："老师，我和我妈妈是在外面玩的捉迷藏，我躲到了桥底下。哈哈，结果妈妈也一下就看到我了。"

教师："下次在家里玩，看看妈妈还能不能找到你。"

这类亲子游戏，一方面，可以加强家长与幼儿之间的互动；另一方面，也能让家长参与到幼儿园的课程开展中，加强家园互动，实现家园共育。

## 三、活动的分析与反思

陈鹤琴先生曾说："游戏是幼儿的第二生命。"游戏是幼儿获得自我发展的主要途径，我们要珍视幼儿游戏的重要价值。在本次探究系列活动中，教师以游戏的形式和幼儿们开展了语言、艺术、健康、科学等多领域的体验活动，和幼儿开启了一场你藏我找的智力游戏之旅，引领幼儿乐此不疲地去探索和发现，发展了幼儿观察、思考、表达、创造、合作等能力，培养其发现问题和解决问题的能力，真正做到"玩中学，学中玩"。

撰稿教师：郭华英、何文珍、李欢（小班）

工作单位：深圳市宝安区机关第二幼儿园玉湖湾分园

# 舞狮之乐

## 一、活动背景

### （一）活动缘起

[幼儿们的小发现]

"爆竹声中一岁除，春风送暖入屠苏"，春节是中华民族最隆重的传统节日之一，承载着炎黄子孙除旧迎新、与家人团圆的美好愿望，同时也是幼儿最喜欢的传统节日之一。舞龙舞狮、敲锣鼓放鞭炮、挂灯笼贴对联、拜神祭祖等活动无不吸引着幼儿们雀跃的心。尤其是活泼喜庆的舞狮活动引起了幼儿们的浓烈兴趣。舞狮至今已有一千多年的历史了，是中国优秀的传统民间艺术，具有深厚的文化底蕴。《3—6岁儿童学习与发展指南》中指出："幼儿园应经常组织多种形式的集体活动，运用幼儿喜闻乐见和能够理解的方式激发幼儿爱家乡、爱祖国的情感，激发幼儿的民族自豪感。"因此，以幼儿的兴趣为根，以舞狮文化为点，班级决定开展"舞狮之乐"的自主游戏活动。

### （二）活动目标

**1. 认知目标**

（1）初步了解舞狮文化的起源、意义与影响、分布地区及在日常生活中的运用。

（2）初步认识舞狮的组成元素（如舞狮结构、狮头结构、服装、音乐、人员配备，等等）、种类和舞狮动作。

**2. 技能目标**

（1）认真倾听与学习舞狮文化（如舞狮故事、成语等），感受舞狮的文化底蕴。

（2）大胆参与舞狮游戏及创造舞狮作品。

**3. 情感目标**

萌发喜欢舞狮、热爱中华传统文化的情感。

**（三）活动准备**

**1. 物质准备**

教师在数学区、感官区、科学区、生活区等班级区域中投放舞狮主题材料，让幼儿近距离观察、动手操作以了解舞狮的组成元素的特征（如舞狮结构、狮头结构、服装、音乐、人员配备等）、种类和舞狮动作等；在语文区投放《小和尚找狮子》《欢乐中国年》《舞狮》等舞狮相关绘本供幼儿阅读，以了解舞狮的起源及意义；在音乐区投放舞狮头、狮服、鼓、锣等道具，让幼儿随乐而起，舞动雄狮。

**2. 环境准备**

首先，教师在班级的墙面、柜面、天面放置和悬挂幼儿自制的舞狮手工、绘画作品，创设富含舞狮元素的环境，营造浓郁的舞狮氛围，让幼儿们目之所及，皆为舞狮。其次，教师在班级入口处设置舞狮主题墙，便于幼儿了解舞狮起源、分布、种类等知识。

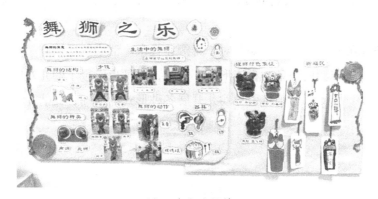

图1　舞狮主题墙

**3. 经验准备**

春节期间，热闹喜庆并且灵动的舞狮活动及电影《雄狮少年》的上映引发幼儿对舞狮文化的浓烈兴趣。幼儿曾在开业庆典、舞狮展览馆中观赏过舞狮表演，对舞狮的外形和表演有一定的了解。班级三位教师均是广东潮汕地区人，对于醒狮文化从小耳濡目染，对舞狮具有本土文化的情怀，能引导幼儿更加深刻地认识、感受舞狮文化的内涵及意义。

## 二、活动过程实录

**活动1：舞狮在生活中的运用**

基于幼儿的社会经验，针对在哪里见过舞狮表演的这个话题，教师组织幼儿展开了集体讨论活动。

俊宇（4岁半）："我和妈妈去商场买东西的时候，店里就有舞狮表演。"

依澄（4岁半）："我家楼下新开了一家餐厅，爸爸带我去吃饭，那里就有舞狮表演。"

卓佳（5岁）："过年和爸爸妈妈回老家住，在街上就有看到舞狮和舞龙。"

熙雯（5岁）："舞狮表演很精彩，还有敲锣打鼓，很热闹。"

嘉睿（5岁）："舞狮表演时，还会踩高高的木桩，跳得高高抢青菜。"

新泽（4岁半）："我在网络上见到过舞狮。"

浚哲（4岁半）："我之前和妈妈去博物馆就看到很多舞狮，它们长得不一样，颜色也不一样。"

书瑶（5岁）："我妈妈带我去参加过开业典礼，我在那里看到了很精彩的舞狮表演。"

**观察思考：**通过讨论，幼儿对于舞狮在日常生活中的运用有了更宽广的认识，也知道了舞狮所具备的喜庆形象。同时，教师也发现了幼儿对舞狮文化了解程度较少。因此，教师将引导幼儿开展各种形式的活动，让幼儿深入了解舞狮文化。

图2　认识舞狮在生活中的运用

### 活动2：舞狮的结构

问题一：舞狮的身体由哪些部位组成？

通过讨论，幼儿知道了舞狮在日常生活中的运用。那舞狮的身体是由哪些部位组成的呢？

钰怡（4岁半）："舞狮有舞狮头。"

新泽（4岁半）："舞狮有一双很大很亮的眼睛，很漂亮。"

跃宇（5岁）："舞狮的嘴巴也很大，能把绣球一口吞掉。"

子骞（4岁半）："舞狮的头顶还有一个角，像犀牛的角。"

科丞（5岁）："舞狮的眼睛、嘴巴周围还有很多绒毛。"

教师："除了舞狮头，你们还观察到了哪些身体部位？"

俊豪（5岁）："舞狮还有四条腿。"

蕙馨（5岁）："舞狮的身体由一层层鳞片和绒毛组成。"

宸熙（4岁半）："舞狮的尾巴短短的，很可爱。"

图3　认识舞狮身体结构

问题二：舞狮表演时，需要什么道具？

舞狮表演是一种非常隆重、热闹的形式。舞狮需要准备哪些道具呢？

宸瑞（5岁）："舞狮是人扮演的，有两个人一起穿上舞狮服装。一个人头戴舞狮头，另一个人弯着腰身披舞狮尾，抓住前面那个人的腰。"

颢洋（5岁）："舞狮表演时，会有一些人在旁边敲锣打鼓，感觉很热闹。"

渌恒（5岁）："舞狮会跟着这些锣鼓声，随着节奏表演。"

跃宇（5岁）："舞狮前面还有一个戴面具、拿蒲扇的大头佛，头大大的，舞狮会跟着他的脚步走。"

卓佳（5岁）："舞狮表演时可厉害了，还会在高高的木桩上跳。"

图4  认识舞狮表演道具

问题三：你认识哪些舞狮种类？

思媛（5岁）："我看过踩高桩的舞狮，他们跳得很高，这是'南狮'。"

梓芸（5岁）："还有的舞狮会在地上打滚呢，这是'北狮'。"

子骞（4岁半）："北狮的胡须长长的，嘴巴很大，身上都是黄色的毛毛。"

夕然（5岁）："北狮的头上戴着绳结，红色的结代表雄狮，绿色的结代表雌狮。"

玥潼（5岁）："南狮的眼睛大大的很可爱，还会转动。"

宇禾（4岁半）："南狮有很多种颜色，代表不同的舞狮角色。"

可心（4岁半）："南狮很像年兽，它的额头上还有一只角。"

问题四：舞狮颜色的分类？

舞狮有"南狮""北狮"之分，"南狮"又有颜色之分，每种颜色分别都象征着什么？

若淮（5岁）："我喜欢黑色的舞狮，它表演跳高桩的时候很厉害。"

嘉睿（5岁）："我知道黑色代表'张飞狮'，代表着霸气与勇猛。"

灵曦（5岁）："我看过黄色、白色和粉色的狮子的舞狮表演。"

熙雯（5岁）："我知道这三种颜色的舞狮都代表'刘备狮'，代表着泽被苍生、仁义。"

嘉彤（5岁）："红色的舞狮也很霸气，红色是'关羽狮'，代表忠义与胜利。"

图5 认识舞狮种类

问题五：舞狮表演时的步伐有哪些？

舞狮表演精彩的跳木桩，离不开扎实的基本功训练，舞狮表演者平时都是如何训练的呢？

海林（5岁）："舞狮表演时会将两只脚打开，那是'开合步'。"

科丞（5岁）："舞狮还会将一只脚抬起来，这是'吊步'。"

一涵（5岁）："舞狮也会用两只脚交叉走路，叫作'麒麟步'。"

书瑶（5岁）："有时候舞狮表演时会用膝盖跪在地上，这是'跪步'。"

俊豪（5岁）："舞狮还会双腿弯曲，两只手举高狮头，这叫作'弓步'。"

图6 认识舞狮步伐

图7 开合步　　　　图8 弓步　　　　图9 麒麟步

231

图10　跪步　　　　　　图11　吊步

**观察思考**：栩栩如生、威武霸气的舞狮表演离不开舞狮表演者的精彩演绎。"台上一分钟，台下十年功"，幼儿认真学习，亲身体验舞狮表演中的基本步伐，感受舞狮动作的有趣与不易，更加深入地了解舞狮表演的内容。

**活动3：舞狮习俗**

**1. 南狮点睛**

这一天，幼儿们来到了舞狮天地开展"南狮点睛"仪式。两个幼儿穿上舞狮服装，一个幼儿站在醒狮前头，手执蘸上朱砂的毛笔进行点睛，舞狮乐队在一旁敲锣打鼓助兴，仪式正式开始。

图12　舞狮点睛

"一点天庭，福星高照，国泰民安；二点眼睛，眼观六路，鹏程万里；三点口利，笑口常开，大吉大利。"伴随着醒狮口诀，点睛人分别在狮子的额头、双目和舌头三处点上殷红朱砂漆，为狮子化妆。醒狮点睛后，狮子被赋予灵气，开始慢慢移动，随着锣鼓镲节奏声响，便抖擞身躯，跃地而起，化身为一只灵动威武的雄狮。醒狮点睛是南狮传统习俗之一，有着悠久的历史，蕴藏着吉祥喜庆之意。每逢喜庆节日或活动，启用新狮子前都要举行点睛仪式，以唤醒沉睡的舞狮。

### 2. 舞狮采青

采青是中国传统舞狮活动的一个固定环节，是舞狮活动的高潮。在舞狮过程中，尤其春节期间，"狮子"通过一系列的套路表演，猎取悬挂于高处或置于盆中的"利是"。因"利是"往往伴以青菜（以生菜为多），故名"采青"，"生菜"寓为"生财"。

图13　舞狮采青

### 3. 舞狮抢绣球

抢绣球的过程中，幼儿不仅体验到了舞狮抢绣球的乐趣，同时也深深地体验到舞狮文化的精彩和美好的寓意。

图14　舞狮抢绣球

舞狮抢绣球是一种民俗喜庆活动，意思是企盼厄运消散，好运降临。人们希望狮子能够赶走厄运，绣球可以带来好运。此举寄托了人民的美好意愿，而舞狮时，两狮之间会有一人手持绣球来戏狮，双狮抢球争宠，模仿各种摸爬滚打甚至卖萌的动作，威猛又可爱。

### 活动4：创意舞狮

通过以上一系列的舞狮活动的开展，幼儿对中国传统舞狮文化产生了更加浓厚的兴趣，对舞狮文化的了解也殚见洽闻。有了以上的舞狮文化知识，看看幼儿们又将开始怎样的舞狮文化之旅呢？

**1. 舞狮创意作品**

（1）幼儿观察和了解到舞狮是拥有喜、怒、哀、乐等不同神态的，在了解舞狮面部结构的基础上引导幼儿大胆根据不同神态绘画相应的舞狮面部结构，让舞狮形象在幼儿心中更为立体、生动，幼儿对舞狮的了解又进一步加深了。

（2）幼儿了解了舞狮的身体基本结构包括舞狮头、舞狮身体和舞狮尾，在粘贴舞狮的过程中厘清舞狮身体三部分的顺序。同时，幼儿撕、贴的手工能力得到了锻炼。

（3）幼儿初步了解了绣球的结构、色彩和图案，并能根据自己的喜好大胆设计自己的绣球。此外，幼儿认识到绣球在舞狮表演中用于引狮的作用，以及绣球所代表的事事如意的寓意。

图15　设计绣球

（4）幼儿了解了舞狮表演中大头佛手中使用的蒲扇的制作材料及作用。蒲扇的原材料是蒲葵树的叶子，扇子形状各异。蒲扇是大头佛引狮和表演诙谐有趣动作的重要道具。幼儿在活动中可以与同伴设计不同的造型、花纹、图案的蒲扇，感受与同伴合作绘画的乐趣。

图16　认识舞狮蒲扇

图17　舞狮蒲扇

（5）幼儿初步了解了邮票的用途和组成部分（花边、币值、图案），从中丰富了生活经验。同时，幼儿尝试设计制作舞狮邮票，感受舞狮元素如何融入生活，加深了幼儿与舞狮的联系。

图18　舞狮邮票

**观察思考：**幼儿在丰富的艺术活动中，不断发展自身的观察能力和艺术创造能力，同时学会发现美，懂得欣赏美，勇于创造美。灵巧的小手展现出丰富多彩的舞狮文化。

**2. 亲子舞狮作品**

舞狮传统文化不仅融入了幼儿的心中，家长也纷纷参与进来，一起感受中国传统舞狮文化的传承，和幼儿共同创作舞狮手工作品。幼儿也开心地向伙伴、教师分享自己的制作过程。

卓佳（5岁）："我用快递盒做舞狮的头，我和爸爸一起用五颜六色的卡纸剪出了舞狮的眼睛、鼻子、耳朵、牙齿，最后还用娃娃里的棉花做舞狮脸上的绒毛。"

跃宇（5岁）："我和妈妈分工合作，她用无纺布做了一个带绳的斜挎包，妈妈还帮我画出了舞狮的眼睛、嘴巴等，我负责把它们剪下来和贴在包上，最后再用胶枪粘牢。"

书瑶（5岁）："我的舞狮城堡是用鞋盒做的，先把鞋盒剪成城堡的模样叠在一起，把画好的舞狮涂上我喜欢的红色剪下来，贴在城堡上。再用纸卷出两个尖圆顶，我的舞狮城堡就完成啦。"

若淮（5岁）："我的舞狮灯笼是我和妈妈一起组装的，我按照说明书一步一步把灯笼折出来，用双面胶粘牢。接着把灯芯放进灯笼里，装上把柄，然后我就有一个会唱歌、会发光的灯笼啦。"

图19　舞狮环境展示（1）

图20　舞狮环境展示（2）

图21　舞狮头

**观察思考**：在制作舞狮作品的过程中，充分展示了幼儿的心灵手巧、奇思妙想和无限创意。他们积极动手和动脑，和家长一起利用家里的材料，自制出形象逼真、可可爱爱的舞狮作品。幼儿不仅发展了绘画、剪贴等能力，还体验到了成功的喜悦及与家长沟通合作的乐趣，亲子共享舞狮之乐。

**3. 创设舞狮天地**

舞狮天地位于幼儿园后花园入口右侧围栏处，是需要自行搭建和收纳的位于大自然中的表演露天舞台。根据本次自主游戏活动："舞狮之乐"，教师想将舞狮文化的宣传由班级延伸至幼儿园户外，让民间传统游戏在幼儿园有一席之地，让全体幼儿都能亲自感受舞狮的有趣及魅力。

图22　舞狮物品

后花园中悬挂于围栏上的红色中国风帘布和绿油油的草地便组成舞台的雏形。舞台一侧架有鼓。木箱中收纳了各种舞狮道具，如舞狮头、鼓、镲、大头佛等。幼儿可以身穿舞狮服，头戴舞狮头，与小伙伴一起表演舞狮或可爱或威武的神态与动作；可以两只狮队争夺绣球；可以身穿武术服跟着音乐击鼓、敲钹，控制表演的节奏；也可以头戴大头佛头套，手持扇子，表演幽默诙谐的动作，逗笑众人或引导舞狮前进。在喜庆的游戏中，幼儿能够学会合作。同时有趣的舞狮文化也会浸润童心。

**4. 舞狮游戏趣味多**

户外活动时，幼儿特别想要到舞狮天地去进行游戏。可是到底该怎么玩呢？于是，幼儿去请教舞狮教练。舞狮教练说："舞狮队的队员们训练时经常玩走木桩之类的小游戏，来锻炼他们彼此之间的默契。"在师幼共同商讨后，最终确定了两个游戏"舞狮走独木桥"和"舞狮投壶"。

接着，幼儿在教师的协助下设计游戏的环节、道具的摆放位置及游戏的规则。一切准备就绪，欢乐的舞狮游戏正式开始了。

图23　舞狮走独木桥　　　　　　　图24　舞狮投壶

（1）舞狮走独木桥

幼儿分红、黄狮队进行游戏，三人组成一狮队，狮队需走上"独木桥"，去"桥"对面衔绣球，然后回到起点。团队游戏考验团队成员的默契配合度，经过第一轮游戏，幼儿十分兴奋与开心。有的幼儿表示："我们队是最快的"，另外的幼儿也不服输，认为自己队更快。于是，大家决定来一场"舞狮走独木桥"争霸赛。那怎样才能让队伍获得比赛冠军呢？幼儿们积极地表达自己的想法。

钰怡（4.5岁）："后面队员的手抓紧前面队友的腰，这样才不会掉队。"

新泽（4.5岁）："走'独木桥'的时候，狮头要稍微等一等后面的队员，不要太快。"

跃宇（5岁）："队伍的步伐和节奏最好保持一致。"

子骞（4.5岁）："狮头要紧紧衔住绣球。"

科丞（5岁）："眼睛要注意脚下安全，不要摔倒了。"

讨论过后，紧张有趣的争霸赛开始了。幼儿们都沉浸在欢乐激烈的比赛中。比赛结束后，幼儿们脸上都挂着晶莹的汗珠和灿烂的笑容。虽然有输赢，但在参与的过程中，每个人都有成长，即使是输了，幼儿短暂的落寞也很快就烟消云散了。

（2）舞狮投壶

投壶游戏作为一种典型的民间户外游戏，可以增强幼儿的手眼协调能力和集中专注力，体验民间游戏的乐趣。幼儿们手持羽箭，瞄准箭壶，跃跃欲试，期待着箭无虚发。在游戏过程中，有的幼儿几乎百发百中，而有的幼儿却总是投不进壶里。有个幼儿发出"求救"："为什么我总是投不进，谁能教教我呀？"于是，投壶厉害的"神投手"们很高兴地跟大家分享自己成功的小诀窍。

宸熙（4岁半）："闭上一只眼，另一只眼瞄准壶内的中心，把箭往中心点扔。"

嘉彤（5岁）："投壶的时候，箭头微微向下倾斜，不要太平，也不要太竖起来。"

熙雯（5岁）："投壶的时候轻一点，不用太大力。"

夕然（5岁）："有风的时候先不投，等风过了再投。"

在接受了高手的指点后，幼儿们在接下来的游戏中不断调整自己投壶的姿势，越来越多的幼儿发现自己投得越来越准了，脸上露出了满意的笑容。

**观察思考：**以上两项游戏将舞狮与传统游戏相融合，幼儿在游戏中体验舞狮比赛的合作与竞争，感受舞狮文化的有趣和魅力。

### 5."舞狮之乐"会演

通过对"舞狮之乐"传统文化的学习与作品创作，幼儿无论从知识还是实践中，都获得了丰富的经验。现在，请幼儿们把传统舞狮文化精彩震撼地呈现给大家。

（1）舞狮走秀

幼儿们都自信地拿着舞狮作品登上舞台，在舞台中央摆了个自信的姿势，展示出自己最精彩的一面。

（2）萌狮驾到

可爱的小萌狮们在排练中认真刻苦地学习舞狮的基本步伐。站上了舞台，每个幼儿都是最自信、最威武的小小舞狮。

图25　萌狮驾到

（3）舞龙舞狮庆团圆

舞龙与舞狮相结合，一场盛大的节日氛围场景立即呈现。

图26　舞龙舞狮庆团圆

**观察思考：**从投票选出自己想参与的舞狮表演节目，自制舞狮道具，为舞狮表演一次又一次努力排练，到最终展现出精彩纷呈的舞狮表演。每一步都体现了幼儿的学习与成长。幼儿在舞狮表演中体验与同伴友好交流、互助合作的快乐意义，享受成功的喜悦。每一位幼儿都充分参与、沉浸在这场盛大、激情澎湃的舞狮表演会中。作为教师，应以幼儿的活动兴趣为基础，积极地为他们的表演创造机会和条件，了解并倾听幼儿表现的想法和感受，在需要时给予帮助，为幼儿练习表演提供充足的时间和场地。对幼儿的表演成果及时鼓励和回应。

## 三、活动的分析与反思

### （一）活动特点及其对幼儿学习发展的价值

从春节的习俗出发，幼儿通过绘本、图片、视频等方式了解了舞狮的起源、意义、运用、种类、元素及特点等相关知识；通过绘画、手工等方式创作了多种多样的舞狮作品；通过欣赏多样化的舞狮表演了解了舞狮表演形式；还将学习的舞狮神态与动作运用于表演中；向家长们展示了《舞龙舞狮庆团圆》《萌狮驾到》《舞狮走秀》等精彩节目。

正如蒙台梭利所言："我听过了，我就忘了；我看见了，我就记得了；我做过了，我就理解了。"幼儿通过亲自动手制作舞狮作品，探索真实的舞狮道具，感受了戴上舞狮头后视线的变化，也体验到了舞狮表演的不易，了解了舞狮喜庆吉祥形象背后所蕴含的坚强不屈、敢争敢拼的舞狮精神。虽然"舞狮之乐"自主游戏活动暂时告一段落，但舞狮文化的种子已深埋幼儿的心中。幼儿对于舞狮的探索才刚刚开始，弘扬和传承舞狮传统文化的脚步永不停歇。

**（二）活动的教师行为反思及进一步的支持策略**

通过此次活动的开展，幼儿们对舞狮表演兴趣浓厚。因此，教师除了在班级内设置了舞狮表演区，在征得领导同意和与幼儿讨论后，一同决定在幼儿园内设置了一个舞狮天地，让幼儿们能在美好、自由的自然中表演。同时将舞狮文化的宣传由班级延伸至幼儿园户外，让民间传统活动在幼儿园拥有一席之地，让全体幼儿都能亲自感受舞狮文化。

要想真正领略舞狮表演的精髓，幼儿就要戴上舞狮头、穿上舞狮服，亲自聆听鼓点的节奏，感受舞狮表演的有趣与艰辛。这对幼儿的体力、合作性和音乐性都是一个很好的锻炼机会。因此，作为教师，要利用好舞狮天地，多多带领幼儿进行舞狮表演，示范多样的舞狮动作，让幼儿更好地感受、展现舞狮表演的精气神。同时，以图谱的方式引导幼儿学习用鼓和锣打出简单的鼓点节奏，让幼儿既会舞狮，也会引狮。此外，还可以开展各类舞狮游戏，让有趣的舞狮文化浸润童心。

撰稿教师：梁梓丹、洪芳芳、余宝玲（中班）
工作单位：深圳市宝安区机关第二幼儿园园本部

# "绳"采飞扬

## 一、活动背景

### （一）活动缘起

跳绳是一项乐趣无限的全身运动，可以提高大脑的灵敏度和判断力，有助于幼儿体力、智力和应变能力的协调发展，同时，也能帮助幼儿确立方位感、培养其整体意识。

最近，班级里掀起了一股跳绳热潮，户外活动时总能看到幼儿们挥动着彩绳跳跃的身影。之前不太会跳绳的幼儿也开始学习跳绳了，这些幼儿时不时在念叨：

"这跳绳也太难了，我不会跳。"

"我的绳总是甩不起来，也跳不起来。"

"我甩了绳，也跳了，但是没跳过去。这是什么情况啊？"

"我有时候一只脚跳过去，另一只脚跳不过去。"

"我试了很多次，有时候我可以成功跳一个。"

教师发现幼儿的问题大多围绕着跳绳的技巧和玩法，因此教师将重点放在跳绳体验过程中的探索和思考，开展了一系列别开生面的""绳'采飞扬"之旅。

### （二）活动目标

**1. 认知目标**

了解各种各样的绳子，知道并学会绳子的多种玩法。

**2. 技能目标**

（1）练习双脚连续跳绳或双人跳绳的技能，训练手脚动作的协调性。

（2）促进幼儿身体的灵活性和走、跑、跳等动作的协调发展。

**3. 情感目标**

乐于探索跳绳的方法，感受跳绳的乐趣，增强幼儿之间的团队协作精神。

**（三）活动准备**

**1. 物质准备**

绳子、绘本《跳绳并不难》、环创支持（如各种各样的绳子）。

**2. 环境准备**

宽敞的操场、教室。

**3. 经验准备**

幼儿对跳绳感兴趣且已有初步的认识。

# 二、活动过程实录

**（一）"绳"先启后**

**1. 各种各样的绳子**

为了让幼儿能更好地学习跳绳，幼儿园准备了一些适合幼儿跳绳的绳子。例如，班级组织了认识绳子的活动。

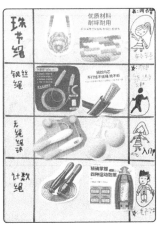

图1　认识各类绳子

**观察思考**：通过认识各种各样的绳子，幼儿对绳子的了解更进了一步，他们在对比中发现，竹节绳绳子较轻，耐摔耐用，最适合用来学习跳绳。

**2. 跳绳的"分解式"体验**

跳绳之前，需要了解正确的跳绳方法，以便更好地学习跳绳。幼儿在查阅资料的过程中，发现了一本宝藏绘本故事《跳绳并不难》，里面有一些跳绳小攻略可供学习。

图2　阅读绘本《跳绳并不难》

　　该绘本从握手柄的方法、摇绳的动作、跳绳的姿势、起跳的时机等方面入手，向幼儿介绍了跳绳的技巧。幼儿们阅读后跃跃欲试，纷纷表示想体验"分解式"跳绳方法。

图3　认真练习甩绳

图4　反复跳过绳子

图5　单脚转绳子

图6　检查绳长

图7　学习握绳柄方式

**观察思考：** 在幼儿阅读绘本的基础上，教师结合实际生活梳理了跳绳的动作要领和技巧，以帮助幼儿掌握跳绳的正确方法。

**（二）"绳"思苦索**

**1. 跳绳时，我遇到了哪些困难**

在知道跳绳的正确方法后，许多幼儿积极尝试着跳绳。跳绳时，幼儿遇到了难题，就叽叽喳喳议论。

皓轩："我在跳绳的时候总是甩到身上，我的身体都被弄痛了。"

世悦："我的绳子总是被我的头发钩住。"

庭月："我的绳子会弄到我的裙子，然后我就跳不过去了。"

若诚："我试了很多次，绳子总会和别的小朋友碰到。"

莫奇："绳子太不听话了，总是会卡住我的脚，我都不敢跳绳了。"

小小："怎样才能学会跳绳呢？"

图8　幼儿跳绳表征作品

**观察思考**：根据幼儿的跳绳情况，教师做了统计，发现他们主要有以下几个问题：绳子太长了怎么办？为什么绳子甩不过去？怎样才能学会跳绳？教师作为支持者，在面对幼儿遇到的问题时，需要及时为幼儿提供条件，引导幼儿解决问题，做进一步探究。

**2. 我的解决办法**

针对幼儿遇到的问题，教师为幼儿准备了一场特别的"跳绳座谈会"来讨论解决的方法。幼儿们经过激烈的讨论，主要总结出以下一些因素。

问题一：为什么绳子甩不过去？

自身因素：

（1）不会甩绳子，怎么甩都甩不过去。

（2）甩绳子的时候力气不够。

（3）甩绳的高度超过了头顶。

（4）跳绳时，头发会被绳子钩住。

（5）女孩子在跳绳时穿裙子，头发没扎好。

（6）怎样能更好地跳过去呢？

幼儿们商讨出的解决方法如下：

（1）复习绘本《跳绳并不难》，模仿绘本里的甩绳方法。

（2）向同伴学习正确的甩绳动作。

（3）跳绳的时候穿舒适的衣服及运动鞋，女孩子不穿裙子。

（4）女孩子要将头发扎起来。

（5）选择适合自己的绳子，不能太长也不能太短。

图9 幼儿讨论

问题二：怎样有节奏地跳绳？

自身因素：

（1）每次跳绳的时候，跳一下，绳子就甩一下，第二次的时候脚落地了，绳子才甩过来。

（2）如果甩得太快、跳得太慢就跳不成功了，也不能跳得太快。

幼儿们商讨出的解决方法如下：

（1）可以喊着有节奏的口令跳。

（2）手甩的速度和双脚跳的速度要一样。

问题三：绳子太长了怎么办？

幼儿们商讨出的解决方法如下：

颢颢："可以抽取其中一头的绳子，通过打结来缩短长度。"

悦悦："我们可以将绳子卷在手柄上，直到绳子长度适宜跳绳。"

天天："沿着绳柄，把两边的绳子折起来。"

图10 幼儿展示解决方法

**观察思考**：在"跳绳座谈会"中，幼儿自主讨论，畅所欲言，和教师、同伴一起分析、解决在跳绳中遇到的问题（如绳子甩不过去怎么办等问题）。

对于大班幼儿来说遇到问题，他们最不缺的就是解决问题的勇气，同伴讨论、有经验的伙伴交流技巧、寻求教师的帮助，这些都是他们解决问题的方法，而教师在活动开始之初的作用就是观察幼儿、鼓励幼儿、帮助他们树立信心，以保证跳绳活动的顺利进行。在解决问题的过程中，幼儿的生活经验也得到了拓展。

## （三）"绳"呼其技

### 1. 快乐跳绳2.0

慢慢地，幼儿们发现多多练习以后，大家的跳绳技能成功解锁了。

图11 快乐跳绳

**观察思考**：在探索跳绳运动的过程中，教师引导幼儿进行跳绳的经验总结及跳绳的实践活动，终于帮他们解决了不会跳绳的问题。幼儿们对跳绳的热情又上了"一层楼"，有些幼儿甚至开始探究绳子的新玩法……

### 2. 绳的花样玩法

为了更好地把"绳"玩好、玩透，幼儿们在一起研究了许多的玩法。

图12　花样玩绳

### 3. 趣味翻绳

在尝试绳子的其他玩法过后，柏恺忽然说："老师，我会用绳子翻绳玩，奶奶教过我。"幼儿们都投来好奇的目光。于是，在柏恺的提议下，大家玩起了翻花绳游戏，一根根绳子在幼儿的手中变化出各种花样，幼儿们连连发出惊叹声，都迫不及待地想要去试一试。

图13　趣味翻绳

**观察思考**：在翻花绳的实践活动中，幼儿们发现绳子原来有这么多新奇的玩法。翻花绳是民间一种流传的民间游戏，通过翻花绳的游戏互动，可锻炼幼儿的耐心和敏捷性，具有巧手、健脑、启智的作用，让幼儿能够在娱乐中寻找解决问题的途径，有助于提高幼儿的合作意识和合作能力。

## 三、活动特点及价值

通过活动让幼儿体验合作游戏的快乐，培养合作意识，探究各种绳子的玩法及用途。探究绳的多种玩法可以激发幼儿用绳锻炼身体的兴趣，发展幼儿的创造性和发散性思维能力。幼儿知道了绳子的类型多种多样，各有用处。比如：棉线绳可以用来缝衣服、缝货物袋口；毛线绳可以编织，做工艺品；麻绳可以捆绑东西、吊货物；尼龙绳可以编安全网、尼龙袋，拉起来可以晾衣物、晒被子；纸绳可以做手工、做工艺品；草绳可以捆绑各种易碎物品；还有一种特殊的钢索绳，可以拉住桥面。

在日常生活中到处都有绳子，绳子让生活更方便、美丽、安全，人类生活和绳子密不可分。

幼儿的世界从来不缺少惊喜，教师要以幼儿的兴趣，为幼儿提供游戏材料、场地，并及时捕捉游戏中的生长点，让游戏开展并创造出更多玩法。游戏是幼儿的基本活动，也是幼儿学习的主要方式。在游戏中幼儿以自由自在的方式去探索去尝试，在游戏中解决问题。

通过"'绳'采飞扬"活动开展，让幼儿掌握了各种玩绳要领，通过玩绳等游戏培养了幼儿勇于创新、团结协作的意识。利用玩绳游戏发展幼儿的身体协调能力、弹跳能力、灵敏、耐力，锻炼了幼儿的意志力，进行了多种体验和创造的过程，幼儿的经验在一次次的游戏中得到提升。了解幼儿已有经验，发现幼儿兴趣倾向，给予幼儿最大的支持，教师会发现幼儿所带来的惊喜是意想不到的。

## 四、活动的分析与反思

### （一）教师适时介入，成为幼儿自主游戏的观察者

蒙台梭利认为："要教育儿童就要了解儿童，而观察正是了解儿童的主要途径之一，是教师进行有效指导的前提。"在幼儿自主游戏时，教师善于利用自身"观察者、合作者、引导者"的身份，注意观察幼儿在活动中的兴趣点，及时发现幼儿感兴趣的事物和问题，积极引导幼儿自主解决。在一次户外活动中，教师发现了班级幼儿对跳绳的热情，随即支持幼儿展开了关于跳绳的学习。

当幼儿需要游戏材料时，教师是游戏材料的提供者；当幼儿需要帮助时，教师是游戏的支持者和援助者；当幼儿需要教师一同游戏时，教师是儿童游戏的伙伴和参与者；当幼儿不需要教师介入时，教师是游戏的观察者；当幼儿在分享游戏经验时，教师是倾听者和发问者。

整个游戏活动中，教师应让幼儿按自己的计划行动。教师的主要任务是观察幼儿游戏活动的情况，提供适宜的指导和帮助；减少不必要的干预，以及在观察的基础上确定是否需要干预。游戏中，教师应追随和支持幼儿的兴趣需要，采取适当的方法扩展幼儿的游戏经验，帮助幼儿实现他们的想法、支持游戏活动的发展。

### （二）教师学会倾听

教师要认真倾听幼儿的经验分享与提问，对幼儿来说分享与问题的提出是经验再现和表达，对于其他幼儿来说则是经验学习的过程。在练习跳绳的时候，教师作为旁观者，应在一旁耐心聆听幼儿和其他同伴关于跳绳的讨论。

### （三）幼儿为游戏的主体

以幼儿为主体，在跳绳游戏开展的过程中，对于跳绳遇到的难题，教师应引导幼儿用"座谈会"的形式，自主讨论出解决方法，克服重重困难，最终解决难题。

教师需要根据幼儿的身心发展规律及户外自主游戏的规则，扮演游戏者、合作者和引导者，激发幼儿的游戏潜能，促进幼儿的健康成长。需要注意的

是，在教师介入户外自主游戏的过程中，严禁对幼儿的游戏规则、游戏内容或者游戏方式进行更改，一切介入行为都要以幼儿的意愿为主。

**（四）在有效介入中渗透教育机智**

幼儿是游戏世界的创造者和发现者，教师需要仔细观察幼儿创设的户外自主游戏，并分析游戏中蕴含的教育机智，在有效介入的过程中渗透教育机智，提升幼儿户外自主游戏的教育性，促进幼儿的身心健康发展。

综上所述，幼儿户外自主游戏可以有效促进幼儿的全面发展，需要教师进行有效、适时介入，保障其作用的发挥。教师需要选择合理的介入时间和介入方法，并注重介入过程中幼儿自主性的保障，在有效介入后渗透教育机智，提升幼儿开展户外自主游戏的自信心，培养幼儿的综合素养，促进幼儿的身心健康成长。

撰稿教师：黎灵秀、朱玉佳、许仙妹（大班）
工作单位：深圳市宝安区机关第二幼儿园阳光海分园

# 小区，小区，我的家

## 一、活动背景

### （一）活动缘起

[幼儿们的小发现]

对于幼儿来说，"社区"是一个和自己的家庭生活密切相关的地方。教师观察到幼儿们对于这个话题非常感兴趣。在周末的时候，幼儿会邀请爸爸妈妈和自己一起去了解身边的社区，去发现与思考一些以前从未发现的问题。针对这一兴趣点，教师引导幼儿自主开展了与此相关的游戏活动。

### （二）活动目标

**1. 认知目标**

了解社区各类公共标志的含义，知道如何将其分类。

**2. 技能目标**

能够尝试合作搭建理想社区模型，动手制作自己家的名片。

**3. 情感目标**

体验社区带给人们生活上的方便，与社区建立亲密的关系。

### （三）活动准备

**1. 物质准备**

调查问卷、原木大型积木、雪花片、纸盒、玩具小汽车、废旧纸张、交通标识牌、纸笔、动植物标识等。

**2. 环境准备**

在区域柜上张贴各种各样的社区图片、标志图。

**3. 经验准备**

幼儿对周围社区的环境有过实地考察的经验。

## 二、活动过程实录

### 活动1：走进社区

#### 1. 小区大调查

在活动开始前，幼儿邀请爸爸妈妈一起了解小区的基本设施与建筑数量。在活动开始时，幼儿自主进行了对调查结果的分享。

图1　小区调查表

教师："你们在做小区大调查的时候有哪些发现呢？"

思源（4岁）："我的小区里有很多不同的商店。"

亦杭（4岁半）："我家小区有一个滑滑梯，我每天放学都会去玩。"

伊然（4岁）："我家小区有4家便利店、1个公交站、2个快递站。"

智瑞（4岁）："我住的小区和畏畏、梓宸是同一个小区。"

教师："小朋友们发现了这么多有趣的东西，那你们想一想小区有哪些相同和不同的地方呢？"

米娅（5岁）："我家小区有个很大的停车场，有很多位置可以停车。"

舒望（4岁）："我家小区没有滑滑梯，但是有秋千。"

吉语（4岁）："我那小区没有游泳池，其他小区有，我看到过。"

睿明（4岁）："我们小区里有很多路灯，晚上的时候也可以看到路。"

妹妹（5岁）："小区里有垃圾回收站，不要的东西可以回收。"

维垣（5岁）："我看到过很多小区都有垃圾分类站，还有各种标志。"

**观察思考**：原来，每一个小区都有那么多相同和不相同的地方，还有一些地方，幼儿平常没有注意到，但通过这次的分享，会让幼儿对自己的小区更加了解。

**2. 给家做一张名片**

教师："如果要向别人介绍你的家，你们会怎么介绍？"

畏畏（5岁）："我会介绍我家里有爸爸、妈妈、姐姐。"

澍璠（4岁）："我会介绍我家附近有好多好玩的地方。"

槿霖（4岁）："我家住的小区，要导航才能到哦。"

维垣（5岁）："我家的小区，离幼儿园很近。"

**观察思考**：名片是比较常用的促进人与人之间交往的沟通形式，在日常生活中，幼儿接触名片较少，在本次活动中，他们通过自己动手制作"家"的名片，能知道名片的用途，还可以在设计名片中，对自己家的一些信息更加了解。在符号的表达上，每个幼儿都有自己的特点，每一个设计都有自己的想法。

**3. 小区里的朋友**

朋友在生活中有哪些意义，一起来听听幼儿们对朋友的理解。

问题一："什么是朋友？"

铭睿（4岁）："朋友就是可以一起玩的。"

蓝馨（4岁）："我和维垣就是好朋友，我们经常都玩在一起。"

梓玥（4岁）："朋友就是什么事情都可以分享。"

梓宸（4岁）："朋友就是我喜欢和他玩，他也喜欢和我玩。"

槿霖（4岁）："每天都可以陪我玩就是朋友。"

问题二："小区里有你的朋友吗？"

畏畏（5岁）："有的，我有槿熙一起玩。"

亦杭（4岁半）："有，我每天和梓宸、畏畏一起玩滑滑梯。"

伊然（4岁）："我在小区有个好朋友，但她不在我们班。"

崇安（4岁）："有的，我经常和米娅玩。"

图2　我的朋友

**观察思考：**对于朋友在自己生活中的意义，幼儿会有自己的理解，也有自己独特的思考。其次，通过寻找在小区里的朋友，幼儿和小区之间的联结更有温度了，这也为他们之后寻找、分享小区里最熟悉的地方储备一定的已有经验。

**4. 小区里我最喜欢的地方**

在了解小区的基础上，幼儿和爸爸妈妈一起用独立的视角寻找小区里最喜欢的地方，并能用连贯的语言和同伴分享小区里的趣事。通过这次活动，幼儿对自己居住的小区有了强烈的归属感。

崇安（4岁）："我喜欢这里是因为这里的花每次开得很漂亮。"

思妤（4岁）："我最喜欢这个公园，每次和妈妈、妹妹一起来玩。"

槿霖（4岁）："我喜欢这里的草坪，可以在这里奔跑。"

维垣（5岁）："我喜欢小区里的小公园，那里有很多好玩的运动器械，可以运动。"

蓝馨（4岁）："我最喜欢小区里的滑滑梯，经常回去玩，可好玩了。"

梓玥（4岁）："我最喜欢小区里的小公园，周末爸爸妈妈会带我去那里晒晒太阳，吃吃东西，玩耍。"

妹妹（5岁）："我喜欢我们家楼下的椅子，累了可以坐在上面休息。"

思予（4岁）："我喜欢小区里面的石头路，可以骑单车。"

图3　小区里我最喜欢的地方

**观察思考：**通过这次活动，幼儿对所在小区有了更微观、细致的观察，乐在其中，也更熟悉热爱自己所生活的小区了。

**活动2：小区里的标志**

在活动1"走进社区"探索中，幼儿们在调查中发现社区里都有很多各种各样的小标志，对于这些标志也很感兴趣。于是，教师引导幼儿开展了"社区里有哪些标志""幼儿园的标志有哪些""标志可以怎么玩"等活动。

**1. 社区里有哪些标志**

亦杭（4岁半）："我发现小区里有很多垃圾分类标志，这样我们扔垃圾就可以按照上面的图片来分类了。"

畏畏（5岁）："我们小区里有这个向左向右的标志，告诉我们要向哪边走。"

梓淇（4岁）："小区里有很多楼梯都标了注意台阶，可以提醒我们走台阶注意点。"

梓宸（4岁）："这是禁止攀爬标志，我发现有些标志只有字，有些标志是图片。"

米娅（5岁）："这是在马路边的安全标志，我妈妈告诉我这是消防通道，严禁占用。"

童童（4岁）："小区里我看到有很多安全出口。"

召远（4岁）："我看到有前方有学校标志，告诉我们前面有学校。"

思予（4岁）："小区里有很多商店的标志，看标志就知道是卖什么的了。"

图4　小区里的标志

**2. 社区标志大分类**

教师："小朋友们找了这么多标志，下面让我们给标志分分类，找好朋友吧。"

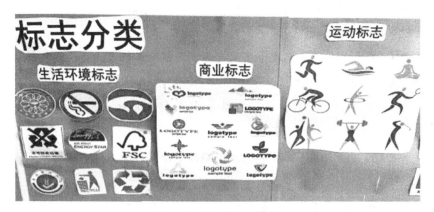

图5　标志分类展示板块

**观察思考：**标志分类的过程也是幼儿关于标志的认识提升的一个过程，在生活中，幼儿能积极地去思考、讨论、探索，同时，思考问题的角度也在不断变换。

**3. 我设计的标志**

教师："如果让你们设计标志，你想怎样设计？"

梓淇（4岁）："我想要设计一个爱护花草的标志，告诉别人要爱护小花、小草。"

召远（4岁）："我要设计一个放在厕所里的标志，防止摔倒。"

伊然（4岁半）："我要设计男孩、女孩的厕所标志。"

睿明（4岁）："我想设计运动的标志。"

图6　设计标志图

**4. 标志可以这样玩**

游戏：你做我猜。

图7 模仿标志动作

除了探究标志，还可以用标志玩游戏，幼儿们玩得很开心。

**活动3："逛超市"**

**1. 在社区玩什么**

随着幼儿对小区的了解不断深入，他们对社区周围的环境也越来越感兴趣。

亦杭（4岁半）："我想要去走下尖岗山，听说那里很大。"

尚萍（5岁）："我想要去了解水果店。"

梓玥（4岁）："我想要了解超市。"

舒望（4岁）："我想要了解小卖部。"

晗晗（4岁）："我想要去公园。"

幼儿们想要去的地方很多，通过投票来决定，最终超市以最高票脱颖而出。

图8 投票中

**2. "逛超市"走起**

这周末幼儿和爸爸妈妈一起带着调查表去探索超市，去发现超市物品怎么摆放，工作人员都是怎么工作的……

图9　"逛超市"

### 3. "逛超市"分享会

晗晗（4岁）："我去了沃尔玛，那里有很多食物。像薯片、饼干都是放得很整齐，一排排地分好类，工作人员有很多，有几个阿姨是拿食物给别人试吃，有些在整理货架。"

梓宸（4岁）："我去的是我家楼下的超市，那里是有蔬菜和零食，蔬菜和零食是分开不在一边放的，阿姨会在那里摆放蔬菜，整理零食，没有的补上去。"

思予（4岁）："我也去我家楼下超市逛，我逛的是水果区，那里的水果是分类摆放的，苹果在一边、榴梿在另一边，那里的工作人员，有些是给水果打秤，有的在收钱。"

图10　"逛超市"调查表展示

### 活动4：构建理想社区

社区是我们生活中最熟悉的大家园，但在生活中，幼儿深入了解社区的机会很少。在本次活动中，他们通过想象创建理想社区模型，当幼儿变成社区的建筑师，他们会有怎么样的设计，又如何构建他们理想的社区呢？

问题一：如果请你建造社区，你想建造社区里的什么？为什么？

宛宸（4岁）："我想做社区的花园，因为我喜欢花草，我可以画得很好。"

思源（4岁）："我想做消防车，因为消防车很酷。"

召远（4岁）："我想做社区里的标志，因为我知道很多标志。"

畏畏（5岁）："我要做滑滑梯，这样小朋友在社区都可以玩。"

问题二：建造社区可能会用到哪些材料？

米娅（5岁）："我可以利用雪花片做小花、小草。"

吉语（4岁）："建构区里有很多积木可以用来建社区里的房子。"

图11　使用大型积木与雪花片建造"社区"

**观察思考：**幼儿们在搭建社区的过程中，不仅发展了动作技能，也在和同伴的合作中提高了沟通能力和解决问题的能力。幼儿对于理想社区的创意来源于生活中的观察和发现，在活动中幼儿一步步将自己的理想社区变得可见可触，也加深了他们与生活的联结。

## 三、活动的分析与反思

《幼儿园教育指导纲要（试行）》中提出："幼儿园应与家庭、社区密切合作，利用各种社区资源，共同为幼儿的发展创造良好的条件。"幼儿的学习离不开真实的生活。在此次自主游戏活动中，幼儿带着问题不断地去思考、探索、分享，更加了解了"家"和"社区"的关系，深入了解了社区里的各种标志，以及社区带给人们生活上的方便。也在这个过程中和爸爸妈妈增进了感情，也交到了小区的朋友，和朋友建立更加亲密的关系。同时，幼儿作为活动的积极主动的探索者，通过在活动中实践、创造、分享，发现自己之前不曾注意到的人、事、物，体验到人与社区之间的亲密关系，对自己生活的小区有更多的认同感和归属感。

每个幼儿心里，都有对未来美好生活的向往，他们眼中的小区更像是充满趣味的童话世界，里面有缤纷色彩与奇幻故事，令人惊叹，让人惊喜。同时，教师也要在活动中不断发现幼儿的成长足迹，让我们继续欣赏幼儿的创造、支持幼儿的探索、相信幼儿的力量，陪他们一起发现并探索吧。

撰稿教师：潘爱粉、彭海薇、魏文香（大班）
工作单位：深圳市宝安区机关第二幼儿园尖岗山分园

# 地下管道的奥秘

## 一、活动背景

### （一）活动缘起

早餐时，外面突然传来响亮的"咚咚咚"的声音，一下子就吸引了幼儿们的注意。

俊泽（4岁）："什么声音啊？好吵呀！"

洋洋（4岁半）："是在打雷吗？"

苗苗（4岁）："我知道，是施工的声音。"

琛琛（5岁）："是在挖地。"

希哲（4岁）："是在修马路吧。"

为了满足幼儿对声音的好奇心和求知欲，用餐后教师带领幼儿来到了后操场。和幼儿一起探索。

悦涵（4岁）："我看到了，是工人叔叔在挖马路。"

俊翊（4岁半）："叔叔，你们是在做什么呀？"

工人叔叔："我们在挖燃气管道。"

云琪（4岁）："什么是燃气管道？"

萱伶（5岁）："我知道，装了燃气的管道就是燃气管道。"

以恒（4岁）："用燃气做的管道是燃气管道。"

牧牧（4岁）："我家有燃气管道。"

言言（4岁半）："为什么要挖燃气管道呢？"

经煜（4岁）："可能是管道'生病'了。"

……

图1 围观地下管道

《3—6岁儿童学习与发展指南》中指出："科学教育应密切联系幼儿的实际生活进行，利用身边的事物与现象作为科学探索的对象。"幼儿有着与生俱来的好奇心和探究欲望，好奇、好问、好探索是幼儿的年龄特点。幼儿喜欢到户外、到大自然中去，并常常为周围的事物所吸引，驻足观看。因此，教师可遵循幼儿兴趣，开展"地下管道的奥秘"自主游戏活动。

**（二）活动目标**

**1. 认知目标**

了解管道的结构和功能，知道管道的用途。

**2. 技能目标**

能对管道大胆探究，并尝试运用符号、语言、动作等方式表达自己的发现。

**3. 情感目标**

尝试用管道进行各种活动，体验活动带来的乐趣。

**（三）活动准备**

**1. 物质准备**

（1）结合幼儿的实际情况制作相对应的调查表（内容如燃气管道是什么？燃气管道为什么会损坏呢？）。

（2）在美工区和积木区提供各种吸管、管道、纸巾筒等材料，引导幼儿进行设计、搭建。

（3）结合幼儿自发情况需要，及时投放各种材料供幼儿探索。

（4）科学区投放，如自制泡泡、传声筒、管道实验等多种材料，供幼儿实验。

（5）语言区投放关于管道的图书。

**2. 环境准备**

创设与管道相关的环境，供幼儿进行二次分享、学习，巩固已有经验。

**3. 经验准备**

（1）知道美工区中各种材料的使用方法，可以自由组合。

（2）见过管道，对管道有初步的认知。

## 二、活动过程实录

### 活动1：了解燃气管道

在晨谈活动时，幼儿们兴趣盎然地讨论着燃气管道及其损坏的原因。

宇骅（4岁）："燃气管道是圆圆的，像吸管一样。"

晋汐（4岁）："燃气管道是用石头做的，要埋在地下。"

盛维（4岁）："是长长的，像小蛇。"

牧牧（4岁）："我家有燃气管道，可以用来做饭。"

子扬（4岁）："虫子咬了，燃气管道就会坏。"

俊翊（4岁半）："可能是它太老了，坏掉了。"

……

猜想是科学探究的重要因素，也是探究活动的前提。在教师的引导下，幼儿能积极主动地发表自己的看法。回家后，小小"科学家们"和爸爸妈妈一起了解燃气管道的百科知识。第二天，幼儿纷纷和大家分享了自己查找的答案。

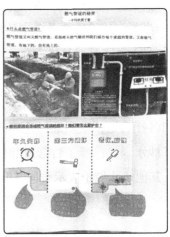

图2　寻找答案

**观察思考**：燃气管道就是用来运输燃气的管道。燃气直接从地下开采或工厂生产，通过管道供用户使用，是城市重要的能源设施之一。时间太久老化、热胀冷缩导致焊接处开裂、雨水浸泡生锈、铲子挖到、石头砸到都有可能导致燃气管道损坏。

**活动2：地下燃气管道的秘密**

为了更好地了解地下燃气管道，教师和幼儿一起阅读了绘本《地下管道的秘密》。在了解燃气的作用环节中，幼儿们也讲述起自己对燃气作用的认识。

经煜（4岁）："厨房里面有燃气，可以做饭。"

言言（4岁半）："燃气可以烧热水，可以洗澡。"

苗苗（4岁）："燃气可以炒菜。"

以恒（4岁）："可以发电。"

楚仪（4岁）："燃气会变成火，可能会爆炸的。"

**观察思考**：通过科普小知识，幼儿知道了燃气管道主要是由国家主干管网、省主干管网、城镇燃气管网组成的一个巨大的燃气管道网，为城市提供动能。燃气可用来做燃料、发电、驱动汽车等。但是燃气属于危险化学品，发生泄漏的时候可能会爆炸，很危险。

**活动3：管道的作用**

左言（4岁半）："管道都有什么作用呢？"

皮皮（4岁）："我也不知道。"

若溪（4岁）："管道里面是空的，可以通水。"

琛琛（5岁）："可以运输气体。"

盛维（4岁）："管道可以画画做手工。"

昕昕（4岁）："沙水区有管道，我们一起去看看吧。"

幼儿们各抒己见，激烈地讨论着。管道真的那么神奇吗？带着问题，师幼一起来到了沙水区，选择了竹管道和竹筒材料。承泽提议可以把水从洗手池运到水池里，其他幼儿纷纷表示赞同并开始尝试。

图3　搭建管道运水

图4　发现连接处漏水

幼儿们发现水龙头打开后，管道连接处在漏水。于是，他们尝试用水壶接水，这样的话，水虽然接住了，但是没法运到下一个管道。

悦涵（4岁）："接住水了也没有用，水流不过去。"

苗苗（4岁）："水都流到地上去了。"

教师："那有什么办法可以让水顺着管道流到另一个管道呢？"

楚仪（4岁）："下面的管道太高了，水流不上去。"

承泽（4岁）："我知道了，第二个水管放的位置太高了，第二个水管放的位置要比第一个水管低，这样水就可以流下去了。"

楚仪（4岁）："那我们试一试！"

图5　调整管道位置

图6　实验：发现水能在前面
两个管道流动

图7　调整后面管道的位置

承泽的办法成功解决了管道运水连接的问题。但新的问题又出现了。

牧牧（4岁）："我们没有矮的竹筒了怎么办？水运不到水池里。"

教师："竹筒没有了，我们怎么样才能把水运到水池呢？"

恩潼（4岁）："我们可以把竹筒横着放，再放管道。"

萱伶（5岁）："不行，水池的围栏比竹筒高，水运不过去的。"

子睿（4岁）："我们可以每个人拿一个管道，把手变成竹筒托住它，让水从手上的管道流到水池里。"

承泽（4岁）："我们一起试试吧。"

图8 尝试用手托住管道　　　　图9 成功运水到水池

在这个过程中，子睿变身成"小老师"，引导其他孩子们摆放管道。最终，按照子睿的办法，幼儿成功地把洗手台的水引入了水池里。

管道除了可以运水还有什么作用呢？一起看看幼儿们的其他发现吧！

图10 管道可以传声　　　　图11 管道可以传物

**观察思考：**通过实践，幼儿们知道了管道的基本作用是运输，可以运输液体、气体、物品等。通过观察，幼儿们发现，管道的形状、颜色各不相同。同时管道也有控制开关的阀门，它是控制液体、气体、粉末等介质流动或停止的装置。在科学小实验运输物品中，幼儿知道了比管子小的物品可以通过管子，比管子大的物品不能通过管子，所以我们应该要爱护管子，不能随便把东西放进管子里，以免造成堵塞。

**活动4：挖管道用到的工具**

第二次观察挖燃气管道施工时，幼儿们对施工的工具产生了很大的兴趣，开始了激烈的讨论。

洋洋（4岁半）："哇，那个是什么？好厉害啊！"

希哲（4岁）："我知道，是电钻，可以把地钻开。"

萱伶（5岁）："有铲子，可以把不要的土和石头铲开。"

子睿（4岁）："我看到了锄头，像挖土一样。"

奕昕（4岁）："老师，那个是什么？会发光的工具。"

教师："我们可以问一下叔叔。"

工人叔叔："这个是电焊机。"

彬彬（4岁）："叔叔，挖地要用到哪些工具？"

工人叔叔："要用到电焊机、铲子、发电机、真空泵、切割机、挖掘机……"

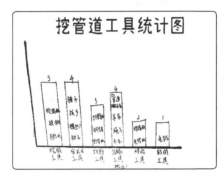

图12 挖管道工具统计图

**观察思考**：通过工人叔叔的介绍，幼儿们知道了一些基本的挖管道的工具。为了让幼儿们更深入地了解管道，餐前活动时师幼一起观看了挖管道的视频，幼儿们从中了解了挖管道用到的工具及其功能。

**活动5：地下管道的种类和材质**

俊翊（4岁半）："地下除了有燃气管道还有什么管道呢？"

肖牧（4岁）："我知道，我上次还看到了地下水管。"

悦涵（4岁）："我也看到过水管，还有一种细细的管子，它是软软的。"

盛维（4岁）："不对，管道是硬的。"

雨辕（5岁）："我看到的管道也是很硬的，黑黑的很结实。"

……

地下管道到底有哪些种类和材质呢？我们一起去找找资料吧。

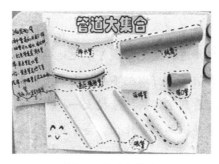

图13　管道大集合

**观察思考：** 教师带领幼儿一起上网查资料，地下管道有燃气管道、给水管道、排水管道、热力管道、工业管道、油气管道、电线电缆等。有的管道是硬硬的、有的管道是软软的。地下管道的材质一般有防腐钢质管道、铸铁管道、水泥管道、玻璃钢管道、塑料管道等。

**活动6：身体里的管道**

幼儿们时常谈论管道的话题，在一次区域活动中，若溪说道："我们身体中也有管道。"这句话"点燃"了大家对人体中血管、食管、气管的讨论，幼儿们七嘴八舌起来。

琛琛（5岁）："身体里面有什么管道呢？"

俊翊（4岁半）："手上有血管，打针的时候药水就流到了血管里。"

俊泽（4岁）："我们身体就是一个管道。"

洋洋（4岁半）："我们嘴巴里有管道，吃饭的时候食物会通过管道进到肚子里。"

苗苗（4岁）："我记得我在语言区看到过《人体》这本书，书里面有关于我们身体里的管道的知识。"

子豪（4岁）："科学区也有，我去找找。"

苗苗（4岁）："这个红色的管道是什么呢？"

小雅（4岁）："这个最细的就是我们的血管了。"

云琪（4岁）："我知道身体里面有肠道，但是我不知道在哪个位置。"

图14　幼儿讨论发现

在这个活动中，教师发现幼儿对人身体的管道有了初步的认识，为了让幼儿更深入地了解身体里的管道，教师结合图片给幼儿讲身体里的管道及其作用。

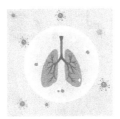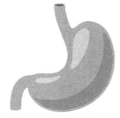

图15　科普小知识

梓扬（4岁）："胃像滑滑梯的管道一样，大大的、弯弯的，可以消化食物。"

琛琛（5岁）："我们的身体里有肠道，可以吸收水分。"

言言（4岁半）："血管和水管一样，受伤了就会流血。也可以运输血。"

彬彬（4岁）："我们肚子里面有大肠和小肠，像管道一样。"

……

**观察思考：**教师要充分尊重和保护幼儿的好奇心和学习兴趣，幼儿们面对真实且感兴趣的问题情境，会通过主动交流、查找资料，这样才能了解到人的身体里有很多管道，这些管道都有不同的功能，它们相互作用，才能保证身体健康。

**活动7：寻管小分队**

《3—6岁儿童学习与发展指南》中指出：亲身体验是幼儿学习的最佳方式。除了地下有管道之外，生活中还有哪些管道呢？

俊翔（4岁半）："老师，我们的滑滑梯是一个管道，超级大。"

俊泽（4岁）："这个传声筒也是管道，它是硬硬的。"

小雅（4岁）："这个是水管，夏天的时候这里可以玩水。"

苗苗（4岁）："这里有一个白色的管道，但是我不知道是什么管道。"

子轩（4岁）："我知道，是水管。"

萱伶（5岁）："看，我们头顶上面有红色的消防管道。"

希哲（4岁）："这个楼梯的扶手也是管道，很硬。"

子怡（5岁）："我发现了水池下面有一条软软的管道。"

宇骅（4岁）："纸巾筒芯也是一个管道，软的。"

子豪（4岁）："美工区里面有很多的吸管，也是软软的。"

......

图16 幼儿园里的管道

图17 其他场地的管道

**观察思考：**幼儿的学习是以直接经验为基础的，在游戏和日常生活中进行的。通过对管道的寻找，幼儿们对管道有了进一步的了解，知道了有的管道埋在地下，有些管道在生活中是可以看到的。通过观察、触摸等方式，幼儿也知道了管道有硬的、软的，有大的、小的，有粗的和细的……

**活动8：动物车停车场**

户外活动时，幼儿们在摆放动物车，摆了很久，发现动物车总是摆放不整齐，这逐渐消磨了幼儿们的耐心，于是幼儿们直接走了。

霏霏（4岁）："草地上是不平的，像斜坡一样。我们可以把动物车摆放到操场跑道上吗？"

云琪（4岁）："放到跑道上跑步的时候会碰到摔跤的。"

承泽（4岁）："我们可以找东西拦住动物车，不让它滑下来。"

经煜（4岁）："可以用管道搭建一个停车场，把动物车放进去。"

彬彬（4岁）："我也想用管道搭一个停车场。"

希哲（4岁）："可是我们没有管道呀。"

言言（4岁半）："我知道了，我们可以用方舟搭建一个停车场，方舟里面也有管道，我们上次玩过的。"

经过讨论，幼儿们一致同意了用方舟搭建停车场来解决动物车摆放不整齐的问题。可是搭建一个什么样的停车场呢？幼儿们表达了自己的想法，于是停车场设计大赛开始了。

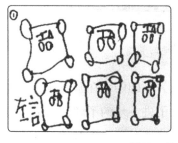

图18　幼儿开始设计

　　言言（4岁半）："我设计的停车场是一辆动物车放一个位置，这样每个车都有自己的位置就不会乱了。"

　　萱伶（5岁）："我设计的停车场是每个位置放一辆车，放两辆空一个位置按照这个规律摆放的。"

　　昕昕（4岁）："我设计的是一个大大的停车场，所有的车都放在里面。"

　　晋汐（4岁）："我设计的停车场是一辆车一个位置连在一起的。"

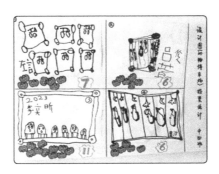

图19 幼儿开始投票

最终通过投票统计，三号作品以16票胜出。幼儿们带着设计图，准备搭建动物车停车场时，又遇到了新的问题。

子怡（5岁）："这么多管道都不一样，我们用哪种管道搭建呢？"

晋汐（4岁）："我们把管道比一比，用最长的管道来搭建停车场吧，这样搭建好看。"

言言（4岁半）："我觉得可以，短的管道搭建要搭建很久。"

宇骅（4岁）："有8辆动物车，我们要搭建多大的停车场呢？"

萱伶（5岁）："我们可以拿着管道去比一比就知道了。"

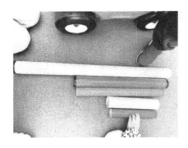

图20 对比管道长度

幼儿们通过比较发现3条长管道的长度刚刚好，宽度需要一条管道，幼儿们看着设计图进行了搭建。在共同合作搭建下，停车场很快就搭建好了。

图21 搭建开始

在实验的过程中，幼儿又发现了问题，在刚刚的测量中，只用管道测量了停车场的长度，没有加上方舟的长度，这样搭建的停车场太长了也太宽了。把动物车放进去，车还是很容易就移动了。发现问题后，幼儿对停车场重新进行了测量和探讨。

宝一（4岁半）："停车场的宽边还是要用长的管道，其他的都太短了。"

霏霏（4岁）："前面的我们可以用蓝色管道试试。"

言言（4岁半）："大大的停车场，动物车在里面太容易移动了，我们还是给每辆车只留一个位置吧。"

昕昕（4岁）："我觉得可以，这样车就不会乱跑了。"

图22 集体商量解决方法

通过测量，幼儿们最终决定用蓝色中等长度的管道搭建停车场的长边，用长管道搭建停车场的宽边。计划把停车场分成连着的一个一个的位置，每一个位置放一辆车。在实验的过程中大家发现一个位置放一辆车还是宽了，放两辆车正好。于是大停车场被分成了4个位置，每个位置放两辆车。动物车停车场终于搭建好了，大家一起把停车场和车搬到指定的位置，这次幼儿们的动物车终于不乱跑了。

图23　搭建成功

**观察思考**：中班的幼儿经过一年半的学习，已经能够运用一些物品进行简单的测量活动了，在实际操作中可感知管道不同的长度。《3—6岁儿童学习与发展指南》中提道，"幼儿科学学习的核心是激发探究兴趣，体验探究过程，发展初步的探究能力"，在搭建动物车停车场的活动中，幼儿主动发现问题、分析问题和解决问题，表现出了一定的科学探究能力。通过直接感知、亲身体验和实际操作来进行科学学习。

**活动9："管"你好玩**

《0—8岁儿童学习环境创设》中写道，"精心创设的操作区，是儿童学习的资源地"，教师应该为幼儿提供"能满足个体需要和爱好的不同材料"。于是教师在区域里投放了各种和管道相关的材料供幼儿自主选择。

图24　管道设计师

图25　搭建管道

图26　科学区：吹泡泡

图27　生活区：穿项链

图28　语言区：管道小人儿

图29　美工区：管道大变身

图30　变废为宝

### 三、活动的分析与反思

在"地下管道的奥秘"活动中，幼儿通过直接感知、实际操作、亲身体验加深了对管道的认知，在寻找管道、玩管道的过程中对管道有了进一步的了解。在前期，教师引导幼儿进行施工队观察、发现问题、主动讨论、查阅资料等以了解地下管道的多种类型和特性，为整个活动积累了科学知识；在观察施工的过程中，幼儿们积极讨论，能大胆有礼貌地向工人叔叔提出疑问并寻找答案，在社会交往方面得到了一定提升。另外，在"管道的作用"活动中，幼儿用生活中的材料表征"管道"，他们面对真实且感兴趣的问题情境，通过实地考察、主动讨论、自主探究等多种方式来了解地下管道的作用。在"动物车停车场"活动中，幼儿在已有经验的基础上，积极思考、寻找解决问题的办法并及时调整，在动手实验中检验结果，无一不体现着幼儿的主动性学习。在"'管'你好玩"活动中，幼儿积极地运用各种类型的管道材料，自主选择、自主创新。

《幼儿园教育指导纲要（试行）》提出：科学的教育价值取向不应只注重静态知识的传递，而应注重幼儿的情感态度和幼儿探究解决问题的能力。幼儿会通过各种感官去感知事物，用积极的态度去操作、探究，去踊跃地动脑思考，以此来获得富有挑战性的直接经验。基于地下管道的奥秘的成果展现，教师发现，幼儿的专注、幼儿的合作精神、幼儿不断遇到问题又不断解决问题的能力，更惊喜于他们面对问题不断挑战的精神。

撰写教师：张敏、朱虹、刘婷（中班）

工作单位：深圳市宝安区机关第二幼儿园阳光海分园

# 我们来建大桥吧

## 一、活动背景

### （一）活动缘起

［幼儿们的小发现］

这一天，幼儿们在建构区建房子。不一会儿，两个幼儿都已经搭建出了城堡。两个人互相欣赏着自己的城堡。

泽泽（5岁）惊喜地说道："文文，你看，我们的城堡离得好近，我可以去你的城堡里做客。"

文文（4岁）："对哦！但是，你从这边过不来，这有水！你会掉进水里的！"

泽泽（5岁）摸了摸脑袋说："有了，我们可以建一座大桥，这样我就可以去你的城堡做客了。"

两个幼儿很快达成共识。于是，建桥行动开始了。

### （二）活动目标

#### 1.认知目标

能够从日常生活中幼儿熟悉的桥出发，认识桥的多样性，感知桥的形状和组成，了解桥的基本构造和用途。

#### 2.技能目标

能够尝试运用多种材料和方法"造桥"，探索桥的多种玩法。

### 3. 情感目标

对桥充满好奇心和探究欲望，乐于表达对"桥"的感受，体会桥给人们生活带来的便利，体验合作建桥的乐趣。

### （三）活动准备

#### 1. 物质准备

原木大型积木、奶粉罐、纸盒、玩具小汽车、卷纸筒、废旧纸张、交通标识牌、尺子、纸笔、动植物标识。

#### 2. 环境准备

在区域柜上张贴各种各样的建筑图片、建造方法图。

#### 3. 经验准备

幼儿在建构区能根据自己的意愿及主题，运用各种材料进行拼搭，并且能够运用平铺、搭建、围合、垒高等方法进行有目的的搭建。在搭建前期，教师组织幼儿对宝安区西湾红树林进行了参观，一起探索西湾红树林公园里的桥。从中幼儿对各式各样的桥有了一定的认识。

## 二、活动过程实录

### （一）初建大桥，困难重重

幼儿们风风火火地开始了建造大桥行动。泽泽喜欢用木头积木来建构，所以他建的城堡和大桥都是木制的；文文则喜欢用泡沫积木建构。两个幼儿从自己的城堡开始往中间建构，等到大桥要连接的时候，才发现桥墩不一样。这时两个幼儿起了争执。

泽泽（5岁）："文文，你这个桥墩太轻了，桥会倒的！"

文文（4岁）："我不管，我就喜欢这种柱子做桥墩。"

双方意见不统一，这时，"砰"一声，桥真的倒了。

泽泽（5岁）喊着："哎呀，真的倒了，都怪你！我就说你的桥墩太轻了，桥不稳，你又不信！"

文文（4岁）不好意思地说："哎，要不我们先把桥画出来吧！"

泽泽（5岁）："好吧！"

图1　泽泽搭建大桥　　　　　　图2　双方搭建的大桥连接

图3　大桥倒塌，幼儿起争论

**观察思考：** 在这次建构活动中，起初两个幼儿都建了城堡，可是怎样才能连接彼此的城堡呢？片刻思考后，幼儿想到的是建一座桥。幼儿都认识桥，但是对桥墩的稳定性不了解，再加上两人合作建桥时没有商量要建什么样的桥，导致建桥材料不一样，最终桥倒塌了。在发生桥倒塌事件时，泽泽比较着急，对文文不换桥墩表示不满。文文也不好意思，但很快就想出了办法，提出了先画桥再搭桥的建议。于是，泽泽也表示认同并采纳了他的建议。在这一过程中，幼儿表现出积极主动、勇于探索的品质。从发现问题到解决问题，幼儿的自主探究能力在不断地提升。

**（二）认识大桥，设计大桥**

在准备设计大桥时，泽泽和文文发现了在一旁观察的教师。

泽泽（5岁）："老师，我和文文想搭一座大桥，你可以给我们看一些桥的照片吗？"

教师："好呀，当然可以啦！"

通过教师介绍，幼儿们了解了桥的构造。原来一座桥的基本组成包括桥面、桥墩、桥梁等。他们还了解到桥墩材料选择的重要性。如果桥墩不稳，整座桥就非常容易坍塌。

图4　幼儿认识桥的构造　　　　图5　幼儿设计大桥（1）

受泽泽和文文的影响，其他幼儿也对建一座大桥产生兴趣，纷纷加入设计大桥小部队。

图6　幼儿设计大桥（2）

不一会儿，幼儿们都把自己想建的桥画出来了，并且向同伴和教师介绍起了自己的构思。幼儿有着丰富的想象力，创造出了一座座别具特色的大桥。

曦曦（4岁）："我设计的大桥是建在海上的，是一座非常高的桥。"

慧慧（4岁）："我设计的大桥是要建在高高的轮船上，需要头上戴着小飞机才能上桥，不然就会掉下去。"

燕燕（4岁）："我设计的桥是独木桥，会摇摇晃晃的，要扶好了才能走。"

阳阳（5岁）："我设计的桥是美丽的人行桥，大家可以在桥上欣赏风景。"

图7 幼儿介绍大桥

**观察思考：** 起初，幼儿对桥的了解可能只是停留在它的形状与外观上，对其构造认识比较局限。当活动刚开始时，泽泽和文文主动找教师表示想看桥的照片。这一举动，把班级其他幼儿的积极性调动起来，都表示要参与到设计桥的活动中。在教师的讲解与指导下，幼儿也初步了解到桥的构造。由此可见，在教育教学中，教师要抓住幼儿兴趣点，遵循幼儿的主体性，给幼儿足够的空间参与、想象及创造。在设计大桥环节时，幼儿的表现令人惊讶。从最开始的桥不稳，到后期的修改与调整，整个环节由幼儿自行设计。并且他们还能大胆地在同伴面前表达自己想法。这一过程显示了幼儿的创造力是无穷的。

**（三）投票选桥，统计分数**

幼儿逐一上台介绍完自己设计的大桥后，台下的幼儿都纷纷表示看花眼了。

泽泽（5岁）："老师，这么多桥，我们要建哪一座呀？"

文文（4岁）："我知道，我知道，我们来投票吧，谁的票数最多，我们就建谁的桥！"

于是幼儿们自主把大家设计的大桥一一展示在画架上，每人手持一张贴纸开始投票。

皙皙（4岁）："这座桥不是我设计的，但是我好喜欢，我要给它投一票。"

浩浩（4岁）："我喜欢这座桥，它像西湾红树林公园海面上那一座高高的大桥。"

图8　幼儿自主投票

经过了投票，一张张大桥设计图里贴着一张张红花，到底谁的红花最多呢？小朋友们一起数一数，并把结果记录下来。

泽泽（5岁）："我们一起来数数看。"

慧慧（4岁）："文文好厉害，他设计的桥票数最多。"

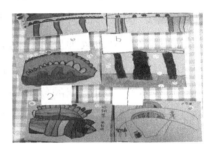

图9　幼儿统计票数

**观察思考**：在投票环节，幼儿的表现是令教师感到惊喜的。例如，幼儿能够用欣赏的眼光去仔细观察他人的作品，并且在只能投一票的情况下，在自己作品和他人作品中抉择，把宝贵的一票投给他人。由此可见，班级幼儿的社会交往能力是相对不错的。

**（四）花式建桥**

**1. 搭建高架桥**

经过了投票选桥活动，幼儿们个个跃跃欲试，都想要自己动手来造桥。这一次，教师在建构区观察到，几个幼儿采用了合作的形式选择用各种积木来搭建高架桥。

慧慧（4岁）："我在我爸爸车上看过桥，有些桥是很高的。"

泽泽（5岁）："是呀是呀，有些桥是给人走的、有些是给车开的，还些桥火车都能开上去，好厉害的！"

慧慧（4岁）："那我们建几座桥，给人走、给汽车开、给火车开。"

泽泽（5岁）："我可不敢走太高的桥，人行桥就建矮一点吧。火车开的桥可以高一点。"

慧慧（4岁）："那火车开的桥我们用最大的积木来建，汽车开的桥我们用圆柱体来当桥墩。"

图10 幼儿搭建意见不合　　　　图11 幼儿统一想法

图12 幼儿搭建成果展示

在分工合作下，幼儿们建起了几座大桥。甚至有些桥还纵横交错。幼儿对自己搭建的大桥非常满意，不断向其他幼儿展示自己成果。

**2. 搭建纸桥**

这时，正在美工区画画的欣欣看到了建构区幼儿们的搭建成果。

欣欣（4岁）向他们提问："那你们可以用纸建桥吗？"

泽泽（5岁）："啊，纸怎么建桥呀，纸这么薄，压一下就塌了。"

借着这个问题，大家开展了一次科学探究活动"纸桥承重"。幼儿通过亲身体验、动手操作的方式，探索改变纸的形状使纸桥的承受能力发生变化，从而感知物体的位置、桥面形状与纸桥承重力的关系。

泽泽（5岁）："原来纸真的可以建桥呀！"

彬彬（4岁）："我把纸折起来了，就不会塌了，但是桥就变窄了耶，这样就只有小车能够经过，大车过不了。"

曦曦（4岁）："没关系，你再放上一张大纸，桥就又变宽啦，大车就可以过了。"

彬彬（4岁）："我的桥太长了，车子都过不去了。"

曦曦（4岁）："是不是要把桥变短一点就可以过了？"

教师："那请你移动一下两个桥墩，让他们缩短一点距离看看。"

彬彬（4岁）："哇，好神奇啊，桥就没刚刚那么长了，我的小车可以过去了！"

图13　幼儿改变纸张形状

图14　幼儿尝试过桥

图15　幼儿改变桥墩距离

图16　车子成功过纸桥

**3. 吸管造桥**

纸张建桥挑战成功，幼儿开始探索还有哪些材料也可以建桥。

慧慧（4岁）："我知道，我知道，吸管也可以建桥！我们把吸管当作钢筋，建房子的时候要用钢筋，我们建桥也要用钢筋！"

于是他们用吸管拼出桥的形状。

这时，康康（4岁）拿着纸砖说："我要注入水泥了！那一根根吸管像钢筋，注上水泥就是坚固的人行桥了！"

图17　吸管造桥

### 4. 身体来造桥

在探索了纸张建桥、吸管建桥后，幼儿惊喜地发现，原来身体也可以变成一座桥。一个人的桥、两个人的桥，更多的身体"桥"出现了……他们甚至开始玩起了过桥游戏。他们两两相对，小手往上一牵，用身体搭起了一座座桥，玩得很开心。

欣欣（4岁）："老师，快看，我们搭了好多桥啊！你也一起来过桥吧！记住要弯腰，要不然就过不去了。"

教师："好呀，你们先过，我在后面跟着你们。"

玥玥（4岁）："我刚刚成功钻了4个桥洞呢。"

教师："哇，你钻得可真快呀，我也要加快速度了！"

在欢声笑语中，幼儿与教师玩起了搭桥、钻桥洞的游戏。在活动中，教师不单单是幼儿活动开展的支持者、引导者，同时还是幼儿活动的陪伴者，陪着幼儿一起玩、一起成长，做幼儿的良师益友。

图18　一个人建拱桥

图19　三人建圆形桥

图20　快乐钻桥洞

**观察思考：**在这一系列活动中，幼儿尝试用多种材料和方式去造桥，在造桥的时候能够做到分工合作，一起去探究桥的搭建方法，体会造桥的乐趣，体验成功的喜悦。在建构区造高架桥的时候，幼儿能够相互配合。例如，慧慧负责拿材料，其他幼儿负责搭建。当遇到桥倒塌时，他们也能够及时调整，重新搭建，而不是抱怨同伴。在搭建纸桥的时候，幼儿一次次尝试、一次次调整，终于成功建起纸桥。并且小汽车玩具还能成功从上面通过。有了上面的经验，幼儿对建桥产生了更加浓厚的兴趣，开始探索各种建桥的方法、材料。在活动中，幼儿创造性、合作性都得到了提高。随着兴趣越发强烈，他们都能够全程专注并投入地自主探索，运用不同形状的积木，利用平铺、架空、组合、垒高、对称等建构技能进行简单的搭建。可见幼儿的游戏水平有了逐步的提升。

### （五）好玩的桥

在户外活动时，慧慧（4岁）看到了放在一旁的体育器械——拱桥，惊喜地说道："哇，我们幼儿园也有桥呀！"

泽泽（5岁）："真的耶，那我们去和桥做游戏吧！"

当幼儿们合作把拱桥摆放好后，便开始一个接着一个爬上拱桥，一边爬还一边说："过桥的时候要慢一点，安全第一。"

图21　合作摆放拱桥　　　　　图22　小心翼翼过桥

楷楷（4岁）说道："要不我们去桥底玩吧！"

大家一致同意，然后慢慢下拱桥，排队从桥底通过。

楷楷（4岁）说："弯弯的拱桥就像一个半圆形。"

这时老师走过去说："那两个半圆形合在一起，会变成什么图形呢？"

楷楷（4岁）迫不及待地说道："我知道！我知道！是圆形！"

于是幼儿合作把桥放倒，拼出了两个圆形。

泽泽（5岁）激动地说："这好像圆圆的池塘呀！池塘里会不会有鳄鱼呀？"

"我来当鳄鱼！我来当鳄鱼！"文文（4岁）激动地说道。

于是幼儿们开始玩起了躲避鳄鱼的游戏。玩了一会儿后，他们又重新想出了其他玩法，摆出了各种拱桥造型。

图23　幼儿钻桥洞　　　　图24　幼儿重新摆放拱桥

图25　幼儿自主探索拱桥玩法

图26　幼儿玩躲避鳄鱼游戏

当自主游戏结束后，幼儿们开始收拱桥。在收的时候，两人合作，一起抬，幼儿们惊喜地发现，拱桥居然变成了跷跷板。

康康（4岁）兴奋地说道："老师，我们再玩一会儿跷跷板！"

图27　幼儿探索"跷跷板"

在欢声笑语中，他们慢慢地把拱桥收好了。这时，大家把目光转向了独木桥、荡桥……幼儿一边玩，一边不禁感叹，原来我们幼儿园有这么多好玩的桥。

**观察思考：**说到拱桥，我们自然而然地想到在桥上行走，可是幼儿却能自主探索拱桥的各种玩法，原来不仅能在上面通过，还可以在下面通过，甚至可以改变桥的摆放形式，延伸出许许多多的游戏。通过拱桥，幼儿对桥的兴趣更加浓厚，主动去寻找幼儿园里其他桥。在和桥做游戏的同时，幼儿直观认识拱桥、独木桥、荡桥等，幼儿们走进大桥，同时也了解到过桥时的安全注意事项。

## 三、活动的分析与反思

"我们来建大桥吧"是幼儿自主自发的建构游戏活动。起初是由两个幼儿的交谈发起了这次建桥的活动，幼儿从最开始对桥的好奇，到认识桥、设计桥、搭建桥、走进桥。他们积极地把已有的知识经验与自主动手实践联系起来，不断学习新的知识和技巧，通过观察、探索、合作将自己的想象呈现出来。幼儿都能够全程专注并投入地自主探索，一直保持了相当高的游戏兴趣，呈现出很强的探究欲望和敢于挑战的游戏精神。

综观整个搭建游戏，幼儿们的搭建能力、思维能力、想象创造能力、探究能力和解决问题的能力都得到了有效的发展。从一开始对桥墩的稳定性不了解，再加上合作建桥意识薄弱导致选用了不适宜的桥墩，因而桥倒塌了，到后面幼儿能够认真探索、积极沟通、相互配合成功搭建了高架桥、纸桥，甚至探索发现身体还能造桥。每一种桥的成功搭建都体现了幼儿们搭建技能和合作交往能力的明显提升。

　　游戏中，教师坚持幼儿游戏的主体地位，让幼儿们尽情游戏，相信他们、尊重他们的想法，为幼儿提供宽松自由的游戏氛围和丰富的游戏材料。在幼儿遇到难题难以解决时，教师给予适当的引导、支持，让幼儿去探索、去协商。最终，幼儿都能很好地找到解决办法，从而增强了他们的自信心，获得了成就感。当幼儿对桥倒塌原因不明白时，教师提供支持，让幼儿了解大桥的大桥构造。当幼儿对纸张到底能不能造桥产生争辩时，教师借着这个问题，引导幼儿开展科学探究活动"纸桥承重"。教师一直秉持"幼儿是游戏的主人"这一理念，不断追随幼儿的脚步，聆听幼儿的想法，及时抓住幼儿的兴趣点，以点成面，做幼儿活动开展的观察者、支持者、引导者。为幼儿提供所需要的帮助，让幼儿的游戏变得趣味性、挑战性、知识性并存。

　　本次活动给予了幼儿自主游戏的机会，锻炼了幼儿独立解决问题的能力，把游戏的权利还给幼儿，发挥幼儿的自主性，让幼儿真正地在游戏中学习，在游戏中成长。

撰稿教师：陈丽金、宫艳秋、钟雨利（中班）

工作单位：深圳市宝安区西乡南昌第二幼儿园

# 快乐红树林

## 一、活动背景

大自然是一本活的教科书，到处都有可以让孩子优游其中、快乐学习的材料与资源。深圳西湾红树林公园是幼儿周末特别喜欢的去处。一提起西湾红树林，幼儿有着说不完的话语，分享不完的趣事。因此，我园秉承以幼儿为本的教育理念，以"西湾红树林"为载体，着眼于幼儿核心素养的培养，带领幼儿走进西湾红树林，充分利用其地理位置优势及丰富的自然资源，来丰富我园生活化游戏化课程建构实践。

《幼儿园教育指导纲要（试行）》指出：幼儿园教育应"以游戏为基本活动"，"寓教育于各项活动之中"。我园一直贯彻这一基本原则与要求。教师引导了大班幼儿开展了"快乐红树林"的自主游戏活动。在活动中，幼儿积极参与户外探索，感受自然环境，随后还自主开展了"趣味游戏""粘贴绘画""搭建快乐红树林"等一系列游戏。

### （一）活动缘起

《幼儿园教育指导纲要（试行）》指出：环境是重要的教育资源，幼儿园应通过环境的创设和利用，有效地促进幼儿的发展。正如西湾红树林是市区共建的一座自然生态公园，环境优美，设施完备，生态教育资源丰富。更重要的是，它与我园为邻，出行安全、便利，是我园带领幼儿们开启户外研学活动之旅的理想场所，也可作为我园孩子们在玩中学、学中玩，实现环境教育的资源。随着大班幼儿开展的"快乐红树林"自主游戏课程，周末幼儿们与父母共同去参观了西湾红树林公园。

迎着海风，走过悠长的绿道，幼儿们带着满满的期待，来到了西湾红树林公园，开启一场有趣的红树林之旅，用大自然的馈赠，为接下来的探究活动锦上添花！

图1　孩子们惬意地席地而坐

图2　绘画美丽的风景　　　　图3　自由自在地玩游戏

在西湾红树林公园中，幼儿被周围美丽的景色吸引。有的幼儿自发地拿出了从家里带来的速写本，将美丽的风景描绘了下来；有的幼儿发现了掉落的树叶，将不同的树叶粘贴成了一幅画，还有的幼儿在宽阔的草地上，和伙伴们玩起了有趣的游戏。

愉快的旅程结束了，红树林的一草一木、一花一石，都对幼儿们有着莫大的吸引力，激发了他们积极探索的欲望。参观回来后，幼儿们对此次活动还意犹未尽，在班级自主区域游戏中，他们开始尝试着运用不同积木材料进行建构游戏。

[幼儿们的小发现]

这天，磊磊在用纸砖进行搭建活动。当搭好了类似于一栋房子的"建筑"后，幼儿们开始了议论。

*磊磊（6岁）抬头对旁边的陈薇说："你快看，我搭了西湾红树林。"*

*薇薇（6岁）兴奋地说："我这里有很多花和草，红树林有很多花和树，把这些装上去才像……"*

一场搭建"快乐红树林"模型的建构游戏就此展开。

（二）活动目标

**1. 认知目标**

认识物体空间结构，发展空间知觉、理解数量关系。

**2. 技能目标**

能够综合运用围合、垒高、平铺、插接等技能建构出马路、房子等。

**3. 情感目标**

与同伴联合建构中，逐渐形成自豪感和集体荣誉感，相互欣赏作品。

（三）活动准备

**1. 经验准备**

（1）通过之前的周末亲子外出探究活动，幼儿对红树林的设施和特点有了初步的了解，为后续图纸搭建、设施模型还原搭建奠定了基础。

（2）幼儿建构技能方面的经验：大班幼儿掌握简单的垒高、延长、围合等的方法。

**2. 物质准备**

准备建构区材料，包括大量纸杯、积木、建筑标识牌、可乐瓶、安全标识、斑马线、小汽车、PVC管子、纸牌等，供孩子们自主搭建选择。

**3. 环境准备**

教师为幼儿营造有丰富材料的、开放性的、打破区域边界的、可以自由选择的环境。在日常的区域活动中，确保幼儿有自由的选择权和空间去充分发挥想象和创造。同时，区域内设置展示作品的空间，可以展示幼儿优秀的建构区作品；地面有铺设物，减震、除噪、保暖，形成区域划分界限。

## 二、活动过程实录

［幼儿们的小发现］

在区域活动的时候，很多幼儿选择来到建构区。他们开始挑选了一些简单的材料进行搭建。有的幼儿将长方形的泡沫积木交错叠高（图4），然后在周围又围了一圈，来当作围墙；另一边磊磊和俊熹用纸杯搭建了高高的房子（图5）；莹莹用纸牌来搭建房子；妍妍用泡沫积木搭建了西湾红树林；还有一些幼儿搭建了一些零零散散未成型的建筑。渐渐地，区域活动就到了尾声……

图4　泡沫积木围墙　　　　图5　高高的纸杯房子

### （一）学习搭建

在区域结束后的交流分享中，教师留下幼儿们第一次搭建作品的照片。

教师好奇地问幼儿们："妍妍搭建的'西湾红树林'和之前我们平时搭建的有什么不同？"

强强（6岁）："我看到妍妍搭了高高的房子。"

扬扬（6岁）："妍妍搭建公园里的小路弯弯的。"

教师追问道："那妍妍是怎么搭建出弯曲的弧度的呢？"

轩轩（6岁）："我看到了，她摆的最下层的纸杯是弯曲的，所以搭出来的就是弯弯的。"

教师："那除了今天妍妍搭建的西湾红树林的小路是弯曲的，你们还知道哪些著名的建筑，它们也具有弯曲性这一特点呢？"

幼儿们想到了深圳宝安体育馆中心、北京正方形的"水立方"……交流讨论后，大家一起欣赏了"鸟巢"等图片。

**观察思考**：在第一次的搭建游戏中，由于幼儿的经验不足，他们只会使用简单的技巧进行搭建，对房子建筑的构造也比较模糊，搭建时很盲目，没有明确的搭建目的和计划与分工。因此，教师在幼儿搭建结束后，教师针对当前现状进行了反思与总结：

（1）教师邀请搭建经验稍微丰富的幼儿向大家讲讲他们搭建的作品，分享建构技巧，让其他幼儿通过边听边观看的方式，共同提高建构能力。

（2）教师适时放手，给予幼儿充分探索的时间和空间，让幼儿在不断尝试中积累建构经验。

（3）用心观察，抓住教育契机。通过游戏后的分享环节或者图片和实际操作给幼儿讲解搭建的方法，如平铺、垒高、围合等，启发幼儿深入思考，引导幼儿回忆生活中见过的不同形状的建筑，激发幼儿创作不同形状建筑的兴趣。

（4）更新环境创设。提供著名建筑图片在区域中，便于幼儿观察模仿，丰富经验，奠定了后期创造的基础。同时创设丰富多样的建筑墙饰图片，可以满足幼儿的个体发展需求。

**（二）有了形样的红树林**

通过第一次的搭建游戏讨论、实地参观和老师的指导，幼儿的想象得到了进一步的激发。在接下来的区域活动搭建中，幼儿的建筑开始有了变化……

幼儿在搭建前先进行了自由分组，妍妍和莹莹在美工区开始绘画图纸，其余幼儿分为围墙搭建组、马路搭建组、房子搭建组。在组长薇薇的带领和安排下，幼儿自主拿取材料，选择合适的位置来搭建。围墙组的幼儿选择了长一点的积木，一个挨着一个围了一个长方形，来当作围墙；马路组的幼儿使用长条的KT板一个挨着一个在围墙外搭起了弯弯的马路；搭建房子组的幼儿选用长方形的纸砖相互叠在一起，建成房子的四面墙。然而在搭建的过程中，这些墙不小心倒了几次。

薇薇（6岁）对着其他同学说："你们搭建时，上面不要放太重，不然房子会塌下来。"

轩轩听到薇薇的话后，点了点头，与扬扬一起开始进行了调整。最后他们的房子顺利地搭建好了。搭建马路组的幼儿也在铭铭的带领下搭建完成。在此基础上，他们还添加了很多安全标识。

图6　绘画建筑图纸　　　　　图7　搭建马路

教师看着幼儿分工明确、积极主动地探索搭建不同形状的建筑，并掌握了围合的建构技能。

教师："你们的建筑很有特色哦，每个小组负责的建筑都完成得很棒，真是优秀的小建筑师，你们能向小伙伴们介绍自己的建筑吗？"

浩浩（5岁）："这是我搭建的家，上面有一扇窗户和一个大门，欢迎小朋友来我家做客。"

强强（6岁）："你的房子真漂亮。"

扬扬（6岁）："来看看我的小公园，上面有滑滑梯，还有小动物在上面玩游戏。"

轩轩（6岁）："你的公园好大我好喜欢。"

他们自信地向小伙伴介绍着自己的搭建作品，并给自己的建筑物取了名字。

在经验分享时，萱萱（6岁）还向幼儿朋友们抛出了问题："你们猜猜我是怎么搭建出圆形建筑的？"

怡怡（6岁）："我知道，你用纸杯先在最下边摆了一个圆形，然后把它们加高，就搭建出来了，很像金字塔。"

幼儿们纷纷鼓掌，夸赞萱萱搭建得很好。教师鼓励其他幼儿用画笔设计自己的建筑。

乐乐（6岁）："我在电视上看见了泰国的一个塔，它是三角形的，所以我画了三角形的建筑。"

婷婷（6岁）："我喜欢爱心，所以我搭了爱心形状的房子。"

怡怡（6岁）："我搭了一个长城，之前我去过北京，长城是长长的，像长方形一样。"

交流分享结束后，教师鼓励幼儿把自己的建筑画下来，提升他们的表征能力，让他们留下游戏的痕迹。于是，幼儿们都纷纷在回忆记录本上画下了自己设计的正方形、长方形、圆形、爱心形等各种形状的建筑。

图8　纸杯叠加形成建筑　　　图9　向同伴介绍作品

**1. 教师的思考**

（1）以赞扬的方法肯定幼儿创意。对于幼儿们的积极探索和对不同形状建筑的搭建尝试表示肯定并及时鼓励幼儿，使其感受到教师对他们游戏的关注，促使他们增强归属感，提升其进一步游戏的自信心。

（2）通过分享环节鼓励幼儿大胆表达自己的想法，并给予幼儿充分讨论时间，让搭建经验在交流分享中得以传递。

（3）通过记录表征支持幼儿游戏。游戏前的记录，帮助幼儿对自己的计划进行记录表达，进而根据计划进行探索和尝试。游戏后的记录，帮助幼儿巩固在游戏过程中获得的搭建经验。

（4）游戏中，幼儿通过合作、沟通、尝试、相互讨论、学习等方式，成功解决了游戏中出现的一些问题。他们自主解决问题的能力得到进一步提升。但在搭建围墙、房子和马路时，幼儿选择的材料大都是一样的，这样就会导致材料不够。除此之外，幼儿虽然搭建了马路，但是没注意到跑道的转弯处应该是有弧度的。教师开始思考如何才能让幼儿关注到合适选材、合理搭建，进而让红树林搭建得更为成功。

**2. 策略支持**

（1）于是，教师提供了西湾红树林道路的图片，让幼儿仔细观察，引导幼儿发现跑道转弯处的变化。

（2）带领幼儿观看材料柜里剩余的材料，引导幼儿思考剩余的材料能用在什么地方。

**（三）初具规模的"快乐红树林"**

在第二次搭建完成后，幼儿及时对出现的问题进行了分析，并提出了解决问题的方法。很快第三次搭建活动开始了。

幼儿在这次搭建围墙时选择了上次没有用到的长方形木框，并把它们每隔一段距离竖着放，这样材料就省了一些，围墙也比上次的要高，更能突显出围墙的特点。节省下来的材料幼儿就用在了马路的搭建上。这次他们搭建的马路有直的，也有弯弯的。不过搭建时窗外的风有点大，所以他们建的房子和马路不停地倒，在幼儿扶了又扶后还是继续倒。此时教师发现虽然蓉蓉的脸上看起来并不开心，但她默默去到娃娃家，抱起之前向家长收集的纸盒就回到了建构区，把纸盒放到建构区后，在搭建的"红树林"周围装饰了一圈。因周围的装饰围起了倒下的房子和马路，隔离了窗外的风，蓉蓉此举正好解决了房子与马路不停倒下的问题。在幼儿们的合作下"快乐红树林"建筑初具规模。之后，教师站在窗户旁边，用身体语言提示幼儿关注风的来临，以免模型再次倒下。磊磊注意到了教师的行为，关注到了窗外的风，就把窗户关了起来。幼儿们还齐心协力地用剩余的材料搭建出了幼儿园等周边事物，来丰富红树林的整体周边环境。最终，"快乐红树林"搭建成功。

图10 幼儿搭建公园、马路　　图11 初具规模的"快乐红树林"

**1. 教师的思考**

幼儿在此次游戏活动中互相合作的意识得到了提高，他们懂得了互相谦让，在建构游戏的过程中懂得听取他人意见，学会协商完成任务。

教师适时的介入，给予了幼儿自由的搭建空间。通过本次搭建活动，幼儿的建构能力、搭建水平有明显的提高，并且在碰到问题时能想办法解决。这说明幼儿能够发现问题并独立解决问题。

**2. 策略支持**

在幼儿拼摆圆形房子遇到困难时，教师耐心观察，适时地指导，相信幼儿是有能力的学习者，放手让孩子独立思考找到解决问题的方法。

"自主游戏"是幼儿最喜欢的游戏形式，也是幼儿学习知识最自然的方法。教师要把真正的自由还给幼儿，让幼儿真正地成为游戏的主人。教师只需要给幼儿准备充足的游戏材料、适宜的场地、适时地介入引导并及时地退出，幼儿们一定会创造出想象不到的精彩。

## 三、家园共育助力建构"升级"

幼儿在园的一些精彩活动，教师都会通过班级微信群将照片与家长们共同分享。家长们也纷纷感叹幼儿在自主建构游戏中存在着巨大的潜力，表示在家庭中也要为幼儿提供更加自主、自由的游戏空间和时间，和幼儿一起在游戏中成长。在这次活动后他们也表示幼儿之后的活动，作为家长应积极参与，给予班级帮助，并主动参与到投放和制作材料的活动中去。

随着家长们的进一步支持，班级材料越来越丰富，幼儿的游戏也在不断升级中……幼儿的作品完成后，教师会及时拍照分享给家长们，并鼓励幼儿在班级中或者回家后与爸爸妈妈一起分享建构的趣事和难事，共同探讨解决问题的方法。

## 四、活动的价值及幼儿的发展价值

### （一）活动的特点及价值所在

与家长分享幼儿们的游戏案例，一起了解幼儿自主游戏，更新教育理念，从而使家长也可以在家庭中进一步支持幼儿建构游戏的发展。家园合力促进"快乐红树林"这一建构游戏的深入体验。

**1. 符合幼儿的兴趣需要**

建构游戏本身是一种创造性游戏，是幼儿利用各种结构材料进行建筑和构造的活动，也是反映现实生活的游戏。这次的建构游戏是根据幼儿对于搭建"快乐红树林"经验的不断丰富，是在学习、探索、发现中自然生成的游戏活动。其中的游戏设计能够体现幼儿的游戏愿望和原有的想法。

**2. 符合幼儿的学习特点**

游戏的形式开放自主、游戏的材料丰富多样，并且符合幼儿喜欢操作、在操作中学习的学习特点。幼儿可以充分地利用瓶盖、纸杯、积木、纸牌、饮料瓶等以及其他区域的辅助材料进行活动，从游戏中得到快乐和发展。

**3. 展现了幼儿能力的持续发展**

"快乐红树林"游戏是在幼儿原有的建构经验基础上，通过长时间探索、不断持续深化，使得幼儿的建构技能、记录表征能力、数学认知能力等方面得到了提高。

**4. 体现了幼儿丰富的想象力和创造力**

活动的主要材料为低结构材料，可以激发幼儿的想象力和创造力。幼儿在活动中积极动脑筋，想象并创造了圆形、正方形等多种形状的建筑及按规律排序的建筑。

### （二）幼儿学习发展的价值

观察等待的支持策略，充分给予幼儿自主学习的时间和空间，让幼儿充分地感知游戏材料，丰富游戏经验。保证幼儿游戏开始的自发自主，幼儿游戏过程的自娱自乐，游戏内容的自我制定，游戏材料的可自由选择，才可以使幼儿在游戏中自由自主地得到发展，获得愉快的情感体验。

**1. 促进幼儿的身心发展**

幼儿在游戏中带有愉悦的心情和积极的活动状态，体验到了动手操作的快乐，以及游戏成功的喜悦。同时，幼儿在建构过程中通过捏、握、抓，促进了幼儿的手部精细动作的发展。这都有助于幼儿的身心健康的发展。

**2. 促进幼儿建构技能的发展**

幼儿调动了已有的对于搭建"金字塔"的错位垒高建构经验，在探索有弧度建筑和其他形状建筑的过程中，掌握了围合的建构技能。

**3. 促进幼儿良好学习品质的养成**

幼儿在搭建爱心建筑过程中遇到"爱心"不容易拼摆的问题时，能够积极动脑筋尝试用其他区域的辅助材料解决。幼儿的投入、专注、不怕困难，敢于探究和尝试，坚持完成自己的目标等良好学习品质在游戏中得到了培养。

**4. 促进幼儿创造力发展**

在幼儿搭建时，教师尊重幼儿的设计想法，与幼儿共同探讨让"圆形建筑"有弧度的方法，支持幼儿大胆设计和创造各种形状的建筑。这有利于发展幼儿的创造性思维。

## 五、活动的分析与反思

通过开展幼儿的经验分享，支持幼儿深入游戏。当幼儿有成功的经验时，及时地分享经验既可以增强该幼儿的自信心，也可以帮助其他幼儿借鉴学习按规律排序建筑搭建的方法。教师适时地以问题引导等方式介入，支持幼儿的"快乐红树林"建构游戏。避免幼儿因无法找到合适的方法放弃游戏或简单重复游戏，使游戏难以深入。

同时，教师要做好记录表征，引导幼儿总结建构经验，提高建构游戏的计划性、目的性。肯定并支持幼儿分享喜悦行为，让幼儿体验搭建成功的成就感。教师还要支持幼儿把作品分享给家长，使其获得更大的满足感。当幼儿提出想把表征带回家时，教师应及时给予肯定，让幼儿与爸爸妈妈一起分享喜悦，并主动把建构照片也传给家长，加强家园联系。具体相关策略如下：

（1）借助幼儿经验分享等手段，丰富幼儿的建构经验。在这场建构游戏中，必要的建构经验的积累有利于幼儿建构游戏的推进。

（2）面对幼儿建构游戏出现的按规律排序情况，教师要尊重幼儿的想法，努力发现幼儿感兴趣的事物、游戏中所隐含的教育价值，把握时机，积极引导，促进幼儿建构游戏中数学能力的发展，包括空间关系、数量关系、大小感匹配等。

（3）根据幼儿的游戏情况，教师要为幼儿游戏准备更多辅助性材料，如奶粉罐、木板、大小不等的箱子、易拉罐、绳子、塑料管、小车模型、线、石头、建筑模型、建筑图片、自制纸盒积木、花、草、楼房、小人和动物的立体摆件、小木桥、幼儿积木作品照片等以便幼儿发散思维，利用多种材料提升游戏水平。

（4）教师应在游戏中观察幼儿的表现，善于利用游戏中出现的问题，灵活运用启发诱导、经验分享、记录表征、赞扬鼓励等策略，推动游戏的发展。

（5）游戏的主体是幼儿，教师要适当放手，不急于介入，让幼儿自己尝试用自己的办法解决问题，让自主游戏发挥真正的价值。

（6）支持幼儿的合作游戏，对建构游戏出现的初步的合作意识进行鼓励，积极引导幼儿掌握合作的技能，能够积极协商分工。

撰稿教师：刘娜、杨澳（大班）

工作单位：深圳市宝安区西乡南昌第二幼儿园

# 创意感官区

## 一、活动背景

### （一）活动缘起

一天，学宸用粉红塔摆出了"坦克"的造型，并邀请好朋友锡锡来欣赏自己的作品。两个幼儿你一言我一语地讨论起了粉红塔还可以摆出哪些造型。随后，锡锡用粉红塔摆出了"喷泉"和"航母基地"的造型，直到收区时，两个幼儿也仍继续讨论着心中对其他造型的建构。

图1　幼儿讨论搭建造型

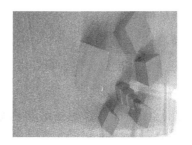

图2　"喷泉"

图3　"航母基地"

图4　幼儿分享自己的搭建作品

区域小结时，学宸和锡锡把自己的搭建作品分享给了班上的同伴，大家对他俩的创意搭建赞叹不已，也萌发了对感官区粉红塔的探索兴趣。

（二）活动目标

**1. 认知目标**

感知粉红塔、棕色梯和长棒的不同大小、粗细、高矮和长短的变化。

**2. 技能目标**

根据粉红塔、棕色梯和长棒的特点进行分类、比较、排序和建构，找出它们的相同及不同之处。

**3. 情感目标**

乐于与同伴团结合作，体验共同建构的乐趣。

（三）活动准备

**1. 物质准备**

（1）感官教具：长棒、棕色梯、粉红塔、带插座圆柱体（4组）、彩色圆柱体（红色、黄色、蓝色、绿色）、圆柱体阶梯。

（2）其他材料：教具相应的字卡、粉红塔延伸卡、长棒延伸卡、棕色梯延伸卡及组合延伸卡。

**2. 环境准备**

（1）在感官区投放长棒、粉红塔、棕色梯、带插座圆柱体、彩色圆柱体单一造型图及多种组合创意图。

（2）感官区墙面、背柜粘贴幼儿操作感官教具的照片和对创意组合的设计图。

**3. 经验准备**

（1）幼儿对大小、粗细、长短、高矮有一定的感知。

（2）对长棒、粉红塔、棕色梯有单一横向或纵向排序的经验。

（3）能用简单符号记录自己的工作。

## 二、活动过程实录

第二天，子腾也在感官区用粉红塔建构起了不一样的造型。

子腾（5岁）："瞧！这是我建构的'双向楼梯'和'百变万花筒'，每一个粉红塔都代表不一样的图案，有的大、有的小，从前面看像菱形、从左边看像正方形，真是太有趣了！"

图5　"双向楼梯"　　图6　"百变万花筒"　　图7　将搭建的造型画下来

**观察思考：**子腾能够细心观察每个粉红塔的特征（由大到小依次递减），按照规律有序地排列出自己心目中的造型，在游戏中掌握基本的大、小概念。

**（一）粉红塔与棕色梯的创意碰撞**

幼儿们对子腾的建构和想法赞叹不已，同时也对建构产生了无限畅想。

轩轩（5岁）立即说："我加上棕色梯一起搭建就会变得更加壮观，造型也会更加丰富。"

之之（5岁半）也说："棕色梯、粉红塔一起搭建出来的作品也会更加好看吧。"

浩然（5岁）说："那明天也去感官区用粉红塔、棕色梯一起来搭建一个不一样的'喷泉'吧！"

于是，幼儿约好第二天一起选择感官区来尝试自己心中的建构。之之和萍萍也用粉红塔、棕色梯建构出了"旋转餐厅"。浩然和轩轩成功搭建出了心中的"喷泉"并用击掌来表达心中的喜悦。

图8　之之和萍萍用粉红塔、棕色梯建构出的"旋转餐厅"

图9 浩然和轩轩用粉红塔、棕色梯搭建的"喷泉"

**观察思考：**幼儿们第一次尝试运用粉红塔、棕色梯进行组合搭建，在探索中掌握物体之间的规律和平衡点，大胆地搭建自己心中想要的造型。在此经验上，幼儿们还尝试运用两种物体进行更多有创意的组合搭建。

幼儿们对粉红塔、棕色梯的关注度只增不减，越来越多的幼儿利用粉红塔和棕色梯来建构自己心中的造型。有些幼儿正在用粉红塔、棕色梯来进行垂直垒高和架空的方式来探索两组物体之间的关系；有的幼儿正在小心翼翼地把最小的粉红塔放在最细的棕色梯上。

| 图10 安吉和北北一起探索粉红塔和棕色梯的组合 | 图11 晋晋和然然用垂直的方式进行组合搭建 | 图12 琪琪和北北一起把最小的粉红塔放到最上面去 |

**观察思考：**幼儿们在运用两种物体进行组合的同时也发现了两种物体之间的关系，如大小、粗细、高矮等。但是如何才能把两种物体建构好呢？这还需要不断地去实践、尝试和探索。为此，根据幼儿的操作情况，教师组织幼儿进

行了谈话活动。

（二）谈话活动：在感官区组合搭建时可能会遇到哪些问题

轩轩（5岁）："可能会歪，歪了就会倒下来。"

圣越（5岁）："有时候一不小心就倒下来了。"

郡郡（5岁）："没有找到合适的平衡点就会倒。"

元元（6岁）："可能会歪歪扭扭地站不稳。"

之之（5岁半）："有时不够细心就会塌下来。"

雅琪（5岁）："搭太高的时候也会掉下来。"

羽皓（6岁）："有时搭的地方位置不够就会倒。"

子腾（5岁）："把最小的粉红塔放在最大的粉红塔的下面总是歪。"

丁丁（5岁）："在不平衡的点上就会倒。"

敏琪（5岁）："我在放最细棕色梯和最小粉红塔的时候也会掉下来。"

**观察思考：**每个幼儿在实践和探索中或多或少地遇到过这样和那样的困惑。面对困惑幼儿能够大胆地表述出来，从而能够提升自己的语言表达和思考的能力。针对幼儿提出的疑惑，教师引导他们自主思考，想出好的解决方法。

图13　幼儿谈话活动

谈话活动：怎样解决搭建时遇到的困难？

程宝（5岁）："发现有一点点歪的时候就要马上调整，调整好了再搭。"

珂郡（5岁）："哪一个粉红塔或棕色梯没有对齐就调整哪一个。"

圣越（5岁）："搭的时候要小心一点，不要随意碰到搭好的造型。"

颜睿（5岁）："要一边搭一边调整位置和方法。"

子腾（5岁）："如果发现歪了就及时把它扶正。"

瑜慧（5岁）："搭组合的作品要小心一点。"

家进（5岁）："要轻轻地放上去就不容易倒。"

丁丁（5岁）："要看准平衡点再用两只手轻轻地放。"

彦苹（5岁）："前面倒就往后面挪一点，后面倒就往前面挪一点。"

郡郡（5岁）："搭的时候要加倍小心。"

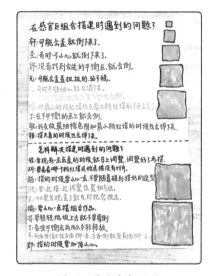

图14　幼儿各抒己见

在谈话活动中，幼儿一方面回顾了自己搭建时遇到的问题；另一方面思考遇到相对应的问题时如何能更好地解决它，以便下一次组合搭建时进行更好的调整。紧接着，幼儿们想出了一个解决的办法，即先把自己搭建的造型画出来，再根据自己画的设计图进行搭建，看看自己的设计能否成功搭建出来。

**（三）第一次设计组合搭建设计图**

幼儿根据自己的搭建经验，尝试把自己想搭建的造型设计出来，设计完成后便兴高采烈地开始搭建起来了。雅琪和容容按照自己的设计想办法尝试进行建构。

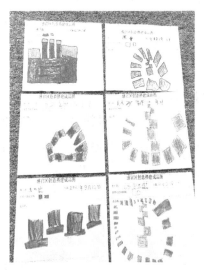

图15　幼儿第一次尝试画粉红塔、棕色梯的设计图

图16　雅琪和容容用粉红塔、棕色梯一起组合搭建的"摩天轮"

图17　用粉红塔、棕色梯一起组成的"地球仪"，粉红塔
代表"海洋"，棕色梯代表的是"陆地"

**观察思考:** 幼儿们在尝试构思中回忆着自己的建构经验,并用绘画的形式表示出来。他们是第一次当设计师都特别有成就感!他们也对设计—建构有了一定的概念,并享受着其中的乐趣。于是,幼儿又开始了第二轮的设计活动。

### (四)第二次设计组合搭建设计图

经过第一次的设计与建构,幼儿对粉红塔与棕色梯的组合搭建能力有了进一步的提升,在建构中更加细致地观察物体与物体之间的关系,能够把粉红塔、棕色梯用立体的方式给设计出来了。幼儿的观察、学习与逻辑思维能力进一步得到了提高。

图18 宸宸在画　　图19 容容在构思自己
　　设计图　　　　　　的设计图

幼儿们画好自己的设计图后便开始建构了。来看看他们完成的建构成品吧。

图20 搭建成功

宸宸(5岁):"这也是我用粉红塔、棕色梯一起组合成的'万象天地'。"

越越（5岁）："这太厉害了吧！长棒就像长长的桥。"

巧克力（5岁）："这粉红塔好特别，也很有规律。"

图21 "万里长城"

钖钖（5岁）："这是我用粉红塔、棕色梯一起组合成的'万里长城'。"

萱萱（5岁）："远远地看，这好像大海里面的波浪。"

苹苹（5岁）："我觉得像蹦蹦床。"

图22 "神舟七号发射中心"

皓容（5岁）："这是我用粉红塔、棕色梯一起组合成的'神舟七号发射中心'。"

睿睿（5岁）："最小的粉红塔和最细的棕色梯都放上去了，太了不起了吧！"

**观察思考：**幼儿们经过两轮的设计与建构，在设计方面能够把物体之间的形态用立体的方式给表现出来；在建构方面也实现了自己独立思考后的想法了，想象能力和创造能力又进一步提高了。

这时，浩然把四组彩色圆柱体也加入建构活动中来，他小心翼翼地把彩色圆柱体一个一个地放在粉红塔和棕色梯的上面，保证物体前后、左右之间的平衡。浩然的大胆尝试引来了周围幼儿的围观，幼儿们欢呼雀跃。

**（五）第三次设计组合搭建设计图**

这一次，幼儿在画组合设计图时，把彩色圆柱体也加入设计图中，开始有意识、有目的地创造视觉形象，并建立起自己的表现方式。有的幼儿设计出了"魔法餐厅"；有的幼儿设计出了"百变别墅"；有的幼儿设计出了"超级风火轮"，也有的幼儿设计出了"东方明珠塔"等。

图23 琪琪在构思自己的"世界之窗"

图24 苹苹设计的"超级风火轮"，上面和下面的翅膀都可以转起来

完成设计图后，幼儿利用区域、餐后活动时间与同伴不约而同地来到感官区再次进行了挑战。在这一次的挑战中，由于加了四组彩色圆柱体，幼儿们注意到了物体越多，难度就越大。但是，幼儿们并没有被难倒。他们运用前期经验和总结，在不断的尝试、调整中掌握规律。

第三次根据自己的设计图进行建构。

图25 集体搭建虹桥

图26 "火箭发射中心"

皮亚杰认为：任何知识的建构都发源于动作，动作是联系主客体之间的桥梁。通过动作，在个体和外界环境之间架起一座桥梁，获得关于客体的各种经验。大班幼儿的认知发展目前是处于前运算阶段，他们的思维尤其依赖于感知和动作，在反复的感知过程中，逐渐将直观的经验内化，从而形成自己的认知结构。

在第三次组合建构后，大家开始了讨论。

家进（5岁）："我想邀请其他班的好朋友一起来参观我和小苹果一起搭建的'火箭发射中心'。"

子腾（5岁）："那真是太好了！我们的搭建本领这么厉害，其他班的小朋友一定会被惊到吧？"

教师："哦！这是个好主意！我们班上的每个小朋友组合搭建都很有创意，你们想把自己的创意组合搭建技巧分享给其他班的小朋友，那我们采取什么样的分享方式会比较合理呢？"

羽皓（6岁）："让其他班的老师带小朋友来班上参观。"

宸宸（5岁）："我们去其他班的感官区进行搭建。"

家进（5岁）："可以把要搭建的材料拿到操场上去搭建，我来分工。"

丁丁（5岁）："我们可以在搭建的时候，拍一个视频，把视频发给其他班的小朋友看。"

轩轩（5岁）："我们把粉红塔、棕色梯、长棒和彩色圆柱体拿到四楼的舞台上搭建，再让其他班的同学去四楼观看。"

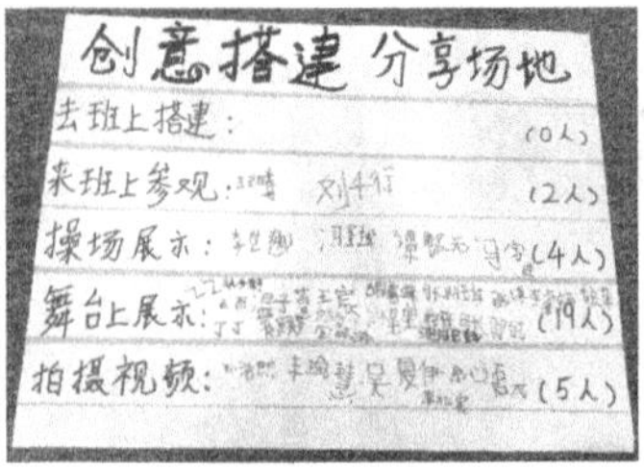

图27　幼儿们对有意愿分享的场地进行投票

经过讨论和投票，幼儿们最终选择在四楼的舞台上进行创意搭建展示。

幼儿们对创意搭建分享会特别期待，为了迎接分享会，幼儿们还自行约好同伴一起合作。根据班上的人数，幼儿被分为3人1小组，大家自由组合。

图28　幼儿们自愿与同伴进行组合搭建

分好小组后，幼儿们开始与同伴一起商量设计组合搭建设计图。

图29　与同伴商量搭建的设计图

图30 大家设计的分享组合搭建设计图

创意搭建分享会的设计图完成了，幼儿们便开始了制作邀请函，并把设计好的邀请函发给其他班的幼儿。

图31 设计分享会的邀请函

一切准备就绪后，终于迎来了大家最期待的创意感官区搭建分享会。这一天中午，教师把搭建材料搬到舞台上，为下午的创意感官区搭建分享会做准备。

**（六）特别展示篇**

创意感官区搭建分享会召开了。

图32 创意感官区搭建分享会

## 三、活动的分析与反思

在幼儿的日常生活中，他们第一个接触到的并不是人们通常所重视的认知教育，而是不同的五官刺激。蒙台梭利通过多年的实践探索，创造了具有代表性的感官教具，为幼儿提供探索世界的一把"钥匙"。通过操作感官教具，幼儿的视觉、嗅觉、味觉、听觉以及触觉上的外界刺激会传递给大脑，再经由大脑传递给感官，从而产生知觉。在这个过程中，幼儿的观念、思想、理解等方面的能力能够得到发展。

感官教具能够帮助幼儿集中注意力、提高判断能力。因此，对于幼儿来说，积累实际生活经验是非常重要的。当幼儿对生活中的事物充满兴趣时，教师应支持幼儿的想法，帮助幼儿将探索过程的宝贵经验运用在日常生活中，提高解决问题的能力和方法。我园为幼儿提供了系统的感官教具，通过教师示范和幼儿自主操作，促进他们的感觉、知觉、记忆、思维和想象力等的发展。而幼儿从对感官区物体最初的好奇到后来充满浓厚的兴趣，操作物体也从单独建构到合作建构。他们体验到的不仅是物体的大小、颜色、粗细、高矮的感官刺激，更是其内在秩序感的建立、解决实际问题中高阶思维的发展，同时也收获了友谊、体验到合作的乐趣。

幼儿在整个活动中绘制组合搭建设计图时，从平面设计到立体组合设计，幼儿的思维从具体形象到抽象思维有了一定的提升，幼儿能够运用绘画的形式表达自己的所思所想，相信幼儿在今后的生活中也能运用写写画画来表达自己及周围世界的奇妙幻想。

在今后的教育教学活动中，我们将会保持一颗善于观察的敏锐之心，不断地去发现幼儿的兴趣点并引导幼儿的学习，让每一个幼儿都能在原有的水平上更上一层楼。

撰稿教师：张荣霞、肖培、熊毛妹（大班）
工作单位：深圳市宝安区机关第二幼儿园园本部

# "折"出新乐趣

## 一、活动背景

### （一）活动缘起

[幼儿们的小发现]

美劳区活动中，郭郭和教师进行了对话。

郭郭："老师，我要折一个恐龙。"

教师："哇，你真厉害，居然能折恐龙啊。"

郭郭："我是根据这个折纸小书来折的。"

教师："期待你的恐龙成品。"

说罢，郭郭根据折纸小书上的步骤一步一步折了起来，而旁边的望仔也忍不住说道："老师，我会折纸飞机，我爸爸教我的。""我哥哥也会折纸飞机，而且他折的纸飞机飞得可远了。"佳佳接着说。

在大家热烈讨论时，郭郭在折"恐龙"的第七步出现了困难，发出求助："老师，这个地方要怎么折啊？"在教师看着步骤示意图思考时，同桌的其他幼儿也凑过来想办法，最终在大家的共同努力下，一只栩栩如生的"恐龙"诞生了。

### （二）活动目标

**1. 认知目标**

认识多种纸张的特性，了解折纸的基本技法。

**2. 技能目标**

能根据自己的兴趣需要折出自己想要的物品。

**3. 情感目标**

通过欣赏活动感受我国传统艺术折纸的魅力，喜欢并参与折纸活动。

### （三）活动准备

**1. 物质准备**

各种类型的纸张（卡纸、报纸、皱纹纸、色纸、A4白纸、正方形折纸）、折纸小书。

### 2. 环境准备

折纸艺术品展示、教师折纸作品展示、折纸基本技法步骤图。

### 3. 经验准备

幼儿已参与过折纸活动，对折纸活动有一定的兴趣，知道对边折和对角折。

## 二、活动过程实录

### （一）走进折纸

因为折纸"恐龙"的诞生，幼儿们对折纸活动的兴趣大增，借此契机，引导幼儿正式走进"折纸"世界。

#### 1. 你认识哪些纸

"纸"在生活中是非常常见的物品，一起来了解一下纸的种类及其作用吧。

琪琪："白纸可以用来画画、折纸。"

妞妞："卫生纸可以用来包东西，当觉得吵的时候还可以用来塞耳朵。"

希瑜："面巾纸可以用来擦嘴巴，白纸可以用来制作图书。"

潼潼："锡纸可以包着肉放进烤箱烤。"

茜茜："彩色纸可以用来剪窗花和折纸。"

范郭："宣纸可以用来画国画，皱纹纸可以用来做装饰。"

骁骁："卡纸可以用来做贺卡和写信。"

#### 2. 哪种纸适合折纸

基于对纸的了解，幼儿们开始思考哪种纸适合折纸。

清晏："卡纸可以折纸，因为卡纸有很多漂亮的颜色，折出来的东西也会很好看。"

博雅："平时画画用的白纸薄薄的，也可以折纸。"

柏霆："卫生纸也可以折纸吧，不过要小心一点，因为卫生纸会很容易破。"

茜茜："闪光纸可以折纸，它的颜色很漂亮。"

培源："锡纸也可以折纸吧，折简单的纸飞机。"

#### 3. 动手试一试

幼儿提出了各自的猜想，于是教师鼓励他们用不同类型的纸试一试。

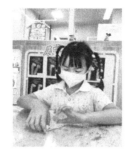

图1　幼儿开始尝试折纸

豹子："报纸可以折纸，但是折出来的纸飞机不坚固。"

俊熙："卡纸折起来感觉硬硬的，要花费很多力气。"

莫汐："皱纹纸折出来的东西风一吹就散了。"

嘉阳："牛皮纸可以折纸，但是它的颜色没有那么好看，折好之后最好画点图案装饰一下。"

书慧："卫生纸太软了，折出来的东西都不像样子。"

**观察思考**：蒙台梭利十分重视幼儿的自主性，她在《童年的秘密》一书中说道："我听过了，我就忘了；我看见了，我就记得了；我做过了，我就理解了。"为了验证猜想，幼儿通过实际操作发现不同类型的纸都可以进行简单的折叠，此过程中教师仅仅作为活动的观察者、支持者，为幼儿提供他们进行活动所需的材料。幼儿了解到过于软的纸（如卫生纸、皱纹纸）折出来的作品很难成型，容易散开；过于硬的纸又很难进行反复的折叠，而且折叠的过程中要花费很大的力气。所以软硬适中的A4纸、牛皮纸、彩色纸等是比较适合折纸的。

同时幼儿认为白纸、牛皮纸的颜色比较单一，折出作品后可以涂色或添画使得作品更加漂亮，这是幼儿对美的感知与创造。

**4. 欣赏折纸作品**

为了更加巩固幼儿对折纸的兴趣，师幼一起欣赏了很多厉害的折纸作品。看了这么多折纸作品后，幼儿们有感而发：

希瑜："我觉得这些折纸大师的作品很厉害。"

望仔："他们的折纸作品很真实，折的动物跟真的一样。"

沁瑜："他们的作品很酷。"

KK："他们应该花了很长的时间去折这些作品，很不容易的。"

骁骁："这些折纸作品很有艺术感，很漂亮。"

琪琪："看了这么多漂亮的折纸作品，我也想学习折出更多的折纸作品。"

**观察思考：**《3—6岁儿童学习与发展指南》强调艺术欣赏不同于科学活动中的感知。审美感知是对事物的各个外在的形式特征，如形状、色彩等要素及其完整形象的把握，注重幼儿自身的自主感知、想象与感受。幼儿在欣赏他人折纸作品的过程中更加体会到了折纸的神奇及其多变性。

**（二）学习折纸**

在逐渐深入的折纸活动中，幼儿遇到了不少的困难。

**1. 说一说：折纸遇到的困难**

希瑜："我想折战斗机，它的翅膀很重要，因为要靠翅膀调整飞机飞的高度，但是翅膀太复杂了，我总是折不好。"

琪琪："小鱼的尾巴我不会折。"

妞妞："我在折蝴蝶折到一半的时候发现蝴蝶的两个小耳朵我不会翻过来。"

晴晴："我本来想折小星星的，但是折小星星的纸太小了我总是会把纸弄坏。"

总体而言，幼儿遇到困难的主要原因是缺乏对折纸技法的掌握，在折纸前面的步骤中没能将纸按要求折叠好，到后面就折不出想要的造型了，那面对这些问题该如何解决呢？先听听幼儿的想法吧。

**2. 想一想：怎样解决折纸遇到的问题**

琪琪："我会找会折的小朋友帮助我折。"

妞妞："我在家想折蝴蝶，是爸爸帮我折出了蝴蝶的小耳朵。"

晴晴："可以请老师帮忙。"

骁骁："我是跟着妈妈手机里的视频一起折的。"

石头："我是自己想办法折，多次尝试折好的。"

KK："我是看了折纸小书，跟着书上的步骤来折的。"

**3. 学习折纸**

《3—6岁儿童学习与发展指南》中围绕幼儿小肌肉动作的发展提出了"手的动作协调灵活"的发展目标。在学习折纸的基本手法活动中，幼儿可以通过对纸张进行反复的折、压、翻转、展开等手部练习，锻炼手部精细动作，从而促进左右手的协调与配合。

（1）学习折纸基本手法

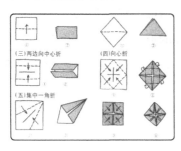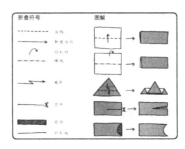

图2　折纸步骤图解

（2）符号及图解

幼儿发现折纸小书上有很多奇怪的符号，这些符号都是什么意思呢？一起来了解一下吧。

**4. 我会的折纸**

翊发："我会用纸折小猪。"

希瑜："我会折战斗机，就是旁边有翅膀，而且这个翅膀可以调整，调整之后可以飞得更高、更远。"

澄翰："我会折纸船。"

莫汐："我会折五角星，就是折出五个三角形，然后再粘在一起就行了。"

彤彤："我会折扇子。"

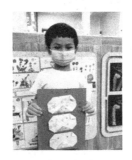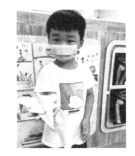

图3　折纸成果展示

**观察思考：** 由于幼儿对自身折纸水平要求的提高，许多折纸中会遇到的问题不断显现，为了培养幼儿自主解决问题的能力，教师与幼儿一起发现问题（折纸过程中无法折出更多样的作品，又或是停留在折纸的前半段步骤处而无法继续推进）、提出问题（在折纸过程中遇到问题、困难如何解决？）、分析问题（从自身出发可以更加熟练掌握折纸技法）、解决问题（可以自主地或者是根据工具书的指示折出自己想要的作品）。

（三）折纸大赛

幼儿感叹折纸的神奇之处在于：一张普通的纸，通过一双手变成了一件件饶有趣味的作品，幼儿在此过程中享受到了劳动的成果，也增强了自信心。在幼儿的强烈要求下，一场折纸大赛正式拉开帷幕。

**1. 同伴折纸大赛**

图4　集体折纸船

教师讲述规则：全体幼儿折"纸船"，看看哪个幼儿能用最快的时间完成。比赛开始前，幼儿们激情澎湃，斗志昂扬，仿佛已胜券在握，我们一起来看看他们的精彩表现吧。

**观察思考：**建立良好的同伴关系也是幼儿成长过程中很重要的一个环节，它对幼儿之后的发展有着不可替代的作用。在这次比赛中，最令教师动容的就是幼儿互助、合作的良好的社会交往能力。幼儿们虽然重视比赛，但也会在自己完成比赛后对身边的其他小伙伴伸出援手。

图5　幼儿相互帮助

在紧张的氛围中，许多幼儿都已经完成了比赛。其中第一名仅用时50秒，第二名和第三名紧追其后，用时差距微乎其微，大部分幼儿均在一分半里完成了折纸。第一轮比赛顺利结束，大家完成得都很出色，教师为前三名进行了颁奖。

图6　集体展示纸船

郭郭："经过折纸船练习，我终于获得了第一名，我很开心，我还要折出更厉害的纸船。"

康康："我其实还可以折得更快，我要继续练习，继续加油。"

KK："我在家练习了好久好久才学会折纸船，我要谢谢我的妈妈教会我折纸船，我要回家跟妈妈分享我的快乐。"

在第一轮比赛中幼儿们格外认真、专注，相较于初次接触折纸，比赛中幼儿显得更加自如，对折纸基本手法也掌握得十分熟练。比赛后段尽管大部分幼儿已经完成了，未完成的幼儿还是坚持折完了纸船，无论结果如何，他们坚持不放弃的比赛精神难能可贵。

**2. 亲子折纸比赛**

具体规则：与爸爸妈妈共同完成一件折纸作品带来幼儿园，再由大家进行投票一起选出最有趣的折纸作品。

图7　亲子共同折纸

经过大家一起投票、计票，最终我们选出了票数较高的前三名（含并列）。

| 序号 | 票数 | 序号 | 票数 | 序号 | 票数 |
|---|---|---|---|---|---|
| ① | 15 | ⑫ | 4 | ㉓ | 5 |
| ② | 5 | ⑬ | 6 | ㉔ | 4 |
| ③ | 1 | ⑭ | 6 | ㉕ | 2 |
| ④ | 3 | ⑮ | 9 | ㉖ | 5 |
| ⑤ | 2 | ⑯ | 2 | ㉗ | 15 |
| ⑥ | 4 | ⑰ | 5 | ㉘ | 3 |
| ⑦ | 5 | ⑱ | 2 | ㉙ | 3 |
| ⑧ | 13 | ⑲ | 4 | ㉚ | 4 |
| ⑨ | 13 | ⑳ | 10 | ㉛ | 6 |
| ⑩ | 4 | ㉑ | 6 | ㉜ | 4 |
| ⑪ | 5 | ㉒ | 16 | | |

图8 投票、统计票数

晴晴："得到了第一名我很开心，这个作品是我和妈妈共同完成的，我折纸船，妈妈折星星，然后再把它们穿在一起，妈妈帮我穿了很多条，我要谢谢妈妈。"

沁瑜："我也是和妈妈一起完成的，我的作品是两个粽子和两艘龙舟，我的妈妈很厉害，我要把奖品送给妈妈。"

潼潼："谢谢大家为我投票，我的作品是我和妈妈一起折的王冠。"

佳佳："我很开心得到了奖品，我的作品是我和妈妈一起折的彩色帽子。"

**观察思考**：家庭是幼儿的第一所学校，家庭教育对幼儿一生的发展都有着重要影响。第二轮的亲子折纸比赛正是密切了家园的联系与合作，促进了家庭教育的落地生根。班级里许多家长说：与孩子折纸时勾起了自己孩童时期的快乐回忆，不自觉地跟孩子讲述了很多自身小时候的趣事，折纸的过程是一段难得的欢乐的亲子时光。

**（四）有趣的折纸展**

班内的折纸竞赛结束了，不得不说幼儿们的折纸作品各有千秋，这么好看的折纸作品大家该用来做些什么呢？

嘉阳："我想把它带回家保存起来。"

燊燊："我想把它展示在我们美劳区的作品墙上。"

开洪："我想把折纸作品送给我的姐姐。"

佳瑞："我想把我折的飞机送给我的好朋友。"

智媛："我想让更多小朋友看到我们的折纸作品。"

智媛的话犹如扔进平静水面的小石头，泛起了阵阵涟漪。幼儿们眼睛一亮纷纷说道："对呀，我们可以请别的小朋友来看啊。"说干就干，为了邀请教师们及其他班的同伴来观看，大家亲手制作了邀请函。

图9　幼儿制作邀请函

幼儿们将邀请函送给了园长及其他班级的教师和同伴，并兴奋地向他们介绍着折纸的神奇，热情地邀请大家来参观。

图10　幼儿分发邀请函

班级折纸作品展出当天，幼儿与教师一起布置场地，面对哪些作品可以利用夹子夹在绳子上；哪些作品可以摆放在桌子上；怎样的距离方便观看等问题，幼儿们积极商讨并动手尝试。

展出时，幼儿们还十分细致地向来参观的教师及同伴介绍了自己的作品，在获得教师及同伴的称赞后，他们都十分开心。

图11　幼儿与教师一起布置作品展

班级折纸展取得圆满成功，来参观的其他班级的幼儿也就此引发出了关于折纸的热烈讨论，大家感叹折纸神奇的同时，纷纷表示也想尝试。传统艺术的魅力是独特的，是令人乐在其中的，是让人忍不住想要去尝试、探究的。

## 三、活动的分析与反思

蒙台梭利说："幼儿有强烈探索环境和周围一切的本能，这种生命的冲动促使幼儿从生活中学习并发展自我。"此次活动教师从幼儿的兴趣点出发，开展了一系列与折纸相关的活动。一开始，教师通过建立谈话主题，提供幼儿实际动手操作所需材料，让幼儿亲身体验感知哪些纸比较容易折，哪些纸比较难折，从而在此基础上加深了对各类纸张的认识，提升幼儿的已有经验。在欣赏折纸作品的活动中，幼儿不仅感受到了原来一张纸可以变成很多种不同的作品的神奇，而且也大大提高了他们的审美能力。在尝试自己折纸的过程中，幼儿通过发现问题、解决问题，促进了自身科学探究能力的发展。最后教师通过教授折纸的技法，丰富了他们折纸的知识和技能。此外，在折纸大赛中幼儿促进了与同伴合作的意识，也发展了亲子之间的亲密关系。

幼儿的智慧在他们的指尖跳跃，传统艺术的魅力永留心中。

撰稿教师：苏雨杰、曾丽华、蔡旭琴（中班）
工作单位：深圳市宝安区机关第二幼儿园曦城分园

# 神奇的石磨

## 一、活动背景

### （一）活动缘起

[幼儿们的小发现]

有一天师幼在三楼种植园地观察植物生长时，有幼儿跑到了中四班的植物角，发现了一个非常有趣的东西——一个小小的石磨。幼儿们兴奋地问："老师，这个是什么？石头吗？放在植物角里是不是用来种花的？"当教师告诉幼儿这是石磨，可以用来研磨东西时，幼儿们纷纷追问石磨是怎么研磨东西的，于是教师在网上购买了一台石磨放在教室的操作区，幼儿的探究也就开始了。

图1 幼儿的发现

### （二）活动目标

**1. 认知目标**

通过学习、查找石磨的资料，认识石磨并了解石磨的操作原理。

**2. 技能目标**

通过实践和操作，学会使用石磨，并且能够使用石磨制作豆浆。

**3. 情感目标**

通过实践和操作，感受劳动的乐趣、激发幼儿热爱劳动、热爱生活的情感。

### （三）活动准备

**1. 材料准备**

石磨、小方桌、大米、黄豆。

**2. 环境准备**

靠近水源、宽敞的区域。

**3. 经验准备**

认识大米、豆类，初步了解石磨。

## 二、活动过程实录

### （一）初见石磨

看到教室里多了一台石磨，幼儿都很兴奋和好奇，纷纷讨论石磨到底是怎么把东西磨碎的。

星羽："老师，石磨是有牙齿吗？"

小森："是不是两块石头把东西压扁？"

城城："用这个把手锤吗？"

依依："我觉得它可能有牙齿。"

大森："是用上面的石头砸东西，把它砸碎吗？"

图2　幼儿感知石磨的神奇

### （二）观察石磨

请幼儿观察石磨是什么样的，猜猜它的哪个部位可以把东西研磨碎。

梓沫："老师，这个石磨很硬。"

澜澜："它有一个洞洞。"

花花："这是石头啊，就会很硬。"

大远："这是两块石头。"

小艾："好重啊。"

可可："下面的石头有凹槽。"

见幼儿没有想到石磨"工作"的关键，教师开始给幼儿说起了关于石磨的工作原理。

教师："石磨的上下扇的里边都有规则的沟槽，这就是石磨的'牙齿'，而且中间深外边浅，中间还留有一定的间隙。研磨的东西下到里边时，先按照刻好的斜槽通道进入中间部分的间隙里，随着上扇石磨的旋转，豆子得到的间隙越来越小，最后就被磨成粉末了。这其中还有一个我们长大了会接触到的知识，叫作杠杆原理，我们叫它省力杠杆，就是这个把手，如果我们用手直接推动上扇的石磨会很吃力，你们可以试一下，石磨主要是通过这个手把，也叫杠杆，来带动磨盘转动以磨碎放入它里面的东西的，这样比较节省力气。"

**观察思考**：幼儿的需要可以表现为他们的兴趣、困惑、愿望等，是幼儿成长过程中真实存在的内部需求，因为只有真实的需求才能让幼儿产生参加活动的内驱力，这是推进活动的关键所在。幼儿的需要往往是即时的，与他们的现实生活、活动紧密相关，因此教师要及时关注幼儿需要，选择适合的内容。在此次活动中，教师及时抓住了幼儿的兴趣点，提供可观察、可操作的石磨，给幼儿提供了充分的探索机会。

图3 幼儿继续探索石磨

### （三）石磨可以磨什么

幼儿了解了石磨的"工作"原理之后，纷纷表示想要试试用石磨研磨东西，那石磨可以研磨什么呢？这可把幼儿们难倒了。

雨泽："可以磨纸吗？"

恒恒："米饭可以吗？"

远远："石磨能把排骨的骨头磨掉吗？"

大森："我在电视上看过以前的人会把麦子放进去，磨完之后麦子的壳和芯就分开了。"

教师："是的，以前科技没有这么发达，那时候还没有研磨机、粉碎机等，等到秋收结束，人们就会用石磨来给粮食进行脱壳。下面，我们一起看看以前的人是怎么使用石磨的。"

**观察思考**：生活元素的融合不仅能够让幼儿的好奇心得以激发，而且能够让幼儿的生活感知更为深刻，让科学与生活相互衔接，使幼儿感受到科学的重要性。在此次活动中，教师结合幼儿的谈话，和幼儿一起查阅资料，之后教师再引导幼儿思考其中的原理，从而激发幼儿的探索欲望。

### （四）尝试使用石磨

依依兴致满满地提出要动手实操的建议："老师，我们也来试试用石磨磨粮食吧"。

大森："可是我们没有粮食可以磨。"

草莓："对啊，要去买了才能磨。"

飞宇："我叫我妈妈买。"

承承："我叫我妈点外卖送到幼儿园可以吗？"

可可："我们去厨房看看有没有呀。"

梓琪："我们一起去。"

于是幼儿们去厨房问了厨房阿姨，厨房阿姨在得知幼儿们的想法之后遗憾地告诉了他们，厨房里并没有没脱壳的稻谷，但是厨房里有大米，幼儿们可以试试磨大米，然后就给了他们一些大米。幼儿们拿到了大米很开心地回教室准备用石磨磨大米。

**观察思考**：解决问题的过程是幼儿运用已有的生活经验和新学到的知识概念独立地完成某一项任务的过程。由于中班幼儿自身已有的生活经验基础、对科学概念的理解程度、动手能力和意志品质等方面存在着差异，因而幼儿解决问题的能力具有个性化的特征。幼儿的这种个性化特征可以催生出活动的亮点。在此次讨论中，从提出没有东西可以磨，到想去厨房借食物，再到最后去厨房借到了大米，幼儿自己提出了问题和想法，并且解决了问题，从这里可以看出幼儿思考问题和解决问题时展示出来的自信和从容。

图4　幼儿询问厨房阿姨

### （五）尝试研磨大米

幼儿们借回了大米，围在石磨旁边就开始商量起来。

童："我来转石磨。"

梓琪："我把米加到洞洞里。"

承承："我来把它扫到碗里。"

幼儿们分工好就开始上手了。在研磨大米的过程中，幼儿们又发现了新的问题。

童："老师，我们磨出来的大米都飞到桌子上了。"

梓琪："我觉得是你转石磨转太快了。"

童："那我慢一点。"

可可："老师，我们的大米好像没有磨到啊，还是好大一颗。"

和和："你看有些碎碎的，有些还是一颗的。"

教师："可能是什么原因？"

草莓："它的牙齿坏掉了。"

子民："它的牙齿不够锋利。"

亦茗："多磨几次看看。"

**观察思考：**最后经过几次反复的研磨，幼儿发现大米全都变成了米粉。在幼儿自主探索过程中，教师静观他们使用材料的情况和对活动的兴趣，然后以玩伴的身份适时加入他们的探索活动中，及时了解他们的操作方法和困惑，给予适当的提示和引导，促进他们对问题的思考，将探索活动引向深入。

图5　幼儿亲自动手研磨

**（六）谈话：石磨可以做什么美食**

在区域小结时，研磨大米的幼儿很开心地向大家展示了他们的成果，其他幼儿纷纷表示也想要去研磨大米，这时教师提出了一个问题："其实石磨还可以制作很多美食，你们想知道石磨可以做什么美食吗？"

玥玥："可以做饭吗？"

睿睿："做蛋糕。"

星羽："做甜甜圈。"

欢乐："做雪糕。"

承承："做烤鸡。"

教师："你们的想法都很棒，但是石磨做不了这些美食，我们一起在网上查一下石磨可以做什么美食吧。"

经过查阅，原来石磨还可以制作豆浆、豆腐等美食，幼儿们纷纷表示，石磨真是一个神奇的工具。

**观察思考：**教学往往是传递给幼儿理论知识，真正让幼儿获得切身感知，还需要引导幼儿走入实践，让幼儿在实践中感受科学知识的应用方式，让幼儿将所学习到的知识应用到生活之中。因此，教师所开展的活动要与实践相结合，让幼儿在实践中体验知识的力量，在实践中感受科学发展的重要性。在幼儿表现出对石磨研磨大米的兴趣时，教师及时抛出"石磨可以做什么美食？"的问题进一步提升幼儿的兴趣，引导幼儿进行更深层次的探索。

**（七）投票：想制作的美食**

教师："既然石磨可以做这么多美食，那我们就选择一个一起尝试一下吧，你们想要做哪一种石磨美食呢？"

亦茗："我们早上自己做石磨肠粉，好吗？"

榕榕："我想做豆浆。"

君岚："我也想做豆浆。"

飞宇："做豆腐。"

超超："做面饼吧。"

教师："我们来投票吧。"

投票后，大部分幼儿都觉得制作豆浆会比较容易，所以最后大家决定制作豆浆。

**观察思考：**皮亚杰说："知识来源于动作，而非来源于物体。"动手操作可以激发幼儿的探索欲和好奇心，又能让幼儿在动手操作的过程中获得科学知识，还能提高幼儿的动手能力和理解能力。在此次活动中，教师针对幼儿的兴趣，让幼儿通过投票来选择一个最想要制作的美食，在投票时幼儿会思考制作的难易程度及自身的能力范围，再去选择一个合适的选项。在此次投票后，大部分幼儿都能结合自身的需求进行投票，教师也投放了相关的食材及器具，鼓励幼儿大胆动手操作，让幼儿在实践中体验知识的力量。

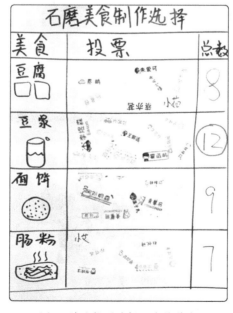

图6　幼儿投票选择研磨的美食

（八）制作豆浆的过程

**1. 查询制作豆浆的步骤**

图7　幼儿自主探索方法

**2. 实践**

（1）选料

亦茗："先将坏豆豆挑出来，因为有坏豆豆做成的豆浆就不甜了。"

图8　挑选豆豆

（2）泡豆

城城："豆豆要提前泡几个小时，如果天气冷了就要泡久一点。"

图9　浸泡豆豆

（3）磨浆

草莓："把豆豆从上面的洞洞里放下去，推动石磨的把手，豆浆就会流出来了。"

图10　幼儿一同磨豆

（4）过滤

雨泽："把有豆渣的豆浆倒进过滤布，拿起来把豆浆挤出来，像挤牛奶一样。"

图11　过滤豆浆

（5）豆浆制作完成

图12　制作豆浆成功

花花："老师，我们的豆浆做好了。"

嘉誉："好香啊。"

依依："我好想喝呀。"

小森："不可以喝的。"

草莓："可是我很想喝一口。"

可可："要放糖吗?"

教师:"由于我们是在教室里做的,这个环境可能会有细菌,而且在做的时候石磨和工具并没有做消毒处理,豆浆也是没有熬煮过的,所以这时的豆浆是不能喝的。但是今天你们能够制作出豆浆是一件非常厉害和不容易的事情,老师会将你们制作豆浆的视频发给你们的家长看,并且请你们的家长和你们一起在家做一次可以喝的豆浆。"

**观察思考**:在此次的制作豆浆过程中,幼儿们都表现出了极大的兴趣,通过自己动手选料—泡豆—用石磨磨浆—过滤等步骤,幼儿懂得了食物的来之不易。并且在教师的帮助和支持下,幼儿通过直接感知和实际操作,体验了用石磨将豆子变成豆浆的全过程。

## 三、活动的分析与反思

幼儿园教育对幼儿的成长十分重要,在某种程度上将影响幼儿的一生。陶行知生活教育理论强调教育与生活的充分结合。把生活教育理论融入幼儿园教学活动中,能够让幼儿学习更多的生活知识,将为幼儿今后的健康成长打下良好基础。

本次游戏是由幼儿发现其他班的石磨而引发的,教师抓住了幼儿好奇但不熟悉的内容,引导幼儿在观察、提出疑问、动手操作中了解石磨、学习用石磨磨米粉、制作豆浆。幼儿在游戏中既感受到了自己动手的乐趣,又体会到了收获与成功的喜悦。

本次游戏中,幼儿真正参与其中,体验活动的乐趣,促进幼儿身心的发展。在今后的活动,教师将继续思考投放其他种类的食材,增强游戏的趣味性,也将利用更多的方式丰富幼儿使用石磨的活动体验,让幼儿在兴趣中充分进行探索、思考和分析,促进其良好学习品质和创造性思维的发展。

撰稿教师:邹家丽、曾丽华、钟秀美(中班)

工作单位:深圳市宝安区机关第二幼儿园曦城分园

# 走进"收集"的奇妙世界

## 一、活动背景

著名幼儿教育家蒙台梭利曾说过："语言是孩子最早的收获之一，且将成为他/她未来进步与发展中影响最大的助力。"3—6岁是人一生中词汇量增加最快的时期。因此，善于抓住幼儿的语言敏感期，发现幼儿对词语、句子或者画面内容等兴趣点，给予幼儿及时的支持和引导，对幼儿在词汇积累、语言组织和表达能力、想象力等方面都有着很好的促进作用。

### （一）活动缘起

这一天离园前，教师想请幼儿帮忙收集一些平时不用的旧鞋盒带来班级。

老师："小朋友们，老师最近想和你们做新的手工作品，你们帮忙收集一些旧鞋盒带来幼儿园好不好？"

集体："好！"

海翔（5岁）："收集？"

柯柯（3岁）："什么是收集啊？"

东东（5岁）："收集就是把鞋盒带来幼儿园啊。"

……

图1　幼儿集体收集的鞋盒

从这简短的聊天中，教师发现了幼儿对新词汇"收集"的敏感。其实，幼儿对"收集"行为并不陌生，比如那些不起眼的小石头、造型各异的小汽车、漂亮的树叶和小贴纸，等等，他们都会当宝贝收集起来。收集是幼儿自发的兴趣。在收集的过程中，幼儿不仅能享受其带来的乐趣，还能从收集的物品中寄托愿望，从中发挥无限想象力。

虽然最近开展的"环保银行"活动中也涉及收集活动，但教师发现幼儿对于"收集"这个词并不熟悉和了解。因此，为了更好地支持幼儿的探究兴趣和收集行为，提升幼儿对"收集"的理解与认知，培养幼儿有益的兴趣及积极的生活态度，教师决定与幼儿一起走进"收集"的奇妙世界。

**（二）活动目标**

**1. 认知目标**

（1）了解"收集"的概念，理解收集者和物品之间的联系。

（2）了解生活中不同的"收集"和"分类"行为，知道环保的重要性。

**2. 技能目标**

（1）能根据属性、材质、用途等对收集的物品进行分类。

（2）学会运用访谈、调查表等方式获取想要的信息。

（3）对"收集"这个词汇大胆进行诗歌创编，并用连贯、清晰的语句完整表述。

**3. 情感目标**

（1）积极参与集体讨论，愿意大胆表达自己与众不同的想法。

（2）关心周围的人、事物和环境变化，热爱生活。

**（三）活动准备**

**1. 物质准备**

绘本《收集东·收集西》、调查问卷。

**2. 环境准备**

主题表征展示墙。

**3. 经验准备**

日常中有过"收集"行为、混龄互动经验。

## 二、活动过程实录

### （一）谈话：什么是"收集"

既然要了解"收集"，那就得先从概念开始。教师抛出了一个问题："那请问'收集'是什么意思呢？"引发幼儿们积极思考并参与集体讨论。紧接着，幼儿们就冒出了各种想法。

梓伊（4岁）："收集就是收集很多珍贵的东西，比如漂亮的宝石、项链。"

峰峰（5岁）："收集就是收集你喜欢的东西，收到一个盒子里装起来。"

瀚友（5岁）："收集就是把自己觉得好的东西放在一个地方，想要的时候可以拿出来。"

……

那我们可以收集哪些东西呢？

沫阳（4岁）："贴纸、玩具！"

可馨（5岁半）："收集漂亮的小花。"

宸哲（4岁）："收集恐龙玩具。"

……

图2 关于"什么是'收集'"的谈话

幼儿对于"收集"都有了自己独到的理解。为了帮助幼儿更好地理解"收集"，老师又借助绘本《收集东·收集西》带领幼儿感受"收集"世界的乐趣。

### （二）绘本阅读《收集东·收集西》

绘本《收集东·收集西》的内容是幼儿们生活中最熟悉的物品，从身边的人开始，到动物，到大自然，让幼儿们在这个诗情画意的诗歌中，真实地感受了一回收集所带来的快乐。

图3 绘本《收集东·收集西》

通过阅读绘本，幼儿们知道原来可以收集那么多的东西，收集的东西可以是有一定特征的，也可以是自己喜欢的。幼儿们对不同角色收集的东西也充满了兴趣，也不禁要问："到底哪些东西可以收集，收集起来有什么用呢？"小脑袋里不同的小问题牵引着幼儿们继续去学习、去探究。

图4 绘本阅读活动

0—6岁的幼儿总是会对一些新的词汇萌发出特别的兴趣，这是幼儿独特的语言敏感期。如何将抽象的词语具体化，让幼儿更好地理解，从而更好地运用、提升语言的理解、组织等能力，这是语言领域关键经验的指导要点之一。

对"收集"概念和对象已经有了基本的了解后，幼儿们对"收集"兴趣更浓厚了，各种奇思妙想停不下来，教师建议幼儿可以对每个人的"收集"喜好开展调查活动。

**（三）收集大调查**

收集这么有趣，那我们周围的人都喜欢收集什么呢？我们一起去调查一下吧。

**1. 小伙伴的收集**

玥玥对"收集"活动和小伙伴们的收集爱好颇感兴趣，这不，她扮演起了"小记者"，去采访小伙伴们的收集爱好。一起看看"小记者"的采访结果吧。

玥玥（3岁）："你喜欢收集什么？"

海翔（5岁）："我喜欢收集贝壳。"

玥玥（3岁）："为什么呀？"

海翔（5岁）："因为贝壳很漂亮，有很多形状。"

语歌（3.5岁）："我喜欢收集树叶，树叶很漂亮。"

瀚友（5岁）："我喜欢收集贝壳，因为贝壳很奇特。"

可馨（5.5岁）："我喜欢收集花，因为花很漂亮，看了会很开心。"

东东（5岁）："我喜欢收集书，特别是关于恐龙的书，因为很酷。"

峰峰（5岁）："我喜欢各种东西，就像百科全书一样，那样我就可以知道很多东西。"

秉谦（3岁）："我喜欢收集（像）星星（一样的）树叶。"

图5　采访小伙伴的收集爱好

在采访的一问一答中，"收集"概念被具象化，幼儿们的语言表达和思维能力也得到了锻炼。

**2. 爸爸妈妈、爷爷奶奶、外公外婆的收集**

调查完小伙伴的"收集"喜好，幼儿们都觉得特别有趣，想着回家对爸爸妈妈、爷爷奶奶、外公外婆也做做调查，看看大人收集的东西和自己的是否一样。幼儿们请教师帮忙做了一张记录表，回家采访家长去了。一起看看爸爸妈妈、爷爷奶奶、外公外婆有什么不一样的"收集"吧。

图6 "'收集'大调查"调查表

看到幼儿对收集这么感兴趣，家长都很支持幼儿的探究活动，主动把各种自己的收集品分享出来了。爸爸妈妈、爷爷奶奶、外公外婆的收集爱好真特别，有很多是我们平常都没见过的，比如书法作品、漂亮的邮票和纪念章、以前的旧钱币，还有一些藏着爸爸妈妈的回忆，比如爸爸妈妈读书时候的火车票、公用电话的电话卡、读书时候考的各种证书，更有一些是跟孩子们有关系的：孩子们从小到大的绘画作品、喜欢的漂亮石头、获得的荣誉，等等。

灏琛（3岁）："我姐姐说她最喜欢收集书，因为她喜欢旅游，阅读了书就相当于去世界各地旅游了！"

教师："你姐姐好聪明呀！"

昕玥（3.5岁）："我爷爷喜欢收集硬币，我妈妈喜欢收集纪念币，他们都很珍惜以前的东西呢！"

教师："看来他们都是很念旧的人呢。"

书瑶（5岁）："我妈妈爱收集证书，因为她喜欢考试，让自己越来越厉害。"

熙雯（5岁）："我妈妈跟灏琛的姐姐一样也喜欢收集书，我姥爷喜欢收集相片，因为可以看到以前的自己和家人。"

育文（4岁）："我爸爸收集了好多书法作品，他拍下了照片，老师，我能分享给大家看看吗？"

教师："好呀，没问题，我们也一起来欣赏一下吧！"

海翔（5岁）："我爸爸也存了好多以前的纸币，是五颜六色的呢！"

定轩（3岁）："我妈妈收集的不同国家的钱币更漂亮，都做成了一本厚厚的书呢！"

衡辛（5岁）："我爸爸妈妈喜欢收集他们以前的火车票，他们读大学时坐过很多次火车，从家里去学校，我还没坐过！"

教师："没关系，以后让爸爸妈妈带着你一起坐火车！"

语彤（3岁）："我妈妈说她最喜欢以前的电话卡了，图案很好看，所以都保存下来了呢！"

程程（4岁）："我哥哥他也会收集，他收集的是石头，他还舍不得给我呢。"

鸣鸣（4岁）："我妈妈喜欢收集邮票，这些都是她很喜欢的收集品！"

峰峰（5岁）："我和哥哥（源源）收集了一些陶泥作品，是我们自己做的。"

悦琳（4岁）："我妈妈她和大家不一样，她是把我从小到大画的画都收集起来了。"

教师："你妈妈很爱你呢！"

图7　育文爸爸收集的
　　　书法作品

图8　海翔爸爸收集的
　　　旧版人民币

图9　定轩妈妈收集的不同国家的钱币

图10　衡辛爸妈收
集的车票

图11　语彤妈妈收
集的电话卡

图12　程程哥哥收集的石头

图13　源源、峰峰收集的陶艺品

图14　鸣鸣妈妈收集的邮票

图15　悦琳妈妈收集的悦琳的画作

　　在调查家人收集喜好过程中，幼儿们聆听了长辈们有趣的过往故事，增进了彼此间的情感交流。在调查完后，幼儿们还给教师分享了这些趣事。这无形中是一种家园共育的体现。

　　教师告诉幼儿这些"收集"，都是收集者对生活的热爱，蕴含着美好的理想与期待，我们也要保持对生活的十足热爱。

　　**（四）集体创编"收集诗歌"**

　　通过绘本和收集大调查，幼儿们对"×××喜欢收集……"这个话题有了非常大的兴趣。老师引导幼儿们可以从生活中看到的、听到的事物进行想象，用"×××喜欢收集……"句式进行创编。孩子们来了极大的兴致，积极发挥奇思妙想，从大自然和喜欢的小动物来创编，产生出了诗一般的语言作品。教师最后整理呈现出这首美丽的"收集诗歌"：

> 天空喜欢收集小鸟
>
> 海洋喜欢收集雨水
>
> 树木喜欢收集阳光
>
> 蜜蜂喜欢收集花蜜
>
> 兔子喜欢收集萝卜
>
> 松鼠喜欢收集松果
>
> 小朋友喜欢收集快乐
>
> ……

图16 幼儿尝试创编诗歌

幼儿天生就是诗人，只要给予他们充分的滋养环境和心理支持，他们会带我们走进美妙的语言世界。

**（五）实践"收集"**

经过观察与聆听了这么多跟"收集"有关的事物，幼儿们也可以行动起来实践自己的"收集"。生活中有很多废旧物品收集起来可以再利用。幼儿和家长纷纷收集起了纸袋、纸巾筒芯、旧衣物、塑料玻璃瓶等，有的在家废物利用起来做储物盒；有的带来幼儿园进行美术创作；有的则在小区里进行"环保银行"的分类投放……

语歌（3岁半）："我妈妈跟我一起收集了家里的旧鞋盒，这些都可以当玩具的收纳盒。"

教师："这个点子真不错呢，我们之前正好也用了旧鞋盒做了手工呢。"

源源（5岁）："我现在学会收集家里的空瓶子，然后再把它投放到分类垃圾桶里。"

教师："这个习惯很环保，为你点赞！"

让我们一起行动起来，为环保出份力吧。

图17　利用旧鞋盒进行美术创作

图18　幼儿的旧鞋盒手工作品

图19　幼儿收集的
旧纸巾筒芯

图20　旧鞋盒的二次
利用（当玩具盒）

图21　幼儿积极参
与"环保银行"

图22　幼儿对垃圾
进行分类投放

### 三、活动的分析与反思

每一项收集的背后都有着独特的原因，每一阶段收集的体验都记录着成长的印记。通过本次自主游戏活动的探索与学习，幼儿们在了解"收集"概念和收集喜好时感受了语言文学的魅力，发展了主动思考、语言组织和表达等能力。幼儿在主动寻觅的收集过程中学会了取舍、分类、坚持，体验着快乐、满足、珍惜。今后，我们也将更多地从幼儿的兴趣点出发，生成更丰富、更有趣的自主游戏活动，与幼儿开启更多的探秘之旅。

撰稿教师：许萍英、钟小芳、骆秀君（混龄班）
工作单位：深圳市宝安区机关第二幼儿园玉湖湾分园